Zu diesem Buch

Äußerlich diszipliniert, vollbringen viele Männer um die Fünfzig innerlich Hochseilakte – auf der einen Scite haben sie nach wie vor ihre Wünsche, Hoffnungen und Träume und möchten es gerne so unbeschwert haben, wie es früher war (doch sie erkennen zugleich, daß Erinnerung verklärt) –, auf der anderen Seite wissen sie genau, daß man hart arbeiten muß, weil das Leben kein Zuckerschlecken ist.

Der Autor schildert die Geschichten von 20 Männern um die Fünfzig, die er anschließend kommentiert. Die Geschichten basieren auf ausgewählten Interviews, denen eine repräsentative Befragung von 300 Personen unterschiedlichsten Berufs- und Bildungsstandes zugrunde liegt.

Fast alle vorgestellten Männer hatten die Empfindung, daß ihr Leben nur so dahingeflogen sei – bis sie plötzlich feststellten, daß ja bereits ein halbes Jahrhundert zwischen Einst und Jetzt lag. Dies empfanden alle so, nur drücken es die meisten nicht so simpel und doch prägnant aus. Ob diese Erkenntnis nun einen Wendepunkt einleitet und zu neuen Ufern führt oder in Resignation versinken läßt – jeder wird, vor dem Hintergrund der Einmaligkeit seines Lebens, die Antwort darauf selbst zu finden haben.

Der Autor

J. Michael Baerwald, geboren 1944, verheiratet, eine Tochter, ist Wirtschaftspublizist und Verfasser zahlreicher Sachbücher.

J. Michael Baerwald

Und plötzlich bist du

fünfzig *Männer zwischen Aufbruch und Resignation*

Rowohlt

Originalausgabe
Veröffentlicht im Rowohlt Taschenbuch Verlag GmbH,
Reinbek bei Hamburg, Dezember 1996
Copyright © 1996 by Rowohlt Taschenbuch Verlag GmbH,
Reinbek bei Hamburg
Alle Rechte vorbehalten
Lektorat Jürgen Volbeding
Umschlaggestaltung Guido Klütsch
(Fotos: Pictor Uniphoto; Tony Stone Images / Stuart McClymont)
Satz Bembo (Linotronic 500)
Gesamtherstellung Clausen & Bosse, Leck
Printed in Germany
1490–ISBN 3 499 60175 3

Tempus fugit – die Zeit flieht

Inhaltsverzeichnis

Vorwort

Nicht mehr jung und noch nicht alt – Männer um fünfzig sind Wanderer zwischen zwei Welten: Vergangenheit und Zukunft. Manchmal halten sie sich sogar als Dauergäste in einer von beiden auf. Die Gegenwart nimmt zwar für die meisten von ihnen den Status ein, der ihr im Lebenskampf zukommt, gleichwohl durchziehen sie nostalgische Gefühle. «*Ja früher . . .*» ist ein oftmals zu vernehmender, tief aus der Seele aufsteigender Seufzer. Er ist nicht unbedingt ein Zeichen von Torschlußpanik, eher symbolisiert er die Pflege geliebter Erinnerungen an die Jugend, jene Ära, die man heute gemeinhin als Zeit des Wirtschaftswunders zu bezeichnen pflegt.

Elvis Presley, Bill Hailey, Johnny Ray, pink-türkis-himmelblaufarbene Eisdielen, ‹steile Zähne› in rauschenden Petticoats, Rock ’n’ Roll aus der Jukebox, heftig pomadisierte Entenschwanzfrisuren, Halbstarke auf lärmenden ‹Quicklys›, und dazu jede Menge Zoff mit erzkonservativen Eltern und Lehrern, die Oswald Spengler folgten und den Untergang des Abendlandes vorauszusehen vermeinten – davon wollten die Jungen in den *fabulous fifties* nichts wissen und erstritten sich weiterhin heiß den Eintritt in ihre Welt, die unbeschwerte Welt der Träume von Liebe und Glück. In ihr zu verweilen war die Endstation aller Sehnsucht, und der Weg dorthin schmiedete sie, emotional aufs engste mit ihrem gegen die väterliche Autorität aufbegehrenden Idol James Dean verbunden, eisern zusammen.

Und heute? Äußerlich diszipliniert, vollbringen viele Männer um fünfzig innerlich Hochseilakte – auf der einen Seite haben sie nach wie vor ihre Wünsche, Hoffnungen und Träume und möchten es gerne so unbeschwert haben, wie es früher war (doch sie erkennen zugleich, daß Erinnerung verklärt), auf der anderen Seite wissen sie genau, daß man hart arbeiten muß, weil das Leben eben kein Zuckerschlecken ist. Das erfuhren etliche von ihnen in den zurückliegenden Jahrzehnten vielfach auf dramatische Weise, wie ihre hier vorgestellten Lebensgeschichten beweisen, und so formte sich bei ihnen insgesamt ein als konservativ-skeptisch zu bezeichnendes Verhältnis zu ihren Mitmenschen heraus.

Solche Ambivalenz der Gefühle findet auch ihren Niederschlag in der Einschätzung der gegenwärtigen Weltlage, die viele Umbrüche zeitigt, doch wäre es verfehlt zu sagen, daß daraus, bei allem Beifall für Tradiertes, eine grundsätzliche Abneigung gegen Neuerungen im gesellschaftspolitischen oder beruflich-ökonomischen Bereich resultierte.

Der Fünfzigjährige läßt andererseits keine Bestrebungen zu, ihn auf eine bloße demographisch-statistische Größe zu reduzieren, noch weniger duldet er es, daß ihn interessierte Kreise als armen, erschlaffenden Wankelmütigen hinstellen, der seine Gefühlslage krampfhaft in den rasanten Strömungen des Zeitgeistes auszubalancieren versucht, um sich psychisch in einer sich fundamental verändernden Welt zu behaupten. Das würde den Mann um fünfzig nur unzureichend charakterisieren und ihm nicht gerecht werden, will er doch nur eines sicherstellen: daß man seine originären Interessen würdigt und sie nicht als unzeitgemäß oder gar als plüschig abqualifiziert.

Und was interessiert ihn? Welche Prioritäten setzt er? Wie ist seine Grundeinstellung zu den Dingen?

Sein Interesse gilt nicht politischen Sondervorstellungen und hübsch verpackten Sozialtheorien, sondern der handfesten Problembewältigung. Er bevorzugt Menschen, die anpacken, wo es erforderlich ist, nicht solche, die sagen, wie es gemacht wird. Seine Abneigung gegen Postulate, die das Delegieren von Aufgaben als zweckmäßig hinstellen, ist groß, denn er weiß aus Lebenserfahrung um den Kern solcher Forderungen, und deshalb meidet er Lautsprecher, Schaumschläger, Wolkenschieber und Dünnbrettbohrer aller Couleur.

Er zieht also Konsequenzen! Erst recht gegenüber denen, die Lebenswahrheiten beschönigend verbiegen und ihm ein X für ein U vormachen wollen. Sie sind ihm zutiefst suspekt, was vielfach zur Folge hat, daß er sich einen ausgewachsenen Egoisten, dem es an Gemeinsinn mangelt, nennen lassen muß. Ihm mangelt es aber nicht an Gemeinsinn, sondern er bezieht selbstbewußt Stellung, und die hindert ihn daran, sich mit allem und jedem kritiklos gemein zu machen. Dieses Selbstbewußtsein ist sehr oft unerwünscht, weil störend. Manche meinen, darin bereits eine Vorform des Altersstarrsinns auszumachen, andere hingegen finden solchen Nonkonformismus schlichtweg gut. Er ist jedoch weder das eine noch das andere, sondern lediglich Ausdruck einer bestimmten Lebenserfahrung. Daß sie einen Fünfziger eher konservativ kleidet, ist naheliegend, und dieses gute Recht läßt er sich von niemandem streitig machen.

Dennoch ist der Mann um fünfzig oftmals bemerkenswert hilflos, wenn es darum geht, seine Seele in Konfliktfällen zu stabilisieren. Schließlich beginnt mit dem Eintritt ins sechste Lebensjahrzehnt auch die Zeit der Verluste: Eltern sterben, Kinder gehen aus dem Haus, der Freundes- und Bekanntenkreis lichtet sich, und es fordert manches Zipperlein seinen ersten Tribut. Das sind große und größere Ereignisse, die er bewältigen muß. Aber auch Nebensächlichkeiten kann er durchaus zu Dramen erster Güte hochstilisieren und hingebungsvoll klagen. Dann ist er ausgesprochen dankbar, wenn ihm jemand, dem er vertraut, den Weg zurück zu sich selbst ebnet. Doch das sind weitgehend nur Intermezzi, keine hypochondrischen oder psychotischen Dauerzustände, wiewohl Fünfzigjährige in der Vielzahl psychisch und physisch durchaus robust sind.

Allerdings gibt es hierbei eine gravierende Ausnahme: die intakte berufliche Stellung. Ist sie es nicht, sondern wird sie durch unfairen Wettbewerb, Arbeitsplatzverlust oder Zwangspensionierung nachhaltig lädiert, kann sein Selbstwertgefühl einen immensen und durchaus irreparablen Schaden erleiden. Dem beruflichen Erfolg und dem davon elementar abhängigen gesellschaftlichen Ansehen weist er nämlich einen überaus hohen Stellenwert zu. Wird dieser umstandehalber zurückgeschnitten oder entfällt ganz und gar und kann nicht kompensiert werden, leidet der Mann um fünfzig besondere Qualen, denn es bieten sich ihm erfahrungsgemäß keinerlei Chancen, einen neuen, adäquaten Job zu erhalten. Er befindet sich eben wirklich in einer besonderen Lage: kraft Alters zu lebenserfahren, um ihn noch zurechtbiegen zu können, zu teuer, um ihn im dritten Glied zu verwenden, und nominal nicht mehr jung genug, um mit ihm Neues zu beginnen. Der Stab wird also über ihn gebrochen – zynischerweise meist von *Executives* seines Alters, die sich darauf berufen, daß der Angebots- und Nachfragemarkt es halt so diktiere.

Die für dieses Buch ausgewählten Interviews, denen eine repräsentative Befragung von 300 Personen unterschiedlichsten Berufs- und Bildungsstandes zugrunde liegt, berücksichtigt daher solch spezifische Situation in besonderem Maße, sie dienen jedoch zugleich der absichtsvoll differenzierten Vorstellung des Lebensgefühls und der Lebenssituation der Fünfzigjährigen, woraus sich mitunter stark voneinander abweichende Lebensläufe ergeben. Die Intention ist offensichtlich:

erstens relativiert sich Selbsterlebtes oft, und mag es noch so bitter gewesen sein, im Vergleich mit den Schicksalen anderer Altersgenossen,

zweitens lassen sich aufgrund solcher Vergleichsmöglichkeiten sehr gut eigene Ansätze zu einer neuen Standortbestimmung ableiten,

drittens erzeugt eine daraus resultierende Verhaltensmodifikation Effekte, die das eigene Leben plötzlich in bunten Farben malt, wo bislang Grautöne vorherrschten, und

viertens – Hand aufs Herz – schmökert es sich nicht wundervoll kurzweilig in anderer Menschen Lebensbuch, zumal wenn daraus noch ein persönlicher Nutzen gezogen wird?

Die Namen der Gesprächspartner wurden selbstredend aus Gründen des Persönlichkeitsschutzes geändert; Konstellationen, die Ähnlichkeiten mit Personen, Orten und Begebenheiten hervorrufen, sind daher unbeabsichtigt und rein zufällig. Der jeweiligen Lebensgeschichte wird ein erhellender Kommentar nachgestellt, dem ein Fazit folgt, das im Sinn der oben aufgefächerten Absichten des Autors (oftmals augenzwinkernde) Handlungs- bzw. Unterlassungsempfehlungen beinhaltet.

Titel und Motto des Buches ‹*Und plötzlich bist du fünfzig*› und ‹*Tempus fugit*› – die Zeit flieht – ergaben sich übrigens erst im Verlauf der Auswertung der Interviews; sie sind auf die verwunderte Feststellung der Gesprächspartner zurückzuführen, daß ihr Leben eigentlich nur so dahingeflogen sei – bis sie plötzlich feststellten, daß ja bereits ein halbes Jahrhundert zwischen Einst und Jetzt lag. Dies empfanden alle so, nur drückten es die meisten nicht so simpel und doch prägnant aus.

Ob diese Erkenntnis nun einen Wendepunkt einleitet und zu neuen Ufern führt oder in Resignation versinken läßt – jeder wird, vor dem Hintergrund der Einmaligkeit des Lebens, die Antwort darauf selbst zu finden haben. Wenn der Inhalt dieses Buches dazu Hilfestellung bietet, wäre seinem Anliegen auf beste Weise entsprochen.

I. Anpassung:

Die ungeliebte Überlebenssicherung

Der vernünftige Mensch paßt sich der Welt an;
der Unvernünftige besteht auf dem Versuch,
die Welt sich anzupassen. Deshalb hängt aller
Fortschritt vom unvernünftigen Menschen ab.

Bernard Shaw

Gerd Naumann ist Graphik-Designer. Ausgestattet mit einer ordentlichen Lehre als Schriftsetzer und anschließender Fachhochschulaus-
bildung, ist es ihm blendend gelungen, seine berufliche Selbständig-
keit seit langen Jahren mit außerordentlichem Erfolg aufrechtzuer-
halten.

Zu seinem großen Kummer ist er jedoch weitgehend auf Akquisi-
tion angewiesen, um neue Kundenkreise zu erschließen. Die Ausnahme bildet eine kleine, feine Klientel renommierter Werbeagenturen, die ihm über eineinhalb Jahrzehnte als Ideenlieferanten die Treue
hält und auf die er sehr stolz ist. Er leistet in der Tat Beträchtliches,
wie die Mappe mit Arbeitsblättern, die er mir präsentiert, beweist.

Der Preis für solches Gefragtsein ist allerdings hoch. «Man muß
sich das Rückgrat oft unzumutbar verbiegen», erklärt er, als wir auf
die Chancen für Nachwuchskräfte zu sprechen kommen, die immer
noch in hellen Scharen auf den längst überfüllten Markt strömen, und
fährt fort: «Wer meint, er könne als Künstler selig leben, der irrt
gewaltig. Es gibt keine Alternative, nur die bedingungslose Anpassung. Sofern man als Designer von seinem Beruf halbwegs anständig
leben will. Wer das nicht sieht oder die Augen vor den Tatsachen
verschließt, ist ganz schnell weg vom Fenster. Wenn er überhaupt
Gelegenheit erhielt, einmal einen Blick hinauszuwerfen.»

Gerd Naumann hat seine Illusionen von einer von ökonomischen

Zwängen befreiten Existenz schon vor einem Vierteljahrhundert verloren, nachdem er als Hochschulabsolvent, beflügelt von den üblichen Träumen von der dauerküssenden, den Lebensunterhalt generös bestreitenden Muse, ziemlich schnell vom prosaischen Berufsalltag die Flügel gestutzt erhielt und die Höhenflüge bald nur noch in kleine Hopser, sozusagen von einem schlecht dotierten Auftrag zum anderen, ausarteten. Er entdeckte über diese Erfahrungen den für seinen Erfolg geradezu überlebenswichtigen Startplatz, von dem aus ihm mehr als kleine Luftsprünge gelängen: den Gipfel.

Eine eher triviale Entdeckung, sollte man meinen. Für einen jungen Mann mit ganz bestimmten Vorstellungen von der Akzeptanz künstlerischer Arbeit im allgemeinen und der seinen im besonderen aber ein herber Schlag und eine ziemlich ernüchternde Entdeckung. Zu begreifen, daß Werbeagenturen auch nur Dienstleistungsunternehmen mit Sklavenstatus (gegenüber ihren Auftraggebern) mit entsprechend geringem Handlungsspielraum sind, war in der Euphorie der ersten Schritte untergegangen. Den Herren Kunstprofessoren mochte dieser Umstand zwar geläufig gewesen sein – erwähnt hatten sie ihn jedoch nur am Rande und zumeist dann, wenn es unumgänglich war. Ihr Hintergedanke schien es ohnehin zu sein, den Enthusiasmus ihrer Schüler nicht durch solche trüben Wahrheiten zu dämpfen, denn in letzter, böser Konsequenz würden sie damit ihr Lehramt selbst beschädigen ...

Gerd Naumann tat nun, was zu tun war, und paßte sich den herrschenden Verhältnissen an. An diesem Eingeständnis trägt er noch heute schwer, und seine Worte sind mit Bitterkeit unterlegt, wenn er darauf zu sprechen kommt. Das ist verräterisch oft der Fall. Es scheint sich im Laufe der Jahre zu einem regelrechten Trauma ausgewachsen zu haben. Immer wieder kommt er darauf zu sprechen. Als wir uns auf der Terrasse seines großräumigen Hauses niederlassen und Kaffee trinken, den uns seine nette Frau serviert, beginnt er von neuem.

«Wissen Sie», meint er nachdenklich, «ich muß oft daran denken, ob es nicht besser gewesen wäre, einen festen Job in irgendeiner verdammten Tretmühle anzunehmen, um das tägliche Geld hereinzukriegen. Ich hätte dann meine künstlerische Entwicklung, quasi ne-

16

benbei, weiter ausbauen können, so wie ich es mir vorstellte. Mit etwas Glück wäre ich eines Tages auf jemanden gestoßen, der mir eine reelle Chance gegeben hätte. Aber so –» – er seufzte – «kann ich mir den Gedanken wohl endgültig abschminken, daß aus mir noch einmal ein großer, angesehener Künstler wird. Ich gebe zu, ich war immer nur vernünftig. Aber wie gerne wäre ich einmal nur unvernünftig gewesen!»

«Sie haben es aber doch als Grafiker geschafft», wende ich ein und lasse meine Blicke demonstrativ über das schöne Anwesen schweifen. «Andere gäben viel darum, wenn sie es in Ihrem Beruf so weit gebracht hätten.»

Gerd Naumann nickt, als wolle er Abbitte leisten. «Das stimmt natürlich, was Sie sagen. Ich sollte froh sein. Aber –», er tippt sich auf die Brust, «hat nicht jeder seinen Traum da drinnen? Ich bin vor drei Monaten fünfzig geworden. Vielleicht mache ich noch fünfundzwanzig, dreißig Jahre. Meinen Sie etwa, da kann einer noch mal ganz von vorne anfangen?» Als hätte ich meine Gedanken laut ausgesprochen, ergänzt er: «Mein Job kostet mich so viel Kraft, daß ich mir nichts davon aufheben kann, um das zu machen, wozu ich wirklich Lust habe. Lust hätte ich auf ein Tryptichon. Gewundene Wege, die durch Wiesenlandschaften führen. Im Morgenlicht. In der flirrenden Mittagshitze. Nachts unterm Sternenhimmel. – Kennen Sie Emil Nolde? Ja, so würde ich malen wollen . . .»

Er sinniert und beginnt dann ohne Übergang von seinem letzten großen Erfolg zu berichten. Er hatte diesmal nicht nur die Layouts geliefert, sondern auch den Text dazu für die Printmedien. Es handelte sich um das Marketing eines naturtrüben Weizenbieres einer aufstrebenden fränkischen Brauerei. Nachdem der Senior ausgeschieden war, trat der Junior an und startete voller Elan mit einem Werbeetat von drei Millionen Mark. Eine hohe Summe und eine hohe Verantwortung für die damit beauftragte Werbeagentur. Die wandte sich an einen langjährig mit ihr verbundenen Meister seines Faches: Gerd Naumann. Er erhielt den Auftrag zugeschlagen und bewältigte ihn mit gewohnter Souveränität. Das Echo auf die Kampagne überraschte ihn dennoch. Unter der Headline *Der Mann, der dahintersteckt* kam er in einigen Busineßmagazinen groß heraus und absolvierte einen Schnelldurchlauf durch diverse Talkshows, neun an der Zahl, vom NDR bis zum BR.

Seine Augen glänzen bei der Schilderung dieses Erfolgserlebnisses. Er ruft seine Frau hinzu. Sie soll das Gesagte bestätigen. Als hätte ich Zweifel angemeldet. Sie verrichtet ihre Aufgabe mit der gleichen spürbaren Bewunderung für ihren Mann, wie sie anfangs des Interviews seine Ausführungen mit vielen Anekdoten ausgeschmückt hatte.

Ein offenbar glückliches Paar. Dem Umstand, daß ihre Ehe kinderlos geblieben ist, messen sie wohl keinen großen Stellenwert bei. Es sollte eben nicht sein, klingt es unisono. Wir haben uns, sagen sie. Und das scheint ihnen vollauf zu genügen. Für Gerd Naumann ist einzig und allein die ständige Überwindung, sich dem Zwang zur Anpassung auszuliefern, der Störfaktor, der beider Glück trübt, denn unter der schlechten Laune muß auch seine Frau leiden. «Ich bin kein Übermensch», meint er dazu. «Aber glauben Sie mir, es tut mir selbst weh, daß ich mich manchmal so gehenlasse.» Da relativieren sich selbst die weit über fünfhunderttausend Mark Honorar, die er seit Jahren als Primus inter pares seines Metiers verdient und die ihm einen beträchtlichen Lebensstandard – allerdings bei einer 80-Stunden-Woche – ermöglichen. *Nach außen hin* hat er es geschafft, wenn man den gesellschaftlichen und beruflichen Status als Indikator fürs Wohlergehen nimmt; doch wie sagte er: «Hat nicht jeder seinen Traum da drinnen?» Und: «Wie gerne wäre ich einmal nur unvernünftig gewesen!»

———— So verhält es sich auch bei vielen, die bei allem materiellen Wohlstand und physischen Wohlergehen psychisch zwischen Scylla und Charybdis gefangen sind und nicht recht wissen, wohin sie sich im Bedarfsfall seelisch um Rettung wenden sollen: fünfzig Jahre zurück zur Jugendzeit, um Versäumtes nachzuholen, oder vorwärts ins nächste halbe Jahrhundert. Vorwärts in eine Zukunft, die sich – bei ausgeschaltetem Risiko – als gewisse Einbahnstraße erweisen dürfte mit voraussehbarem Verlauf.

Der überaus erfolgreiche Gerd Naumann bildet da keine Ausnahme, wiewohl materieller Erfolg bei allen Befragten niemals *der* Garant für ihr seelisches Wohlbefinden gewesen war. Er dient allzu häufig nur dazu, die innere Zerrissenheit für die Außenwelt zu übertünchen, weil man sich keine Blöße geben wollte, durfte oder konnte.

Eine resignative Erstarrung, die in eine kaum mehr zu bewältigende, lang anhaltende depressive Verstimmung mündet, trägt sehr oft diese versteckten Züge. Überspitzt ausgedrückt, scheint der Betroffene vor Fröhlichkeit nur so zu bersten, innerlich jedoch ist er abgrundtief traurig und mit sich uneins. Uneins wegen versäumter Gelegenheiten, wegen des in unerreichbare Ferne gerückten Lebenszieles – es gibt auf der Palette verborgener Depressionen viele gebrochene Farben, die Außenstehenden unsichtbar bleiben. Hilfe erlangt zumeist der, der es zuläßt, daß seine Selbstheilungskräfte über den Verstand stimuliert werden. Ein solches, rational akzentuiertes Stimulanz kann im Hinweis auf die effektive Nichterfüllbarkeit von Sehnsüchten liegen, sofern es um das polarisierende Entweder – Oder geht. Für Gerd Naumann bedeutete dies die Abwendung vom langjährigen, lukrativen, jedoch Anpassung bis zur Rückgratverkrümmung erfordernden Job und bedingungslose Zuwendung zu dem, wonach sein Herz förmlich lechzt: zur freischaffenden Kunst, die keine Rücksicht auf ein zahlendes Publikum nehmen muß.

Das daraus resultierende Postulat: *Entweder* gibst du deinen Job auf, *oder* ich, die L'art pour l'art, wende mich auf immer ab von dir, dürfte ziemlich weltfremd und, an den praktischen Erfordernissen gemessen, auch unpraktikabel sein. Vielleicht liegt aber gerade in dieser Weltfremdheit der Reiz? Viele Männer um fünfzig, nicht nur Gerd Naumann, neigen zu solchen Gedankenspielen. Nicht von ungefähr stand vor langen Jahren ‹Ein Mann steigt aus› auf der Bestsellerliste.

Heilbar ist derlei infantile Sehnsucht (die in die Tat umzusetzen für das Gros am fehlenden Geld scheitern dürfte) nur durch eine vernunftgemäße Betrachtung des eigenen Standorts. Ja, ja, die Vernunft – die Grafik zeigt davon unbeirrt, und wie ich meine eindrucksvoll, das Verlangen der Fünfzigjährigen auf, einmal alles hinter sich zu lassen, «um irgendwo neu zu beginnen». Daß Irrationalismen geißeln, nehmen sie irgendwie billigend in Kauf. Glücklich werden sie dadurch aber nicht. Der Wunsch als solcher spukt in den Köpfen herum und macht manchen gestandenen Mann zum träumenden Jüngling. ———————————————————

Träumen Sie davon, einmal alles hinter sich zu lassen?

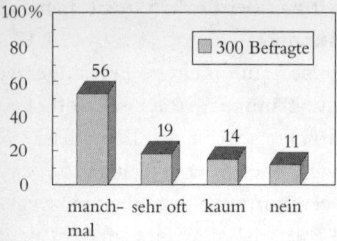

Fazit:

Bei der Anpassung an tradierte Normen verhält es sich wie mit dem bekannten Gleichnis vom Säen und Ernten, sofern berufliche Interessen Vorrang haben: Wer das Säen – die Beachtung von Konventionen – vernachlässigt, herabwürdigt oder absichtsvoll minimiert, erlebt eine voraussagbare Resonanz. Er ist zwar frei von den Verpflichtungen, die ihn fixierten, gleichwohl produziert ebendiese Befreiung wie von selbst andersgeartete Zwänge. Es ist irrig zu meinen, daß Zwang als Faktum unerträglich sei – die Suspendierung formaler Zwänge kann auch ohne sonderliches Raffinement eingeleitet werden. Lächeln über die, die in Formalismen erstarren, befreit. Die eigene Geisteshaltung macht's lautlos möglich, nicht das Anrennen gegen Windmühlenflügel.

■ Zwänge sind relativierbar. Mit ihrer grundsätzlichen Akzeptanz muß keine Identifikation mit den Wertinhalten einhergehen. Eine Identifikation besteht erst dann, wenn Tradiertes kritiklos bis hemmungslos opportunistisch verinnerlicht wird. Das Loslassenkönnen bis zu einem bestimmten Punkt nennt sich rational; das unreflektierte Betrauern des eigenen (beruflichen) Gefesseltseins irrational. Die Ausübung eines – vor allem künstlerischen – Berufes erfordert eine viel engere Maßstabsetzung, als es in ‹herkömmlichen› Jobs der Fall ist. Das Gesetz des Gebens und des Nehmens kann dort noch viel weniger ausgewogen sein, weil die Wertschätzung, die künstlerischen und Geistesprodukten gemeinhin von Nichtproduzenten entgegengebracht wird, bedauerlicherweise noch nie groß war. Und erst recht dann, wenn das monetäre Element ein Baustein in der Argumentation des Betreffenden ist. Das Arrangement mit solchem Kosten-/Nutzen-Faktor und nicht die Ablehnung derlei unvermeidbarer Zwänge bedeutet, die Ernte des Gesäten einzufahren.

■ Sich Zwängen nicht anpassen wollen ruft Neurosen hervor. Neurosen tragen bereits den Stachel des Scheiterns in sich. Beruflicherseits sticht er ganz gewaltig, wenn man dauerhaft ‹wider den Stachel löckt›, worunter seit Luther allgemein die Bekehrung des aufbegehrenden, starrköpfigen Saulus als Metapher für Uneinsichtigkeit verstanden wird. Die Vermeidbarkeit liegt für alle, die wie Gerd Naumann nach einer (irrational-sehnsuchtsvollen) Korrektur der Anpassung fordernden Verhältnisse verlangen, in der Beachtung der Folgen, die sich bei vorsätzlichen Zuwiderhandlungen ergeben, und sie nennt sich schlicht und einfach *Akzeptanz durch Güterabwägung*. Das ist das ganze Geheimnis. Gerd Naumann weiß natürlich darum in seinem Innersten, denn er ist ein kluger, lebensweiser Mann, den eben nur ab und an Bitterkeit befällt, sobald er davon träumt, wie es hätte sein können, wenn ... Daß er Bernard Shaw als Zitator wählte, beweist diesen Umstand sehr gut.

II. Arbeit:

Nur das zählt, was man wirklich will

Die einzige Wahrheit liegt in der Arbeit:
die Welt wird eines Tages das sein, wozu
die Arbeit sie gemacht haben wird.

(Émile Zola)

Was Bernhard Klausner beruflicherseits von Émile Zola unterscheidet? *Er* bestand seine Reifeprüfung, arbeitete weder als Dockarbeiter noch als Journalist und wurde auch kein sozialkritischer Schriftsteller. Gleichwohl gelangte er wie Zola erst auf Umwegen dorthin, wohin er wollte.

Bernhard Klausner ist Tonmeister in einer öffentlich-rechtlichen Rundfunkanstalt und erblickte erst ein gutes Jahrhundert später das Licht der Welt in Köln – achthundert Kilometer von Paris entfernt.

Von seiner Jugendzeit berichtet er mit einer gewissen Eindringlichkeit. Das Elternhaus war geprägt von der Wahrung von Harmonie, und zwar in jeder Hinsicht. Nach den schrecklichen Erinnerungen an die Greuel des Zweiten Weltkrieges – sein Vater erlebte sie als Soldat hautnah an der Ostfront – herrschte eine Obsession für klassische Musik vor, die auf federleichten Schwingen über die Mühsal der Nachkriegsjahre hinwegtrug. Schubert, Bach, Beethoven, Händel und Liszt gingen sozusagen im Hause Klausner ein und aus und waren gerngesehene Gäste.

Auf Bernhard, den einzigen Sohn, übertrug sich die Liebe zur klassischen Musik in vollem Ausmaß. Er entwickelte aber sehr bald eine Eigenart: er sortierte, wie er verschmitzt meint, die Töne, und begann, ihre Seelen zu erforschen. «Ich entwickelte ein hyperfeines Gehör», sagte er. «C – d – e – f – g – a – h – c unterschied ich sofort nach Baß, Tenor, Alt und Sopran. Ich begann, sie zu erhöhen, also *cis, dis, eis, fis* und so weiter, und zu erniedrigen, also *des, es, fes, ges, as* und so fort. Ich mischte Sechzehntel-, Achtel-, Viertel- und Halbnoten nur in meinem Ohr. Mein Klavierlehrer wurde ganz konfus, weil ich ihn jedesmal korrigierte, wenn er zu intonieren begann. Er hatte eben nicht das absolute Gehör. Ich jedenfalls wollte alle ausgetretenen Pfade verlassen und begann selbst zu arrangieren ...»

Was kommen mußte, kam: Eines Tages, er war gerade zwölf Jahre alt und verfügte neben dem klassischen Repertoire (Beethovens ‹Für Elise› in a-moll spielte er sozusagen mit der Linken, währenddessen die Rechte Schuberts ‹Impromptu› in B-dur einleitete) über ein von ihm so bezeichnetes ‹Ton-Brevier›, in dem bislang ungehörte Klänge zusammenwirkten, als man auf ihn aufmerksam wurde. Er erhielt die Gelegenheit, in einem Konservatorium sein Können vorzutragen, und zwar das klassische wie auch jenes, das sich für ihn bis dahin nur im Stadium eines Versuchs, ‹tönemäßig› Atypisches zu schaffen, befand.

Die Reaktion des Auditoriums war ergötzlich. «Treffender kann ich es nicht ausdrücken», sagt er. «Die Menschen delektierten sich einfach daran, wie da ein Junge nach der Pflicht in der Kür in die Tasten hieb, daß die Wände wackelten, und sich um nichts scherte. Meine Phantasie ließ ja anderes gar nicht zu, als Töne auf die denkbar abenteuerlichste Weise zusammenzuwürfeln. Aber es klang nie unharmonisch. Nie atonal, immer irgendwie auf den funktionalen Prinzipien der Tonalität beruhend. Aber ich schuf Effekte, die die Leute interessierten. Es war viel Improvisiertes, Einmaliges dabei, doch man erkannte, daß ich völlig neue Interpretationen von alten Themen schuf. Aus mir hätte also durchaus etwas werden können. So wie heute der (...).»

Dann kam der tragische Einbruch ins Leben und die Konfrontation mit der harten Wirklichkeit: der Vater verstarb im Alter von nur achtundvierzig Jahren. Er hinterließ keine materiellen Güter, wohl aber die Erinnerung an sein weites Herz und seine große Güte. Die weitere Förderung des großen Talents seines Sohnes stand damit vor einem jähen Ende. Bernhard Klausner war gezwungen, wie viele Kinder seines Alters damals durch widrige Umstände gezwungen wurden, die Schule nach der 8. Klasse zu verlassen und einen praktischen Beruf zu erlernen, um sich später ein Auskommen schaffen zu können.

Es erschien ihm wie eine Fügung des Himmels, daß er, als er mit siebzehn Jahren seine Kaufmannsgehilfenprüfung abgelegt hatte, imstande war, sich selbst zu ernähren, denn seine Mutter verstarb nur wenig später. Bernhard Klausner ist zutiefst davon überzeugt, daß sie den Tod ihres geliebten Mannes nicht überwinden konnte und nur noch so lange durchgehalten hatte, bis ihr Sohn in der Lage war, sich selbst zu ernähren.

«Wer weiß, wie alles gegangen wäre, hätte nicht das Schicksal dazwischengefunkt», sagt er, aber in seinen Worten schwingt unüberhörbar eine große Wertschätzung für seine Eltern mit.

«Und wie wäre Ihr Leben verlaufen?»

«Ich hätte sicherlich das Konservatorium besucht und Karriere gemacht. So aber kam alles ganz anders.»

Bernhard Klausner arbeitete fortan in seinem erlernten Beruf, der ihn zwar leidlich ernährte, doch wenig befriedigte. Eher gesagt, überhaupt nicht befriedigte. Nach drei endlos erscheinenden Jahren hatte er die Trauer über den Verlust seiner Eltern überwunden, zumindest so weit, daß er wieder ernsthaft daran dachte, sich erneut der Musik, genauer, dem Mischen von Tönen, zu widmen. Eine Karriere als Mitglied in einem klassischen Orchester strebte er nicht mehr an, er fühlte sich darüber hinausgewachsen. Er neigte mehr der experimentellen Seite zu. Eine Idee, dies wenigstens teilweise zu realisieren, kam ihm.

Bernhard Klausner holte in Abendkursen und mit bewundernswerter Ausdauer das Abitur nach, um sich in der Fachhochschule Düsseldorf für den Tonmeisterstudiengang einschreiben zu können. Diese FH ist bekannt dafür, daß sie während des rund zehnsemestrigen Studiums großen Wert auf Praktika und musikalische Bildung legt. Bernhard Klausner nahm die Herausforderung an. Er arbeitete hart in zahlreichen Nebenjobs, um seinen Lebensunterhalt zu finanzieren, und er rang zäh um jeden Millimeterbreit Erfolges. Nach fünf Jahren hatte er es mit knapp dreißig geschafft. Über die wechselhaften Zeitläufte hin war er zum Kämpfer geworden und ließ keine Gelegenheit aus, sich weiterzubilden. Ein halbes Jahrzehnt später war er schon ‹am Pult›, erhielt sogar den Kurt-Magnus-Preis, der für junge, innovatorisch denkende (diesen Terminus gab es damals noch gar nicht, sondern man sagte ‹engagiert› dazu) Programmleute vergeben wird, weitere fünf Jahre danach bis heute, da er gerade fünfzig Jahre alt geworden ist, wurde er Produktionsingenieur und ist es bis heute. Sein Faible für ungewöhnliche Kompositionen und das Arrangement von Tönen half dabei sehr, denn es gibt wenige Menschen, die sowohl mit einem ausgeprägten Gehör als auch mit überragender Musikalität gesegnet sind. Bernhard Klausner ist eines von diesen seltenen Geschöpfen. Er verdient heute recht ordentlich, arbeitet viel und gerne und denkt nur gelegentlich daran, daß ihm die Zeit unter den Fingern verrann und er keine Familie gegründet hat. Dafür besitzt er einen Freundeskreis, der nicht groß, dafür aber kongenial ist, und weiß, daß das Leben leben in erster Linie ein Kampf um Lösungen von Problemen ist.

Émile Zola ist er nur insofern verbunden, als er einmal von einem bekannten Dramaturgen mit der Bitte konfrontiert wurde, für Zolas 1874 verfaßtes Bühnenstück *Les héritiers Rabourdin*, das er postrealistisch inszenieren wollte, den ‹soundtrack› zu liefern. Es wäre ein nettes Experiment gewesen, meint Bernhard Klausner, aber es mußte aus Gründen der Kürzung staatlicher Haushaltsmittel unterbleiben, und zum Mäzen fühlte er sich nicht berufen.

Als ich ihn fragte, ob er einverstanden wäre, einem Zolaschen Aphorismus gewissermaßen als Bindeglied zwischen seinem bisherigen Lebenslauf und dem Ausblick auf die kommenden Jahre zuzustimmen, willigte er spontan ein. «Ist es nicht wirklich so?» denkt er nach, «liegt nicht wirklich die einzige Wahrheit in der Arbeit des Menschen, und wird es nicht gerade diese Arbeit sein, die die Welt in allen Höhen und Tiefen gestaltet? Und könnte man nicht andersherum auch sagen, daß der Mensch das Produkt von dem ist, was Arbeit aus ihm gemacht hat? Arbeit – ich meine, nur das zählt, was man wirklich will. Nicht, was andere für gut halten.»

————— Aus der Begegnung mit Bernhard Klausner tritt ein Postulat aus dem Dämmerlicht willfähriger Interpretationen lobbyistischer Formierungen ins grelle Licht der Arbeitslebenswirklichkeit: das Postulat der reellen Chancengewährung, Arbeit in *praktischer* Umsetzung zu erfahren. Die nach wie vor wegen ihrer Unverbindlichkeit beliebten erkenntnistheoretischen Untersuchungen über die Auswirkungen des Mangels an Arbeit auf die überlebenswichtigen physischen und psychischen Abwehrkräfte sind, in solchem Lichte gesehen, blanker Hohn.

Wer durch nicht selbst zu verantwortende Umstände zur Abstinenz verurteilt ist (auch zu jener, die den Wunschberuf oder das -studium auszuüben verwehrt), erleidet seelischen Schiffbruch und muß sich seine Ausgliederung gefallen lassen. Er wird zwar bedauert, doch bleibt er weitgehend auf sich selbst gestellt. Ihm muß die Zolasche Wahrheit abstrakt erscheinen, denn er ist von ihr in praxi abgekoppelt. Er sieht sich außen vor gestellt, denn ihm ist die Mitarbeit an eben dieser Gestaltung der Wahrheit durch Arbeit versagt.

Unter diesem Aspekt betrachtet, gewinnt der Lebensweg Bernhard Klausners eine symbolhafte Bedeutung für die Angehörigen der jüngeren Generation, die nicht vielleicht wie er kämpfen, sondern resigniert aufgeben wollen. Aus Gründen mangelnder politischer, beruflicher oder finanzieller Unterstützung, aus Gründen elternhäuslicher Konditionierung, aus welchen Gründen auch immer. Der Ausweg ist gleichwohl zu finden möglich, doch bedeutet er Anstrengung, einen gebündelten Willenseinsatz mit entsprechender praktischer Instrumentalisierung.

Der Lohn ist aber hoch, denn wer sich nicht unterkriegen läßt, gewinnt an Statur. Nicht nur als durch eigene Kraft erworbene Reife oder wegen fremder Bewunderung, sondern weil er nicht psychisch zum Pflegefall wird. Der sogenannte Lebenskampf ist in Wirklichkeit nur das Abarbeiten von Vorurteilen gegenüber sich selbst. Wer sich nichts zutraut, weil er in die Rolle des Sich-selbst-nichts-Zutrauenden getrieben wurde, sei es durch falsch verstandene Rücksichtnahme, sei es aus Drückebergerei vor Verantwortung, erlebt nicht nur ein Waterloo, vielmehr Waterloos über Waterloos in seinem Leben. Er wird der ewig Unterlegene bleiben. Schade, es hätte ein anderes Leben daraus werden können.

Ob ihnen die Ausübung ihres Wunschberufes geglückt sei, wollte ich wissen. Die geringe Prozentzahl ist dramatisch insofern, als – fast immer

uneingestanden – das Leben über mit dieser Tatsache des Nichtge-
glücktseins gerungen wird. Die damit einhergehenden Komplexe wie
das Eingeständnis des eigenen Versagens oder auch Rachegefühle gegenüber denen, die einem Hindernisse in den Weg legten (Eltern qua Berufs-
*aus*wahl; Politiker qua Numerus clausus durch unsinnige Abiturnoten-
durchschnitts- und Nichteignungsbewertung usf.), determinieren die
Haltung zur Gesellschaft in weitestem Sinne. Welche Eruptionen daraus
resultieren können, wird augenfällig für den, der sich sein eigenes Bild zu
machen gewohnt ist.

Üben Sie Ihren Wunschberuf aus?

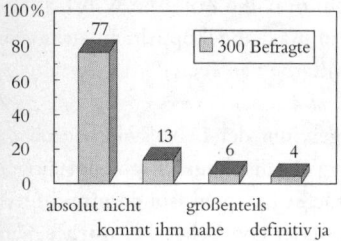

Fazit:

   Widrige Lebensumstände fesseln nur so lange, wie man ihnen Gelegenheit dazu einräumt. Eine jener Wahrheiten, die viele
nicht hören wollen. Dennoch ist es so: Mit Willenskraft kann man
Lebensumständen, die einen fesseln, ein profundes Gegengewicht
bieten. Außerdem: Verlustängste paralysieren, Visionen hingegen
befreien. Lebensziele zu verwirklichen trachten ist eine bedeutsame
Neufestsetzung des Lebensschwerpunktes. Wer das nicht tut, wird
dahindümpeln und seelisch wie körperlich nie wirklich zu einem au-
tarken Menschen werden, geschweige denn wirklich genesen.

■ Der konstruktive Umgang mit der Schwerpunktsetzung ruft

eine Erstarkung der seelischen Abwehrkräfte gegen die unvermeidlichen Kollisionen mit unrealistischen Wunschvorstellungen im Leben hervor und befähigt zur schrittweisen Zielannäherung. Die Umsetzung scheitert dann nicht, wenn das Lebensziel wirklichkeitsnah, d. h. im Rahmen der eigenen Anlagen ist und nicht auf falschen Voraussetzungen aufbaut. Eine solche falsche Voraussetzung wäre beispielsweise in der Falsch- bzw. Überbewertung der eigenen Talente zu erblicken. Sie muß zwangsläufig jedes berufliche Scheitern herbeiführen. Bernhard Klausner hat aufgezeigt, daß es selbst bei gewaltigen Schicksalsschlägen und den mit ihnen unmittelbar einhergehenden tiefen seelischen Einschnitten möglich ist, sich von ihnen zu emanzipieren. Er erkannte – jede Not der Umstände ruft stets eindringlich zu etwas auf – die Herausforderung und nahm sie an. Das Erlernen eines Brotberufes gehört zur elementaren Befreiung aus der Abhängigkeit von Almosen Dritter.

■ Die Zähigkeit, parallel dazu ein Ziel zu verfolgen, nötigt zwar psychische und mentale Kraft ab, aber sie ist eine gute Investition, die zur späteren Reinvestition wird. Mit dem Können wächst nämlich das Wissen, woraus sich eine wiederum erweiterte Bandbreite der (beruflichen) Möglichkeiten ergibt. Auch mit fünfzig ist man nicht außerhalb der Reichweite des Geistes und seiner vernunftgesteuerten Wissensvermehrung. Dies ruft ein starkes seelisches Echo hervor: Zufriedenheit mit dem Erreichten bei gleichzeitig fortschreitender Abwesenheit verzehrender Sehnsüchte nach einem anderen Leben, beispielsweise eines Lebens im (weiterhin nur nachgetrauerten) Wunschberuf. Eines ist sicher: daß nur der den Wettlauf mit der Zeit gewinnt, der sich frühzeitig auf den Weg macht. Er kommt dort an, wohin andere ihr Leben lang nicht gelangen: ans Ziel seiner Wünsche. Nicht Träume – Träume sind Schäume, sagt der Volksmund. Zu Recht, denn Wünsche kann man bei vernünftiger Schwerpunktsetzung weitgehend aus eigener Kraft realisieren, Träumen hingegen nachzujagen kostet mehr davon, als man hat. Freilich, für beides ist es nie zu spät: für eine Verwirklichung seiner Wünsche und für die Einsicht in die Vergeblichkeit des Hoffens, unerfüllbare Träume würden jemals lebendig.

III. Arbeitslos mit fünfzig:

Eigeninitiative wird belohnt

Ein Leben ohne Arbeit gilt nur,
was ein Rahmen ohne Bild.

F. W. Weber

Man eröffnete Ulrich Werner wenige Monate vor seinem fünfzigsten Geburtstag, daß er sich mit dem Gedanken anfreunden müsse, das Unternehmen zum Jahresende zu verlassen. Zwar ausgestattet mit einer hohen Abfindung, gleichwohl mit dem Stigma des Ausgemusterten behaftet.

«Es war ein Schlag ins Kontor», eröffnet er unser Gespräch. «Ich habe mich von klein auf in der Firma hochgearbeitet, meinen Textiltechniker mit Auszeichnung gemacht und siebenundzwanzig Jahre treu und redlich gedient. Und dann das! Ich bin beinahe verrückt geworden vor Wut. Wären meine Frau und meine Töchter nicht gewesen, ich hätte sonstwas mit meinem Chef angestellt. So wie in Amerika, wo die Leute ihre Vorgesetzten einfach umlegen.»

Das Gefühl geht mit ihm durch. Er steht abrupt auf und stampft durch die Wohnung. Nach zehn Runden läßt er sich wieder nieder und setzt das Gespräch fort. «Ich habe mir wirklich nichts zuschulden kommen lassen, verstehen Sie? Rein gar nichts. Aber das hat keinen interessiert. Fast die halbe Abteilung haben sie rausgeworfen. Zwei Kollegen, die gerade vierzig geworden sind und die als Lehrlinge übernommen worden waren, haben sie genauso vor die Tür gesetzt wie mich. Die haben pro Jahr achttausend Mark bekommen. Bei mir waren sie spendabler: dreihunderttausend Mark haben sie sich mich kosten lassen. Davon muß ich Steuern zahlen, das Arbeitsamt lacht sich eins, weil es vorerst keine Gelder locker machen muß, und sie behandeln mich wie den letzten Dreck. Entschuldigen Sie bitte, daß ich das so drastisch sage, aber wenn einer wie ich so mir nichts dir nichts auf die Straße gesetzt wird, kann einem schon die Galle hochkommen.»

Was er denn nun tun wolle, erkundige ich mich. Ob er Pläne mache? Irgendwie muß das Leben ja weitergehen. Mit fünfzig ist man nicht am Ende aller Tage angelangt.

Ulrich Werner schüttelt den Kopf. Nein, Pläne habe er keine. Die Wunde sei noch zu frisch, als daß er imstande sei, Pläne zu machen. Arbeiten würde er ja gerne wieder, auch wenn es ‹nur› ehrenamtlich sei. Als Berater für junge Leute. Als irgend etwas, nur nicht herumsitzen müssen. Seine Frau jage ihn schon immer aus dem Haus, wenn sie die Wohnung sauber mache. Dann gehe er in den Zoo, «um sich die Affen anzusehen». Wenn er nach Hause komme, sei die Wohnung wunderbar aufgeräumt, so wunderbar, daß er sich erst recht als Fremdkörper fühle. «Vormittags», sagt er, und sein Blick wird traurig, «wenn die anderen arbeiten gehen, traue ich mich nicht ans Fenster, weil ich Angst habe, daß mich jemand hier oben sieht und denkt, aha, arbeitslos ist der und hält den Bauch für mein sauer verdientes Geld in die Sonne. Nein, da setze ich mich lieber hin und gucke Frühstücksfernsehen.»

Wie das Verhältnis zu seinen Kindern ist, möchte ich wissen. Wie sie darauf reagieren, daß er jetzt ‹nur herumsitzt›. «Die Kathrin, das ist meine Älteste, studiert in Marburg Biologie», erwidert er. «Sie kommt am Wochenende und ist dann ganz lieb zu mir und sehr rücksichtsvoll. Sie spricht niemals über meine Sache. Bärbel geht noch zur Schule. Mit ihr gibt es auch keine Probleme. Und meine Frau – sie hat sich eine Halbtagsstelle in einem Drogeriemarkt gesucht und ist froh, wenn sie zweimal die Woche von mir fort kann.» Nein, das sei kein böser Wille, meint er, die Frau brauche das eben, und er wolle ihr da nicht hineinreden. Es wäre sowieso schwer erträglich, wenn der Mann zu Hause sei und nichts tue.

Ulrich Werner macht den Eindruck eines Mannes, der die Hoffnung aufgegeben hat, jemals wieder in seinem erlernten oder einem anderen Beruf Fuß zu fassen. Seinem Arbeitsberater bei der Bundesanstalt für Arbeit vergehe die Lust, wenn er ihn sehe. Außerdem sei es kein Geheimnis, daß schon Fünfunddreißigjährige bei der Stellensuche angeschaut werden, als kämen sie vom Mars. Das sei reinste Menschenverachtung, den Leuten keine Chance mehr zu geben. Und es sei ein Ding aus dem Tollhaus, fügt er grimmig hinzu, daß Politiker sich hinstellten und fortwährend von der Bekämpfung der Arbeitslosigkeit schwätzten. «In Wirklichkeit kümmert sie das einen Dreck», regt er sich auf. «Die Sozis haben ja sogar ganz unverblümt gesagt, daß sie keine Partei des letzten Drittels der Gesellschaft mehr sein wollen. Und die Gewerkschaften? Daß ich nicht lache! Dein Geld wollen sie nur, und wer keines mehr hat, ist draußen. Nein, nein, die können mich alle mal. Ich glaube denen kein Wort mehr.»

«Was halten Sie denn davon, einmal zu inserieren und auf diesem Wege Ihre Erfahrung und Ihr Können anzubieten? Es ist durchaus wahrscheinlich, daß dadurch Kontakte zustande kommen und Sie plötzlich wieder gefragt sind. Wer weiß?»

«Mit fünfzig bist du nirgendwo mehr gefragt. Und schon gar nicht, wenn du sagen mußt, daß du arbeitslos bist. Jeder denkt doch, daß sie dich rausgeschmissen haben, weil du säufst oder zu häufig krank warst.»

Es gelingt mir doch, Ulrich Werner zu einem Inserat zu überreden. Wir entwerfen es gemeinsam. Obwohl er nach außen hin weiter pessimistisch bleibt, spüre ich, daß ihn die Hoffnung auf eine günstige Resonanz zu erfüllen beginnt.

Das Inserat, einspaltig und dreißig Millimeter hoch, erscheint in der Süddeutschen Zeitung unter Chiffre in der Rubrik Stellengesuche. Es hat einhundertundachtzig Mark gekostet, nicht wenig, doch eine Investition, die sich lohnen sollte.

Eine knappe Woche später treffen nach und nach insgesamt vierzehn Zuschriften ein. Die Hälfte davon tragen als Absender Versicherungsnamen. Versicherungen sind immer auf der Jagd nach nebenberuflichen Agenten, die ihren Bekannten- und Freundeskreis bis über den Kopf versichern sollen. Ein Tafelsilberverband sucht einen Vertreter für die Postleitzahlenbezirke sechs, sieben, acht. Mit einem Eigenkapital von fünfzigtausend Mark wäre Ulrich Werner dabei und könnte dem Vernehmen nach monatlich locker einen fünfstelligen Verdienst (!) tätigen. «Bauernfänger», sagt er dazu und zerreißt den Brief.

Zwei Zuschriften stellen sich allerdings als höchst interessant heraus. Eine Firma ist darunter, die einen erfahrenen Mann (... gerne auch Rentner) für die Eingangskontrolle ihrer aus Fernost importierten Textilien auf 560-DM-Basis sucht. Ein anderes Unternehmen möchte einen Endkontrolleur (... gerne einen Textiltechniker oder -kaufmann im Ruhestand) zu einem Stundenlohn von 13,10 DM für drei halbe Tage pro Woche einstellen.

Ulrich Werner ist verdutzt. Er hatte auf eine Resonanz gehofft, sie aber nicht erwartet. Und schon gar nicht im Raum München, wo der Arbeitsmarkt für qualifizierte Kräfte so eng und hermetisch zu ist wie der Wohnungsmarkt. Er berät sich mit Frau und Kindern und beschließt, sich bei beiden Firmen vorzustellen.

Was wie eine dramaturgisch gekonnt verabreichte Streicheleinheit für eine leidende Seele anmutet, ist keine, sondern wahrhaftige, richtige Realität: zwei Wochen darauf, als ich mich nach dem Stand der Dinge erkundige, glaube ich, einen anderen Menschen am Telefon zu haben. Aus Ulrich Werner sprudelt es nur so hervor, so aufgekratzt und unheimlich ‹gut drauf› ist er, wie er mich, rundum glücklich, wissen läßt. «Kommen Sie vorbei, wir müssen einen heben», lädt er mich ein und fügt lachend hinzu, daß er ja nun berufstätig sei und erst am Abend Zeit habe. Ja, der Job in der Endkontrolle sei genau der richtige. Zwar manchmal ziemlich stressig, wenn er alles allein bewältigen müsse, weil die anderen Mitarbeiter ‹Springer› seien, aber er möchte keine Stunde entbehren. Mit dem Vorgesetzten komme er blendend aus, er sei ziemlich unkompliziert, «wie die jungen Leute heute eben so sind», und freue sich, einen so tüchtigen Mann gefunden zu haben. Nicht ausgeschlossen, daß er ganztags übernommen werde, wenn die Firma nach Osten expandiere und München nur noch Versandlager bleibe. Dann werde er Lagermeister, habe man ihm zugesichert.

«Also geht es Ihnen wieder richtig gut?» freue ich mich für ihn. Seine Antwort: «Ja, mir geht es sogar verdammt gut. Ich hätte nie gedacht, daß man doch noch etwas anfangen könnte in meinem Alter! Die Idee mit dem Inserat war goldrichtig!»

—————— Die Begegnung mit Ulrich Werner habe ich stellvertretend für viele andere ‹freigesetzte› Fünfzigjährige, wie das viele Arbeitgeber und Politiker beschönigend nennen, ausgewählt, denen Eigeninitiative über den Schock der Arbeitslosigkeit hinweghalf. Definitiv entscheidend für das Vermeiden von Hoffnungslosigkeit und Frustration ist, daß man baldmöglichst eine Initiative ergreift, mag sie noch so an den Haaren herbeigezogen wirken. Das Resultat zählt, nichts anderes, und schon gar nicht die Meinung lieber Freunde, ‹die es gut mit einem meinen›. Dahinter verbirgt sich zumeist nur tiefe Ratlosigkeit im Umgang mit einem Menschen, der ein halbes Jahrhundert Lebensjahre zählt und gewiß alles braucht, nur keine dummen Belehrungen, platten Aufmunterungen (Kopf hoch, es wird schon werden ...) oder gar Abqualifizierungen bis hin zur unverhüllten Verachtung ‹für den da›.

Daß staatliche Institutionen von der Struktur her auf Desinteresse am Wohlergehen des einzelnen angelegt sind, ist nicht nur auf diesem Sektor als hinreichend bekannt ↗ vorauszusetzen. Bei der Auswertung von Leserbriefen, die ich auf meine anderen Bücher hin erhielt, habe ich die Feststellung treffen müssen, daß die Bundesanstalt für Arbeit hinsichtlich Beratung und Vermittlungsengagement die schlechtesten Noten erhält (die ich selbst im Zuge von Recherchen verifizieren konnte) und daß einem Mann mit fünfzig offen sein Alter als Makel vorgehalten wird. Von mangelnder Qualifikation ist in den seltensten Fällen die Rede, auch nicht von überproportionaler Anfälligkeit für Krankheit und Gebrechen, wenn es um die Ausfüllung seines Jobs geht. Nein, allein die in fünfzig Jahren zurückgelegte Strecke Weges über dieses Erdenrund dient als Indikator für rigides Aussortieren aus dem Arbeitsprozeß. Die Bundesanstalt für Arbeit tritt hierbei nicht als Anwalt der Fünfzigjährigen auf, sondern als Verteidiger obskurer Forderungen des Arbeitsmarktes.

Das ist durch nichts zu rechtfertigen, sondern es ist ein ungehemmter Aussortierungsprozeß aus dem Arbeitsmarkt. Die Menschenwürde der älteren Arbeitnehmer wird mit Füßen getreten, und daß das so offenkundig erfolgen kann, spricht den Verantwortlichen jede Glaubwürdigkeit für ihre so gerne öffentlich vorgetragene Anteilnahme am bitteren Los der Arbeitslosen im allgemeinen und dem der älteren im besonderen ab. Da dem so ist, hilft nur Eigeninitiative. Sie ist das letzte und einzige Mittel schlechthin.

Wichtig zu wissen war mir, wie Fünfzigjährige Arbeitslosigkeit empfinden. Daß sie bedrückt, war zu vermuten. Es sind nur wenige, die die plötzliche Freiheit als nicht unwillkommen ansehen. Aber damit dürfte zu rechnen sein. Das Ergebnis spricht also für sich.

Wie empfinden Sie Ihre Arbeitslosigkeit?

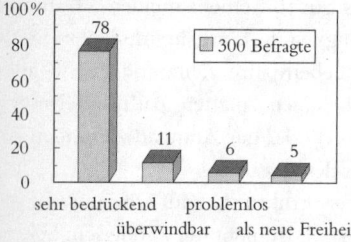

Fazit:

Eigeninitiative zählt doppelt und dreifach. Die Verläßlichkeit Dritter bei einer etwaigen Hilfestellung ist mit einer gewissen Zurückhaltung, um nicht zu sagen Vorsicht, zu betrachten. In den seltensten Fällen machen sie Ihr Anliegen zu ihrem eigenen. Deshalb ist dringend anzuraten, sich eine eigene Strategie zurechtzulegen. Das berüchtigte Loch, in das man fallen kann, ist kein Schauspiel, sondern Ausdruck einer tiefen seelischen Verletzung, die, je unvermuteter und rigoroser die Abschiebung aus dem Arbeitsleben erfolgt, um so tiefere Wunden zufügt. Fruchtloses Grübeln verschlimmert nur die Situation. Es gar nicht erst zuzulassen, sondern mit *Personen des Vertrauens* darüber zu sprechen, ist nur anzuraten. Solche Gesprächstherapie ist kostenlos und hilfreich. Honorarabhängige Psychotherapeuten hingegen mögen willkommene Klagemauer sein, die Gefahr, sich vom Trost im Zeittakt abhängig zu machen, ist jedoch größer als der Nutzen, den professionell verabreichter Seelenbalsam bietet.

■ Schwindendes Selbstwertgefühl wird am vielversprechendsten bekämpft, indem ein klares, zeitlich begrenztes Arrangement mit den (widrigen) Umständen getroffen wird. Sein temporärer Status ist von Bedeutung insofern, als damit die selbstgesetzte Zeitspanne intensiv genutzt wird, um die Dinge, die ja noch frisch sind (Ulrich Werner nannte sie treffend ‹Wunden›), mit Elan zu ordnen. Je größer der Zeitraum zwischen Arbeitslosigkeit und Zeit des Erwerbslebens ist, desto desolater wird die psychische Belastbarkeit, und ihr folgen auf dem Fuße alle bekannten negativen somatischen Begleiterscheinungen. Dem gilt es entschieden vorzubeugen. Ein Stellengesuch kann hierbei äußerst hilfreich sein und sollte selbstbewußt die eigenen Fähigkeiten herausstellen. Es gibt wirklich unendlich viele Chancen, wieder in den Arbeitsprozeß zu gelangen, und sei es ‹nur›, einen Vierteltagesjob zu ergattern.

■ Die Bedeutsamkeit einer geistigen Betätigung während der erzwungenen Freizeit wird häufig unterschätzt. Sie soll der Steigerung oder der Konsolidierung des Selbstwertgefühls zuarbeiten. Die nach bestimmten Kriterien angesetzte Auswertung der Tageszeitung ist beispielsweise ein äußerst empfehlenswertes, probates Mittel zur Wissensvermehrung und läßt die Befähigung zur systematischen Arbeit nicht verkümmern. Darüber hinaus eignet sich das Studium von Biographien besonders gut zur Relativierung des Selbsterlebten. Man wird entdecken, daß auch schon vor zwei-, dreihundert Jahren schnurgerade Lebensläufe abrupt durch Entlassung aus einem Arbeitsverhältnis oder durch Abhängigkeit von der Gunst Dritter unterbrochen wurden. Solche Konfrontation mit anderer Menschen Schicksal trägt häufig dazu bei, daß selbst zur Feder gegriffen wird, um das eigene Leben aufzuarbeiten. Eine bewährte Form der Schreibtherapie ist dies. Das Wichtigste muß jedoch im Auge behalten werden: der Vorsatz, sich nicht klein machen zu lassen, sowie der Wille, weder psychisch noch physisch zu verkümmern. Erst dann wird man vom Schicksal nicht mehr als Spielball der Elemente von der einen auf die andere Klippe geworfen. In diesem Sinne ist Lethargie das bei weitem größte Übel, wenn das bisherige Leben funktionserfüllt war. Eines stellte sich hierbei als essentiell für das psychische Überleben in der Krise heraus, die eine unerwartete Arbeitslosigkeit stets heraufbeschwört, nämlich, daß je weitgefächerter das private Interessensgebiet ist, um so unanfälliger die Betroffenen gegen die plötzliche Leere in ihrem Leben sind. Sie sind dadurch zwar nicht immunisiert, jedoch verstehen sie es wesentlich effizienter, das Gefühl des Nichtgebrauchtwerdens zu kompensieren. Auch der Einstieg in ein neues (oftmals selbstgewähltes), außerberufliches Aufgabengebiet gelingt ihnen häufiger als anderen.

IV. Abenteuer:

Norman, der Kosmopolit

‹Variatio delectat› Abwechslung erfreut.

aus: ‹Rhethorik an Herennius›

Norman Beckers gehört zu den imposantesten Menschen, denen ich je begegnet bin. Eindrucksvoll ist nicht unbedingt sein Äußeres zu nennen, es ist vielmehr der verborgene Teil seiner Persönlichkeit, also das, was man gemeinhin mit geistigem Nonkonformismus bezeichnet. Dieses Etikett läßt er sich, wenngleich etwas zögernd, gefallen, weil er es für zu indifferent hält; gegen die Titelei: *Norman, der Abenteurer* hat er manche Einwände. Es gelingt nicht, ihn davon zu überzeugen, daß einer, der sich seit zwanzig Jahren in der Welt herumtreibt, Fauna und Flora nebst allen Kulturen kennt und nur dann arbeitet, wenn er Geld zum Weiterreisen benötigt, sich solches Etikett selbst in die Haut eingewebt hat. So einigen wir uns auf die Bezeichnung *Kosmopolit.*

Dr. Norman Beckers studierte romanische Philologie, mit Nebenfächern Kunstgeschichte und Philosophie, spricht Französisch, Italienisch, Spanisch und Englisch, Latein perfekt, beherrscht Alt- und Neu-Griechisch fast perfekt, und hinzu kommen weitere acht (!) Sprachen, in denen er sich verständigen kann, darunter Japanisch und Mandarin, und zwar so gut, daß er weder Probleme bei der mündlichen noch schriftlichen Verständigung hat (für die Visaerteilung von immenser Bedeutung, wie er versichert).

Weshalb hat er seine aussichtsreiche Hochschulkarriere sausen lassen? Weil er – er grinst übers ganze Gesicht, als er antwortet – gerade noch rechtzeitig eingesehen habe, daß sich die Theorie ewig an der Praxis stoßen werde und er dem Dasein eines Professors als Prellbock das eines freien Menschen vorgezogen habe. Zum Leidwesen seines

Vaters, der Professor für Romanische Philologie an einer bedeutenden Universität war und selbst jetzt, emeritiert, noch immer um das schwarze Schaf trauere. Das könne er nicht ändern, meint Norman Beckers, aber es tue ihm schon leid, den hauseigenen Prof. enttäuscht zu haben.

«Es gibt aber Dinge, die sind irreversibel», meint er und erläutert: «Ich habe das Blut eines Ahnen in mir. Der vagabundierte herum, schrieb einige Dutzend Bücher, die heute noch in x-ter Auflage als Abenteuerromane aufgelegt werden, und starb, dem Vernehmen nach, selig in den Armen seiner x-ten Geliebten. Dort, wo Gauguin hingeflohen war, als er es in Europa nicht mehr aushielt. Ich werde mein Leben, wenn nur irgend möglich, ebenso beschließen.»

«Und wie fühlen Sie sich jetzt, wo Sie zurück in diesem Europa sind, um Ihre Eltern zu besuchen?»

Er überlegt lange. «Kennen Sie das Platonsche Höhlengleichnis? So komme ich mir vor: Ich empfinde Europa als Höhle, in die von draußen die Schatten an die Wände fallen, von denen man hier denkt, sie stellten ein Leben voller Bedrohung dar. Ihr Europäer betreibt immerzu Nabelschau und meint, die Welt da draußen wolle euch an die Gurgel. Das ist totaler Nonsens. Indem ihr Bedrohung allerorten wittert, organisiert ihr mit eurer verkrampften Haltung nur das Chaos. Und ihr sät Mißtrauen. Mißtrauen produziert Mißtrauen. Wenn ihr euch eines Tages wundert, daß ihr euch damit selbst ins Abseits manövriert habt, wundere ich mich nur, daß ihr euch wundert.»

«Verurteilen Sie aber damit die Europäer nicht pauschal?»

«Weshalb? Nur weil ihr stolz auf eure kümmerlichen Dichter und Denker seid? Es gibt den Hinduismus, den Judaismus, den Buddhismus, den Schintoismus, den Konfuzianismus, den Islamismus – und ihr mit eurem Katholizismus und Protestantismus glaubt immer noch, ihr hättet die Weisheit aller Zeiten gepachtet? Wissen Sie, was in der Atharvaveda (hinduistische Gebetssammlung) bei der Anrufung Varunas (Varuna: Herr des Weltalls) steht? ‹*Ja wer hinaus ging’ über’n Himmel selber – Nicht würd’ er los von Varuna, dem König. – Dies All durchwandeln seine Himmelswächter – Schaun tausendaugig nieder auf die Erde.*› Ist euer Christengott nun besser oder schlechter, dümmer oder klüger, grausamer oder barmherziger als all die anderen Götter in den Herzen der Menschen? Sehen Sie, dies macht Europa in meinen Augen aus: die Egozentrik des heutigen Denkens, so als hätte es nie Galilei und Kopernikus, Luther und Kant gegeben.»

Unversehens ist der Dialog zum philosophischen Monolog geworden. Ich lasse Norman Beckers fortfahren. «Und ich hatte nie vor, mich in einen geistigen Käfig zu begeben. Mein Vater befindet sich noch heute drinnen. Er liebt die Provence und die Normandie. Also, was tut er seit Jahrzehnten? Er fährt im Frühjahr wegen des phantastischen Lichts in die Provence und im Herbst wegen der Farben in die Normandie. C'est la vie, cher ami. Ich verstehe aber etwas anderes unter Leben. Ich will erfahren, und zwar bis zum letzten Atemzug, was das Leben bietet. Ich sehe mir die Menschen an und wie sie leben. Ich kenne die Pampas und habe Stiere gefangen; ich kenne Coober Pedy in der australischen Wüste, wo sie wie die Irren bei sechzig Grad im Schatten nach Opalen graben. Ich war in Feuerland und habe mit den in Geysiren inkarnierten Geistern gesprochen. Ich habe Witwenverbrennungen in Bombay mit angesehen, ich habe in Arabien erlebt, wie man Ehebrecherinnen steinigte – und da kam mir euer Jesus in den Sinn. Ich habe alles gesehen, und ich habe doch nicht alles gesehen. Wer das nicht versteht, versteht nicht, weshalb ich weiter muß.»

Ich sage, daß ich es begreife, was er damit ausdrücken will, und über sein Gesicht geht ein erstauntes Lächeln. Ich erzähle ihm von den dreihundert Interviews und den Recherchen für mein neues Buch. Er fragt, warum ich das tue. Ich erwidere, daß viele Männer um die fünfzig das Problem des Älterwerdens und das Näherrücken des Lebenshorizontes beschäftigt. Die verblüffende Resonanz auf das vorangegangene Buch ‹Egoismus ohne Reue. Die Kunst, sich nicht selbst im Weg zu stehen› hat zu vielen Kontakten, und hier gerade (unerwarteterweise) mit Lesern um die fünfzig, geführt, und man hat mich gefragt, ob ich nicht einmal über das weithin unbekannte Lebensgefühl der Fünfzigjährigen, der sogenannten Nachkriegsgeneration, schreiben wolle. Allmählich dämmert es den Medien, daß sie an deren Erfahrungen und ihrer beachtlichen Wirtschaftskraft partizipieren könnten. Wenn sie es nur richtig anfingen. Aber da haben sie es bei den Fünfzigern nicht leicht. Die lassen sich nämlich nicht so leicht ein X für ein U vormachen und fallen schon gar nicht auf Versprechungen herein.

«Und, wie ist's?» fragt er ein wenig spöttisch. «Was werden Sie aus mir machen? Einen Suchenden oder einen Herumtreiber?»

«Ersteres natürlich. Übrigens, was hat es mit dem Zitat, für das Sie sich entschieden haben, auf sich? Für den Leser, meine ich, dürfte das gerade aus Ihrem Munde interessant sein.»

«*Variatio delectat*? Der Ursprung beruht auf einer sprichwörtlichen lateinischen Wendung: ‹*Auditorem varietas maxime delectat* (sagt er, ohne nachdenken zu müssen, aus dem Stegreif): Den Hörer erfreut vor allem die Abwechslung.› Damit meinte der leider unbekannt gebliebene Verfasser das kunstgerechte Heben und Senken der Stimme, damit das Auditorium nicht einschläft. Ich habe die Idee wie Noten transponiert und sie zu meinem Sinnspruch gemacht: Ich spreche mit Menschen, und sie sprechen mit mir. Ich lebe an unzähligen Orten, und der Ort lebt mit mir. Das bedeutet es für mich: Abwechslung erfreut.»

«Gibt es etwas, was Sie in negative Verbindung mit Ihrem Alter bringen?» frage ich zum Abschluß unseres fast drei Stunden währenden Gespräches. Norman Beckers schaut mich wieder mit jenem Ausdruck des Erstaunens an, der für ihn typisch ist und den man als eine Form freundlicher Verständnislosigkeit interpretieren könnte. Die Irrelevanz meiner Frage, bezogen auf sich, ist aus seinen Zügen deutlich herauslesbar. Sie scheint ihm in Inhalt und Diktion ‹zu europäisch› zu sein. Da er jedoch ein zurückhaltender und höflicher Mensch ist, vermeidet er es, sie als ‹typisch deutsch› zu klassifizieren. Ich habe in diesem Gespräch gelernt, daß einem selbst für groß erscheinende Dinge, angelegt mit dem Maß des Erdumfanges, ziemlich rasch auf Stecknadelkopfgröße schrumpfen, sobald man auf einen in jeder Hinsicht welterfahrenen Menschen wie Norman Beckers trifft. Er versteht es eben auf seine Weise, das (Frage-)Lot zurechtzurücken: «Das Alter ist für mich kein Kriterium. Ich habe mit dreißig getan, was ich tun wollte, und ich würde mit neunzig ebenso tun, was ich tun möchte. Nirgendwo fixieren sich die Menschen so aufs Alter wie in Europa und in der Neuen Welt. Sie denken ans

Rentendasein, kaum daß ihre Windeln trocken sind. Und so torkeln sie durchs Leben: besoffen gemacht von der Angst vor dem Altwerden. Ich weiß, daß ich fünfzig bin, aber es ist mir so unendlich gleichgültig. Was macht es für einen Unterschied, ob man einundfünfzig oder fünfundfünfzig oder sechzig ist? Die Tage kommen und gehen, und ich muß mit ihnen gehen oder es sein lassen. Die Stoiker gingen aus dem Leben wie von einer Bühne – ich halte es mit meinem Zitat: *Variatio delectat.* Der Tod dürfte dabei die interessanteste Abwechslung sein. Grüßen Sie Ihre Leser, und sagen Sie ihnen, daß sie etwas aus fünfzig Jahren Lebenserfahrung machen sollten, anstatt sich zu bemitleiden.»

———— Norman Beckers hat eine Strecke Weges zurückgelegt, die den meisten Menschen unerschlossen bleiben dürfte. Die Gründe liegen offen im christlich-abendländisch geprägten Lebensraum und bedürfen keiner besonderen Erörterung. Was einer erweiterten Weltsicht natürlich zugute käme, scheitert an der Realität: Schule, Beruf, Familie, Kinder, Aufzucht. Das ist der Kreislauf. Man mag ihn als verhängnisvoll bezeichnen, ‹es ist eben so› nennen, als Lebens- und Schicksalsgemeinschaft der Nationen erachten oder als einer, der sein Großes Latinum bestand, *Circulus vitiosus* dazu sagen – die Quintessenz, also die fünffache Wurzel, aus der sich dieser ewig während Kreislauf speist, ist stets dieselbe: die oben aufgezeigte. Daran ließe sich auch beim besten Willen nichts ändern.

Nur: Wer die rein physisch-materielle Grundlage als Basis alles Seienden ansieht, verkennt den immensen Verlust an Spiritualität, Kreativität und Geisteskraft und ihre emotional konservierende Macht. Man muß nicht unbedingt den Stoikern und den Aphorismen Senecas, ihres herausragendsten Vertreters, beipflichten, die empfehlen, nach eigenem Entscheid die Lebensbühne so zu verlassen, als ginge man aus einem Theaterstück. Das alles kann und darf nur Denkanstoß sein, um die eigene Identität zu bewahren. Dann würden viele der Fünfzigjährigen weder an ihrem Alter als Verhängnis leiden noch jemals daran denken, daß alles, was je war und noch sein wird, nichts sei. Nichts wert, was sie erreicht haben. Nichts wert, was noch kommt. Nicht wert, gelebt zu haben. Überhaupt wäre alles umsonst gewesen.

Ich glaube, sie sollten von Norman Beckers lernen. Zumindest das eine, wenn ihnen das andere schon aufgrund der Umstände verwehrt ist: daß die Ziele, die sich einer steckt, es allemal wert sind, angestrebt zu werden. Egal, ob man den Yeti im Himalaya suchen will; egal, ob man unter brennender Sonne nach Opalen schürft; egal, was man sich sonst vornimmt: bis zum Beweis des Gegenteils gibt es nur das eine Leben, und das will gelebt und nicht vertrödelt sein.

Dennoch, es gibt sie auch, die Zufriedenheit bei denen, die im Lande bleiben und sich redlich nähren (Psalm 37,3) und mit ihren Lebensumständen einverstanden sind. Das große, lebenslange Abenteuer erscheint den meisten dann doch als etwas Unkalkulierbares, als ein der eigenen Intention inadäquates Moment. Eigentlich nicht verwunderlich, oder? ——————

Sind Sie mit Ihren Lebensumständen zufrieden?

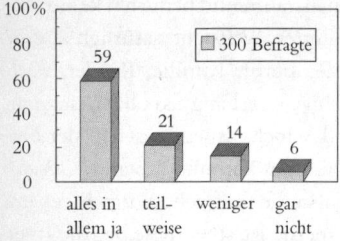

Fazit:

Der Option auf ein aufregendes, ausschließlich nach eigenem Ermessen gestaltetes Leben nachzuträumen und die Lebenswirklichkeit als Alptraum zu begreifen ist ursächlich für die meisten depressiven Verstimmungen bis hin zu schwersten Persönlichkeitsstörungen. Das Leben den eigenen Händen entgleiten zu vermeinen deutet auf eine Fehlhaltung sich selbst gegenüber. Sie besteht darin, daß der eigene Wert im Verhältnis zu anderen falsch eingeschätzt wird, woraus sich die gleiche Fehleinschätzung der eigenen Möglichkeiten ableitet. Sie werden nicht als begrenzt, sondern als beliebig ausweit- und einsetzbar angesehen. Daraus resultiert eine – eingebildete – Sonderstellung, deren Nimbus natürlich nicht vorhanden ist, jedoch als Vorhandensein betrachtet wird. Ausgehend davon, werden die eigenen Möglichkeiten, das Leben zu formen, immer scheitern müssen, denn sie kollidieren mit dem (nicht eingestandenen) höheren Können Dritter. Mit anderen Worten: Wer nicht pragmatisch denkt und seine Grenzen akzeptiert, verurteilt sich selbst zu einem Dasein in Freudlosigkeit und Neid auf alle, mit denen er nicht gleichziehen kann.

■ Einzig und allein das vernunftbestimmte Bemessen der Grundlage, auf der man steht, erzeugt Zufriedenheit. Sie in eine offene, fühlbare Zufriedenheit mit den Lebensumständen, die keine Züge einer resignativ-fatalistischen Schicksalsergebenheit an sich trägt, zu verwandeln, macht den Erfolg im Leben schlechthin aus. Das Dortseinwollen und zähneknirschend ertragene Hierseinmüssen findet damit ein Ende. Allerdings: Alter schützt vor Torheit nicht, und Kosmopolit sein zu wollen hat seinen Preis. Er ist zwar individuell aushandelbar, aber man muß wissen, was man aufs Spiel setzt, wenn einem Europa zu eng wird und die weite Welt lockt und lockt und lockt ...

■ Wer verinnerlicht hat, daß die Fünfzig keine magische Zahl ist, wird in ihr auch kein schicksalhaftes Verfallsdatum erblicken, sondern darin eher einen Grund zur besinnlichen Weltbetrachtung ausmachen. Dann stellt sich jene Gelassenheit als Geisteshaltung ein, die ‹weise› Fünfziger auszeichnet: eben das Wissen um die Begrenztheit des eigenen Aktionsradius und die Gewißheit, daß die Trauer um Versäumtes nicht zum übermächtigen Gefühlsstrom anzuschwellen braucht, wenn man entsprechende Vorsorge getroffen hat. Das Leben Norman Beckers illuminiert in atemberaubenden Farben nur das ungestillte Verlangen; der eigene Verstand muß jedoch nicht hinterherhinken, wenn es *innen*, in der eigenen Seele, ebenso bunt und aufregend aussieht wie für andere in der *Außenwelt*. Wer wollte für sein Glück garantieren, stünde er plötzlich anstelle Norman Beckers irgendwo auf der Welt und erlebte dessen Abenteuer? An jedem Ort der Welt käme man doch nur als man selbst an – froh oder zerrissen –, und man hätte nichts gewonnen, außer die äußeren Umstände vertauscht (Seneca). Es ist wahr: Das Glück ist nur in einem selbst und nirgend anderswo zu finden. Das stammt allerdings aus der Feder von Adalbert v. Chamisso, dürfte aber in der Aussage so oder ähnlich auch bei Seneca zu finden sein.

V. Aussteigen:

Gemeinsam zu neuen Ufern

Im engen Kreis verengert sich der Sinn,
es wächst der Mensch mit seinen größern Zwecken.

Friedrich Schiller

Für Karl-Peter Richter könnte das Wallenstein-Zitat als Lebensmotto gelten: von Kind an war er, wie er selbst meint, «einer, der sich immer an irgend etwas messen mußte». An Menschen, die er bewunderte und denen er nacheiferte, an Aufgaben, die er zu bewältigen sich vornahm – eben an allem, was ihm wert schien, seine Kräfte darin zu investieren.

Er heiratete relativ spät, erst mit 42 Jahren. Dann aber auch die Frau fürs Leben, wie er versichert. Daß beide ein Herz und eine Seele sind, merkt man sofort. Seine Frau Monika nimmt wie selbstverständlich am Interview teil, und es geschieht oft, daß sie anstelle ihres Mannes (und von seinem Kopfnicken begleitet) antwortet oder daß beiden, wie verabredet, in derselben Sekunde die Antworten auf meine Fragen über die Lippen kommen. Selten, eine solche Harmonie anzutreffen.

«Wir haben es uns genau überlegt», erläutert Karl-Peter Richter ihren Plan, aus Deutschland für immer fortzugehen und in Kanada an der Hudson Bay neu anzufangen. «Ich habe Kanada seit meiner Jugend bereist. Meine Eltern waren nicht loszukriegen von diesem Land. Sie haben es leider nie geschafft, sich dort niederzulassen. Schade, daß sie es nicht mehr erleben können, daß wir es nun tun.» Er tätschelt die Hände seiner Frau. «Aber wir schaffen es, Liebling», sagt er mit einer ganz warmen, zärtlichen Stimme. Sie pflichtet ihm ruhig und entschlossen bei. Sie macht dabei den Eindruck einer Frau, die anzupacken versteht und sich nicht scheuen würde, auf Bärenjagd zu gehen. Als ich es ihr sage, nimmt sie es wie ein selbstverständliches Kompliment hin. Ihr Mann lacht auf. «Wissen Sie, was das Verrückteste an der ganzen Geschichte ist?» fragt er. «Sie kennen doch noch Willy Hagara? Seit ich als Junge, so mit sechzehn, siebzehn das Lied ‹Wir bauen uns ein Häuschen, ein Casset in Kanada› zum erstenmal hörte, ist es mir nicht mehr aus dem Kopf gegangen. Heute denke ich, es könnte ein Omen gewesen sein. In acht Wochen haben wir unser Häuschen in Churchill.» Er zeigt stolz die Immigrationspapiere und den Kaufvertrag. «Alles erledigt. Wir sitzen sozusagen schon auf gepackten Koffern.»

«Was werden Sie in Churchill tun?» Ich verberge mein Erstaunen über die Zusage der kanadischen Einwanderungsbehörde nicht. ‹Immerhin› ist Karl-Peter Richter fünfzig, und seine Frau ist achtundvierzig Jahre alt. Dem Vernehmen nach selektieren die USA, Australien und Kanada Immigrationswillige begreiflicherweise nach außerordentlich strengen Kriterien.

«Ich habe mich eingekauft. Investoren werden immer ins Land gelassen», erläutert er. «Meine Frau und ich sind Gesellschafter einer Ltd. für Fischverarbeitung. Lachs-Export in alle Welt. Und wir produzieren als zweites Standbein Filettiermaschinen. Ein absoluter Hit. Hauptabnehmer ist Skandinavien.» Er blickt mich beifallheischend an. «Toll, was?»

Das kann man wohl sagen. Ob der Sohn seiner Frau Monika mitkomme, erkundige ich mich. Sie schütteln synchron die Köpfe. Nein, der lebe sein eigenes Leben und wolle seinen Job als Angestellter in einer Stuttgarter Behörde nicht aufgeben. Außerdem gedenke er, bald eine Familie zu gründen.

Was er von ihren Plänen halte? «Wenig bis gar nichts», erwidert Monika Richter. «Er kommt halt sehr nach seinem Vater. Der war Oberamtmann im Finanzamt.»

Ungewollt rühre ich an offensichtlich heiklen Erinnerungen. Ihr Mann springt ihr bei. «Wissen Sie», sagt er, «das war so eine graue Maus. Ein netter Kerl, ich habe ihn ja gesprochen, aber keine Spur von Aufgeschlossenheit. Was über den Tellerrand hinausging, brrr – das war nichts für ihn. Nicht wahr, Schatz?»

«Ich war schon halb vertrocknet, als ich Karl-Peter kennenlernte», meint sie. «Ich habe bis dahin nicht gewußt, was Leben eigentlich heißt.»

«Werden Sie Ihren Sohn vermissen?»

«Er lebt sein eigenes Leben, das sagte ich schon. Wir werden hin und wieder miteinander telefonieren.»

Ich unterlasse es, weiter in sie zu dringen. Das Thema ist für sie und ihren Mann offenbar abgeschlossen. Wir kommen wieder auf den Job in Churchill zu sprechen. Karl-Peter Richter malt in hellen Farben seine und seiner Frau Zukunft. Wie es den Anschein hat, kann diesen Zukunftshimmel dank ihrer Umsicht keine Gewitterwolke trüben. Es klingt alles irgendwie traumhaft. Ich frage nach der psychischen Belastung durch Heimweh.

«Auf den Hopewell Islands gibt es eine kleine deutsche Kolonie. Die feiern dort sogar das Oktoberfest. Wenn uns danach zumute ist, düsen wir die schlappen eintausendzweihundert Kilometer rüber», erwidert er, vielleicht eine Spur zu salopp. «Aber wenn Sie es genau wissen wollen – nein, hier hält uns nichts mehr. Weder gefühlsmäßig noch materiell. Wir lieben Kanada, nicht weil wir verrückt sind, sondern weil wir den Rest unseres Lebens frei sein wollen. Gucken Sie sich doch an, wie es hier drunter und drüber geht. Sogar im Ländle ist nichts mehr so, wie es war. Die Politiker machen alles kaputt. Der Osten frißt unsere Steuern, der Staat ist bis über beide Ohren verschuldet, dann die ganze Kriminalität – o nein, nicht mit uns. Da ist es in Kanada ganz anders. Weniger Menschen, mehr Ruhe, und es ist alles in allem ein stabiles Land.»

Ich erwähne die Separationsbemühungen Quebecs und die gigantische Staatsverschuldung, die die kanadische Regierung letztlich zu dem dramatischen Vergleich veranlaßte, daß man bald ein Kostgänger der USA wie Mexiko werde, wenn man sich nicht zu drastischen Einsparungen aufraffe. Er winkt ab. «Viel Geschrei um nichts. Ich jedenfalls habe lieber einen kanadischen Dollar in der Tasche als hundert ECU.»

Ich bohre weiter, doch da beginnt das Gespräch, Unwillen zu produzieren. Mit dem Hinweis, daß sie ein wenig in Zeitdruck geraten sind, drängen sie auf ein Ende. Wir verabschieden uns, und es dürfte ein Händedruck auf Nimmerwiedersehen sein. Tatsächlich erreiche ich nach acht Wochen und einem Tag niemanden mehr. Das Telefon meldet ‹kein Anschluß unter dieser Nummer›.

—————— Strenggenommen liegt hier eine Fixierung vor. Bei Karl-Peter Richter ist das Gebundensein an ein bestimmtes Stadium seines Lebens, nämlich als er Kind war und die Begeisterung seiner Eltern für ein fernes Land erlebte, recht offensichtlich. Er verinnerlichte sie und, nun im reiferen Alter auch finanziell dazu in der Lage, setzt er sie um und begreift sie als ‹Ausstieg›. Zusammen mit seiner Frau zelebriert er – von ihr vielleicht völlig unerkannt – die Rolle seiner Eltern als Entdecker einer anderen Welt. Im Grunde genommen, doch das interessiert uns hier nicht dem Kern nach, spielt sich bei diesem Ausstieg eine handfeste Regression ab, also ein (bewußtes) Zurückgleiten in Kindheitstage, in Erlebnisse unter der damaligen Perspektive des Staunens, des Niegeschauten, des einmaligen Erlebnisses.

Fixierungen sind aus dem menschlichen Leben nicht eliminierbar, sofern Träume vorhanden sind und ausgelebt werden wollen. Die einen instrumentalisieren sie mit allen zur Verfügung stehenden Mitteln, die anderen träumen sanft davon, wissend, daß sie niemals dort sein werden – oder das Leben führen werden, das sie gerne möchten. Letztere neigen zur Resignation, weil das Unerfüllbare evident ist, erstere sind auf Abwehr eingestimmt (gegen etwaige Unwägbarkeiten), wie das schnell herbeigeführte Ende des Interviews bewies.

Kanada ist weder nationalökonomisch noch politisch jenes Nirwana, das Karl-Peter Richter sich einbildet, gefunden zu haben. Der vielleicht instinktiv gefühlte Verlust an Illusion manifestiert sich in bewußten oder unbewußten Abwehrhaltungen gegenüber Dritten, sobald sie auch nur ansatzweise kritisch das Ausstiegsmodell hinterfragen. Hinzu kommt die von ihm so aufgefaßte Rolle als Beschützer seiner Frau, die seine Begeisterung zu teilen scheint, wobei ich mir nicht sicher bin, ob es nicht doch nur ein vordergründiger, mir, einem Fremden, vermittelter Enthusiasmus ist.

Es bleibt zu hoffen, daß beide ihr Glück finden und daß sich die rosarote Zukunft nicht als böses Lügenmärchen erweist. Busineß buchstabiert sich im Land des Ahorns nicht wesentlich anders als bei uns; Fairneß bleibt auch nur dann Fairneß, wenn die Geschäfte davon nicht übermäßig tangiert werden, und zwar hierzulande wie jenseits des Atlantiks; Partnership ist Partnership nur so lange, wie man sich versteht. Und Willy Hagaras Schlager als Sehnsuchtsventil – ich weiß nicht, ob es sich so sensibel regulieren läßt, wie Karl-Peter Richter es sich vorstellt.

Wie dem auch sei – die wenigsten Fünfzigjährigen gelüstet es nach einem *echten* Ausstieg. Der überwiegende Teil von ihnen zieht es realistisch vor, das Erreichte als zu erreichen möglich anzusehen und mit ihm vorliebzunehmen. Träumen kann man ja – doch sehet, das Gute liegt so nah (Goethe).

Haben Sie erreicht, was Sie wollten?

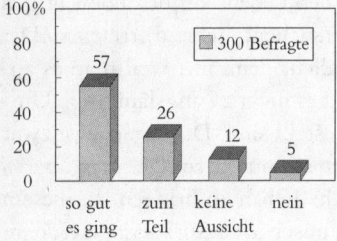

Fazit:

Zum Thema ‹Aussteigen› psychologisch-terminologisch Eindrucksvolles zu sagen ist für diejenigen, die auszusteigen beabsichtigen, sicherlich wenig hilfreich. Ebenso können sie psychoanalytische Erhellungen entbehren, denn der vehemente Drang in die Ferne, wenn er sogar noch mit materieller Absicherung und bürokratischem Segen einhergeht, ist durch rationale Argumente nicht zu bremsen. Die Emotionen haben das Sagen, nicht der Kopf.

■ Träume von fernen Ufern und freundlichen, altruistischen Menschen erweisen sich als Wunschträume. Die Realität sieht definitiv anders aus. Ein vorheriges, intensives Studium der Lebens- und Arbeitsbedingungen vor Ort ist zwingend anzuraten, denn, wie sagt der Volksmund so treffend, es wird überall nur mit Wasser gekocht. Ob man es aus der Leitung trinken kann oder abkochen muß – das sind letztlich nur graduelle Unterschiede, die keine andersartige Enttäuschung – wie etwa Unfreundlichkeit und Misanthropie – kompensieren helfen.

■ Was in die Ferne treibt, ist selten als alleinige berufliche Entscheidung auszumachen. Das wahre Moment liegt woanders. Alfred Adler bezeichnete es als ‹Macht- und Geltungsdrang›. Für gewöhnlich ruft solche Aussage Gefühlsverwerfungen hervor, denn wer gibt schon unumwunden zu, daß ihn der Wille zur Macht oder der Drang nach Anerkennung hinaustreibt? Wer im eigenen Lande, dort wo er steht, nicht bewältigt, was im täglichen Lebenskampf zu bewältigen ist, will es andernorts wenigstens versuchen, mehr zu erreichen. Der Irrtum rächt sich in den meisten Fällen, denn nur weil man es anderswo *struggle of life* nennt, ändert dies nicht zwangsläufig die Umstände, in die die Menschen hineingestellt sind. Die Sprache ist zwar eine andere, gleichwohl subsumiert sie nur darunter, was überall gelernt sein will: sich gescheit durchs Leben zu bringen. In diesem Sinne gesehen, erübrigte sich jeder Wunsch nach Ausstieg, es sei denn, ein Ausstieg bringt tatsächlich handfeste Vorteile mit sich, die aus einer vernunfterstellten (und nicht emotionalisierten) Leistungs-/ Nutzen-Analyse klipp und klar herauszulesen sind. Ist das nicht der Fall, genügt ein Zauberwort, welches mich meine liebe, gute Freundin Judy in Michigan, die zusammen mit ihrem Mann Jim hart arbeiten muß, um ihren Töchtern Jill, Jo und Jenny eine erstklassige Ausbildung zu ermöglichen, einmal – lebensweise mit vierzig – wissen ließ: *Fix yourself!* Das trifft in der Tat den Nagel auf den Kopf: Justiere dich, finde deine Mitte, dann trägst du die ganze Welt in dir und brauchst nicht in sie hinaus.

VI. Ausstieg:

Als das Alter ego rief ...

Nur was aus dem Denken geboren,
sich an das Denken wendet,
kann eine geistige Macht
für die ganze Menschheit werden.

Albert Schweitzer

Sich in virtuellen Welten zurechtzufinden ist für Jan Hansen kein Problem, ebensowenig wie ihm das Erstellen kompliziertester Rechnerprogramme, volkstümlich Software genannt, Magenschmerzen und Alpträume bereitet.

Er hat in einem kleinen Handelshaus in den sechziger Jahren, als sich die Geschäftswelt allmählich von Konrad Zuses archaischer, gleichwohl grundlegender Computertechnik (der Z eins genannte, neunzehnhundertsechsunddreißig entwickelte Computer beanspruchte eine Grundfläche von zwei mal zwei Metern, konnte jedoch nur eintausendfünfhundertsechsunddreißig Zahlen speichern) ab- und weiterführenden, ausgefeilteren CeBIT-Rechnern zuwandte, als einfacher, doch sehr geschätzter, weil rarer Programmierer angefangen, sich beruflich nie auf seinen Lorbeeren ausgeruht und fortgebildet, es zum Dipl.-Informatiker und hohem Ansehen gebracht, und er ist seit fünf Jahren Hauptabteilungsleiter in jenem weltumspannenden Unternehmen, dessen Firmenlogo jedem computerbegeisterten Kind bekannt sein dürfte.

Jan Hansen bezieht ein Gehalt in sechsstelliger Höhe mit einer drei am Anfang, fährt einen komfortablen Dienstwagen, besitzt ein schickes Haus, eine schneeweiße Yacht, ein Blockhaus in den Rokkies, eine fabelhafte Frau und vier Söhne, auf die er mächtig stolz ist und die mittlerweile alle ‹im Studium› sind, wie er sagt.

Die Geburtwehen des fünfzigsten Geburtstages, die schon runde zwölf Monate früher einsetzten, zeitigten indes eine unerwartete, desaströse Wirkung: von einem Tag auf den anderen fiel Jan Hansen in jenes tiefe, dunkle Loch, von dem er zwar schon gehört hatte, seinen Sturz hinein aber selbst für ausgeschlossen hielt. Mehr noch, er lächelte abfällig über die Softies, die ihr Leben nicht im Griff hatten und sich von diffusen Ängsten, der haltlosen Infragestellung des bisher Geleisteten und einer wirren Suche nach dem Lebenssinn manipulieren ließen.

Als es ihn so jäh traf (er verglich es mit einem Herzinfarkt), war er wie paralysiert. Er verbrachte eine volle Woche im Bett, verkroch sich unter die Decke, wollte weder jemanden hören noch sich sprechen lassen. Seine Frau sprach von einem Zusammenbruch wegen Arbeitsüberlastung, der Hausarzt bestätigte es (aus Mangel an Aufklärung durch den Patienten bei gleichzeitiger Verkennung der psychischen Symptome), doch nach außen hin wurde daraus eine Virusinfektion, von irgendwoher eingeschleppt. Das klingt immer gut und erzeugt garantiert Mitgefühl.

Jan Hansen rotierte hilflos in jenem teuflischen Kreislauf, der sich aus der Relativierung des Erreichten und der Erkenntnis der definitiven Endlichkeit des eigenen Lebens speist. Nach zwei Wochen raffte er sich auf, weil er es sich nicht länger leisten wollte, krank zu feiern, und tat in der Firma, als habe er das Ganze lässig weggesteckt. Das war aber nur Fassade. Der Schock saß zu tief, als daß er ihn hätte, selbst durch den größten Arbeitseinsatz, zu kompensieren vermocht. Je mehr er sich hineinsteigerte, um das vermeintliche Manko auszugleichen, um so größere Fehler unterliefen ihm. Er war unkonzentriert, plötzlich nie gekannt ungeduldig, aufbrausend und, mit den Worten seiner Mitarbeiter gesprochen, ‹in die Jahre gekommen›. Man tuschelte, ob er sich eine Freundin zugelegt habe, ob seine Frau fremdgehe, die wohlgeratenen Söhne drogensüchtig geworden seien – und betete eben die ganze Litanei all der Stereotypen herunter, die man einem offenbar Fünfzigjährigen, der etwas aus der Fasson geraten ist, andichtet, weil man sich selbst mental und emotional noch Lichtjahre vom magischen Datum entfernt weiß.

Überspringen wir die Monate und lassen wir Jan Hansen selbst erzählen, wie es dazu kam, daß er den Job schmiß (aber noch soviel intuitive Klugheit besaß, sich den Abgang vergolden zu lassen), und hören ihm zu. Uns offenbart sich ein Mann, der die Welt mit anderen Augen zu sehen begonnen hatte.

«Als mir zu dämmern begann», hob er an und verbesserte sich sogleich, «nein, als ich vielmehr wußte, daß meine Zeit bei (...) abgelaufen war, war das eine Erkenntnis, die mich umwarf. Nicht, daß man sich von mir trennen wollte, dazu saß ich, ehrlich, zu fest im Sattel, aber ich hörte zwischen den Worten, daß man ‹lean› zu denken und zu handeln beschlossen hatte, um das Unternehmen im Wettbewerb zu stärken. Die Abteilungen hier in Deutschland sollten zuerst verschlankt werden, was bedeutete, daß man drei : eins verdichtete. Also, daß drei Leute in meiner Position zu einer komprimiert werden sollten ...» Er stieß zur Demonstration die rechte Faust in die geöffnete Handfläche der Linken. «Aus der Physik ist hinlänglich bekannt, daß dort, wo ein Körper ist, nicht ein zweiter oder mehrere zur gleichen Zeit sein können. Wenn man es doch versucht, erfolgt eine Verdrängung. Der schwächste Körper verliert. Ich hatte für mich beschlossen, der Schwächste zu sein. Ganz ohne Psychiater und den anderen Mummenschanz. Wollen Sie wissen, warum?»

Ich bejahe. Jan Hansen wirkt heute gelöst. Die Anspannung der letzten Monate ist von ihm abgefallen wie eine alte Haut. Er gießt uns einen neuen Cognac ein und fährt fort: «Ich habe nachgedacht. Mit fünfzig hatte ich erreicht, was ich erreichen konnte. Höher wäre es kaum gegangen. Die Verantwortung für einhundertfünfzig Mitarbeiter ist schon groß genug. Dazu der Planzahlenfetischismus, das ewige Schielen nach einem, der besser sein könnte als man selbst. Die Intrigen. Die Heuchelei bei den Konferenzen. Das alles fiel mir plötzlich, als ich mich zu Hause im Bett verkroch (er lacht jungenhaft), wie Schuppen von den Augen. Also sagte ich mir, Jan, du hast deine Familie gut versorgt, hast einiges auf der hohen Kante und könntest dir eigentlich erlauben aufzuhören und nur noch den Rasen schneiden. Weshalb machst du dich verrückt? In ein paar Jahren liegst du vielleicht schon unter der Erde. Und das leuchtete mir nicht ein. Wozu sollte ich weiterackern? Für (...)? Nein, sagte ich mir. Ich will etwas von der Welt sehen, und zwar ohne Druck, nur mit leichtem

Gepäck. Wir haben ja damals das Blockhaus in Amerika gekauft. Ein traumhaftes Grundstück, ein paar hundert Meilen nördlich von Denver. Ich dachte, besorgst du dir ein Langzeitvisum für Geschäftsleute und bleibst für ein Jahr drüben und schreibst deine Memoiren. Meine Frau wäre mitgekommen, denn sie wollte es wohl auch ganz gerne. Und dann, als ich mich aus dem verdammten Loch herausgehangelt habe, kommt mir plötzlich *die* Idee! Wie eine Keule trifft sie mich. Mitten auf den Schädel.»

Er macht es spannend, und ich lasse ihm das Vergnügen. «Wie eine Keule? Was soll das heißen: *die Idee?*» frage ich.

«Ich werde es Ihnen erklären. Ich hoffe, Sie werden verstehen, was ich meine. Der Keulenschlag hat mich aufgeweckt. Ich habe urplötzlich die ganze Tretmühle vor meinem geistigen Auge gesehen, in der ich mein Leben lang wie ein Idiot gelaufen bin. Ohne rechts und links zu schauen. ‹Alles für den Job› war die Devise. Später dann: ‹Alles für die Familie durch den Job.› Und dann diese Idee, fast schon eine Eingebung! Natürlich, dachte ich, das ist, was du versäumt hast. Irgendwer gibt dir einen Fingerzeig. (Er steigert kunstvoll die Spannung.) Ich habe geglaubt – er übernimmt lächelnd den berühmt gewordenen Ausspruch des früheren Politikers Hans Apel –, mich tritt ein Pferd! Ich habe meiner Frau davon erzählt, und ich habe mit meinen Söhnen darüber gesprochen. Sie haben zugestimmt, daß ich es mache. Also nichts mit Blockhaus, nichts mit Diogenes in der Tonne –» Er schaut mich unter hochgezogenen Augenbrauen erwartungsvoll an. «Na, ahnen Sie's?» Als ich verneine, sagt er in feierlichem Ton: «Ich habe eine Stiftung zur Förderung des wissenschaftlichen Nachwuchses gegründet. Ich schule junge Talente an Hochleistungsrechnern und trainiere sie in Brainstorming für kreatives Denken. Jährlich werden drei Stipendien an einer europäischen Eliteuniversität vergeben, und ich glaube, ich habe schon die ersten Stipendiaten gefunden. Drei höllisch intelligente BWLer mit Gigabites in den Adern. Enorme Talente! Nun, da sind Sie sprachlos, wie?»

Jan Hansen war von sich selbst begeistert. Die Stiftung war ein Instrumentarium, das ihm gefiel und in das er sein Können investierte. Ein neuer Lebensabschnitt, so ganz anders, als er ihn sich jemals hätte vorstellen können, hatte begonnen. Obgleich kein religiöser Mensch, hielt er nach wie vor daran fest, daß er ‹von oben› einen Fingerzeig erhalten habe, um aus seinem Leben ‹noch etwas zu machen›. Albert Schweitzer sei ihm damals als Synonym für ein menschenzugewandtes, konstruktives Denken in den Sinn gekommen, weshalb er das Zitat auswählte. «Nicht nur an sich selbst denken, sondern abgeben von dem, was man hat», bedeutet er mir die Entscheidung. «Albert Schweitzer war ein großer Mann und Humanist auf seinem Gebiet, so wie Einstein ein Großer auf seinem Gebiet war. Sie hätten auch ganz gut nur für sich leben und die Früchte ihrer Arbeit allein genießen können. Daß sie es nicht getan haben, betrachte ich als die größte Leistung, zu der ein Mensch fähig ist, außer für einen anderen sein Leben zu geben.»

Das mutet nun doch stark nach Bibelstudium in dunklen Stunden an. Jan Hansen schüttelt den Kopf. «Nein, nicht was Sie denken. Ich war seit meiner Konfirmation nicht mehr in der Kirche. Wir hatten nicht einmal eine Bibel im Haus. Alles ist durch diese Idee, oder nennen Sie sie Eingebung, gekommen. Im übrigen – ist es nicht gleichgültig, woher der Mensch seinen Antrieb zu guten Taten erhält? Auch wenn man einwenden sollte, aha, der macht eine Stiftung auf und läßt sich dadurch vom Fiskus sanieren, ist das ein unbedeutender Aspekt. In meinem Fall sogar ein vernachlässigbarer. Ich fördere, weil ich eingesehen habe, daß mein Leben in zu egoistischen Bahnen verlief.»

«Kann man das egoistisch nennen, wo Sie doch so gut für Ihre Familie gesorgt haben? Ihre Kinder erhalten eine gute Ausbildung, und sie werden mit Ihrer Hilfe ihren Weg machen. Hat ein Mensch damit nicht schon genug getan?»

Er überlegt nicht lange. «Ich meine einen anderen Egoismus. Einen, der das Denken nur um seine eigene Welt kreisen läßt. Das habe ich getan. Ich bereue das nicht, aber wenn man plötzlich auf die Fünfzig zusteuert, sortiert man bewußt oder unbewußt Wichtiges und Unwichtiges. Für mich erscheint wichtig, etwas von mir weiterzugeben an die, die nicht in so guten Verhältnissen leben und die aber jede Menge Talent haben. Ich kann mir denken – doch ich erwarte das nicht etwa –, daß sie ihre guten Erfahrungen eines Tages auch weitergeben an die, die es nicht so gut getroffen haben. Das kommt meiner Meinung dem sehr nahe, was Schweitzer meinte, als er von der geistigen Macht sprach, die aus dem Denken geboren wird.»

«Sie würden also sagen, daß der Fünfzigste den Wendepunkt in Ihrem Leben markierte?»

«Definitiv. Mit achtundvierzig, das weiß ich genau, habe ich nicht einmal ansatzweise so gedacht, wie ich mit fünfzig dachte. Ich bin absolut davon überzeugt, daß mein Entschluß der richtige zum richtigen Zeitpunkt war. Und er wäre nicht erfolgt, hätte ich nicht dieses Erlebnis gehabt. Heute, aus der Distanz heraus, kann ich sagen, daß es wohl für jedermann zu einem Schlüsselerlebnis wird, wenn er plötzlich seine eigene Ohnmacht so deutlich wie nie zuvor fühlt. Sich selbst in Frage stellt. Ahnt, daß das bisherige Leben nicht alles gewesen sein kann. Das gibt wohl jedem zu denken, oder nicht? Aber wer weiß, wie es in zehn Jahren sein wird? Dann, mit sechzig, erlebe ich vielleicht einen neuen Abschnitt und neue Impulse? Möglich, daß –» er deutet schelmisch nach oben – «ich dann neue Direktiven erhalte. Wenn Sie Lust haben, machen wir in zehn Jahren wieder ein Interview.»

——— Von den befragten dreihundert Fünfzigjährigen hat sich nicht bei wenigen ein solcher Wendepunkt im Leben ergeben. Dennoch ragt Jan Hansen heraus. Während ihn seine Wende, die er immer noch irgendwie ominös findet, in eine, man kann wohl sagen, soziale Richtung ‹drängte›, waren die Ursachen bei den anderen in schweren Erkrankungen zu suchen. Einer von ihnen sagte mir, daß er ‹erst auf dem Krankenlager begriff, wie dumm und töricht er dahingelebt habe, und dadurch zur Besinnung gekommen sei und sein Leben änderte›, einem anderen erschien sie als Signal, sich mehr um die Familie zu kümmern, und ein weiterer erlebte eine ganz spezifische Art geistiger Wende. Von ihm soll im nächsten Kapitel die Rede sein. Vorerst möchte ich noch von Jan Hansen sprechen.

Der Fall ist selten. Er trägt den Keim des Glücks in sich, nämlich die wahre Berufung gefunden zu haben. Die pekuniäre Seite spielt hierbei natürlich eine beträchtliche, wenn nicht gar entscheidende Rolle. Stiftungen unterliegen einer strengen Aufsicht durch die staatlichen Organe, und das ist wegen ihrer Bedeutung für das Gemeinwohl verständlich. Jan Hansen hätte seine Idee zweifellos nicht in praxi umsetzen können, hätte es an dem erforderlichen finanziellen Budget gefehlt. Daß er gut haushalten konnte, und das trotz des hohen Lebensstandards, spricht nur für ihn, gleichwohl darf man die Umstände, die ihn so und nicht anders handeln ließen, vor solchem Hintergrund getrost als Glücksfall bezeichnen. Sie gaben ihm die Möglichkeit zur Realisierung des Vorhabens. Modern ausgedrückt: Er hatte die Möglichkeit, sich selbst zu verwirklichen. Die Begeisterung über sein neues Ziel schien nach einer gewissen Zeit auch seine tiefen Zweifel an sich zu überwinden, denn er verstand es immerhin, sich fürstlich für sein Ausscheiden abfinden zu lassen. Das Geld diente pikanterweise als Grundstock für seine Stiftung. Zudem meldeten sich dank rühriger PR weitere Förderer, und es sollte mich nicht wundern, wenn Jan Hansen bei diesem Engagement in ein, zwei Jahren noch in ganz andere Gefilde vorgestoßen ist. Die Erinnerung an die schlimmsten Monate seines Lebens wird er nie verlieren, wie er meinte. Zugleich jedoch wird sie ihm Mahnung sein, nicht aufzugeben in dem Bemühen, sich der Förderung junger Talente zu widmen.

Nun mag vielleicht jemand einwenden, daß er im Grunde genommen eine willkürliche Selektion betreibe und weshalb er sich nicht etwa aidsinfizierten, unschuldigen Kindern oder Verbrechensopfern widme. Solche Frage erhebt sich immer wieder, wenn jemand ausbricht und etwas tut, was andere nicht tun. Die Kritiker mehren sich, je enger die Förderungsgrenzen gezogen werden. Das scheint mir menschlich zu sein, spricht aber eine beredte Sprache. Echtes soziales Engagement wird von derlei Anwürfen nicht berührt. Hauptsache, man unternimmt etwas, würde Albert Schweitzer wohl dazu sagen. Maulaffen feilhalten kann jeder.

Ob sie sich, auch unter der Prämisse persönlicher Einbußen (Zeit und Geld), auf sozialem Gebiet betätigen würden, war die an den befragten Personenkreis gerichtete Frage. Die Antwort widerspricht der im allgemeinen abfällig formulierten Diagnose, daß ‹diese Gesellschaft› nur noch an sich selbst interessiert sei. Wer aber ist ‹diese Gesellschaft›? Wohl wir alle, auch jene ehrenamtlich Tätigen, die dazu beitragen, daß das Mitmenschliche nicht zum Fremdwort wird. Ihnen gebührt Hochachtung. —————

Würden Sie ein Ehrenamt übernehmen?

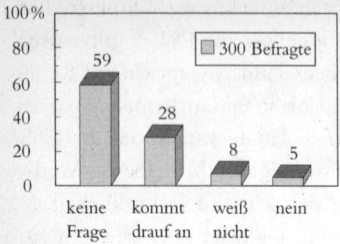

Fazit:

      Niemand, den es so oder ähnlich wie Jan Hansen trifft, sollte sich beirren lassen. Es ist allemal ein Anstoß zur Besinnung, unbeschadet dessen, ob und wie die biologischen (Alterungs-) Prozesse im Körper erfolgen. Der Verstand als Korrektiv hat jedenfalls nicht ausgedient. Gleichwie – ob als ‹Fingerzeig von oben› oder als ‹inneren Anruf› –, die Umsetzung einer Idee sozialen Inhalts als Folge jener Besinnung ist es allemal wert, sich dorthin zu begeben, wo man sich erwartet glaubt und angenommen fühlt. In den USA gibt es ein schönes Beispiel des Teilens von Wissen und Geld bei denen, die sich aufgrund ihrer sozialen Stellung (und ihres Gewissens) aufgefordert fühlen, den weniger Begünstigten Hilfestellung zu gewähren: das *volunteer work* genannte Handeln im oder außerhalb des Scheinwerferlichts an den Schwächeren der Gesellschaft. Die Intentionen des einzelnen muß man nicht nach dem Adlerschen Kriterienkatalog durchforsten, denn es genügt vollauf, etwas zu tun und nicht zu unterlassen, was man tun könnte. Jan Hansens Modell verdient alle Achtung und muß als beispielhaft hervorgehoben werden. Es kommt bei ihm gewiß nicht auf den Maßstab an!

   ■ In vielen Fünfzigjährigen schlummert ein unbestimmtes, nicht genau einkreisbares Gefühl: daß das Bisherige doch wohl nicht schon ‹alles› gewesen sein könne. Je nach Charakter bildet sich ein mehr oder weniger heftiges Verlangen heraus, das Verlangen, ‹etwas von sich abzugeben›. Aber was und an wen? Die Entscheidung ist nicht leicht, im Gegenteil oftmals so schwer, weil man ‹gerecht› teilen will. Dadurch bleibt es oft nur beim guten Vorsatz. Von der Idee zur vollendeten Tat liegt ein Weg so weit wie zu den Sternen und doch so nahe. Die Nähe meint Überwindung der mentalen Lethargie; Ferne bedeutet die Theorie, daß die Welt so schön aussehen könnte, würde jeder nur einmal etwas Gutes tun. Wenn man sich allein das gewaltige Potential an Lebenserfahrung und beruflichem Wissen vergegenwärtigt, dürfte dessen Ausschöpfung und Verteilung das mindere Problem sein. Fünfzigjährige sind dynamisch, sofern sie gefordert werden. Die psychische Verkümmerung der von solchem Beweisantritt Ausgeschlossenen ist ein Beleg dafür, wie sehr diese Altersschicht gebraucht werden möchte. Nur: Stumme Schreie hört man nicht.

■ Das Warten auf startschußgebende Politiker, Vertreter von Institutionen und Vereinigungen ist manchem Fünfzigjährigen leider immanent. Er erlebte den fürsorglichen Vater Staat in den Aufbaujahren und in der Blütezeit des sogenannten Wirtschaftswunders. Ludwig Erhard erschien als Garant des Fortschritts durch Maßhalten, und später waren es die Plisch und Plumm genannten Superstars auf der politischen Bühne, Strauß und Schiller. Deren Postulat der konzertierten Aktion war Symbol, die eigene Leistung ein Prädikat, dessen man sich nicht zu schämen brauchte. Über allem aber schwebte die Allianz der Lordsiegelbewahrer des sozialen Fortschritts, der sich in unzähligen und unsinnigen staatlichen Wohltaten niederschlug. Man gewöhnte sich daran, daß soziales Engagement ruhen durfte. Es gab ja dafür die zuständigen Institutionen. Deshalb darf es nicht verwundern, wenn manche Fünfzigjährige von einem gewissen Geist der Abstinenz geprägt sind, was soziales Handeln anbelangt. Da die Welt rauh geworden ist (jedoch andernorts seit jeher schon war), beginnen auch die Fünfzigjährigen zu begreifen, daß es nicht die schlechteste Idee ist, die nachwachsende Generation mit mehr als nur mit guten Worten auszustatten. Hierin liegt die Chance, auch nach den sogenannten Schicksalsschlägen gesund und munter weiterzuleben.

Tue etwas! Unternehme etwas! Lasse nicht zu, daß du dir eines Tages von deinem Gewissen sagen lassen mußt: Hätte ich es doch nur getan!

VII. Ausstieg:

Er geschah als Revolution im Kopf

Wir können alle Vermögen des menschlichen Gemüts
ohne Ausnahme auf die drei zurückführen:
das Erkenntnisvermögen, das Gefühl der Lust
und Unlust und das Begehrungsvermögen.

Immanuel Kant

‹Die Verknüpfung zwischen der Erkenntnis eines Gegenstandes und dem Gefühl der Lust und Unlust an der Existenz desselben, oder die Bestimmung des Begehrungsvermögens, ihn hervorzubringen, ist zwar empirisch kennbar genug; aber, da dieser Zusammenhang auf keinem Prinzip a priori gegründet ist, so machen so fern die Gemütskräfte nur ein Aggregat und kein System aus.›

Heiner Fehling liest mir Kants ‹Kritik der Urteilskraft› aus Suhrkamps Werkausgabe vor. Er nimmt dies mit jener andachtsvollen Miene vor, die denen eigen ist, die Gelesenes nicht nur nachplappern, sondern im Text zu Hause sind und ihn entsprechend ehren.

Immanuel Kant als Protagonisten der Aufklärung zu ehren ist wohl von keinem philosophisch Denkenden anders zu erwarten. Doch Heiner Fehling ist keiner, der *von* der Philosophie lebt (wie Kant-Epigone Schopenhauer die Philosophie-Professoren abschätzig bezeichnete), sondern der *für* die Philosophie lebt. Das war nicht immer so, genau gesagt, bis ein halbes Jahr vor seinem fünfzigsten Geburtstag dachte er wenig über die Welt und was sie im Innersten zusammenhält nach. Er lebte gemächlich mit Frau und Kindern, Bekannten und Verwandten dahin, war friedlich und genau inmitten jener sozialen Schicht, von der eine gewisse politische Klientel nur mit Abscheu als Bourgeoisie zu sprechen pflegt.

Kurzum: Heiner Fehling fühlte sich (noch) wohl in seiner Haut. Er verfügte als höherer Verwaltungsbeamter über ein geregeltes Einkommen, ein schönes Eigenheim in einer süddeutschen Kleinstadt, die beiden Kinder waren wohlgeraten, das Weib freudig in der Pflicht als Mutter und Hausfrau, die Rasenkanten waren sommers und winters sauber geschnitten, der Jägerzaun exakt gestrichen, die Koniferen machten den allergesündesten Eindruck, die Gardinen kannten keinen Gilb, der Teppichboden war penibel gepflegt – weshalb, so fragte ich mich, als ich Heiner Fehling kennenlernte, soll jemand in solch festumrissenem Lebenskreis, in einem gewissermaßen statischen Gefüge, nicht glücklich sein? Benötigt Glück etwa eine Fremddefinition als Legitimation individuellen Wohlergehens? So etwas wird gefordert, aber wir sollten uns hüten, darauf hinzuwirken. Die Autonomie des Geistes bliebe in letzter Konsequenz auf der Strecke. Das Individuum würde zum Homunculus.

Und wie vollzog sich inmitten der heilen Welt das, was er als ‹meinen Ausstieg durch eine Revolution im Kopf› bezeichnet? Immerhin ist solcher Vorgang selten zu verzeichnen, so daß man schon neugierig wird, wie so etwas wohl vonstatten geht. Zumal wenn jemand wie Heiner Fehling in einer maßgeschneiderten Welt ohne erkennbare Widersprüche, fremd- oder selbstkonstruierten, lebt. Das Gleichmaß der Tage war es wohl, das unbewußt auf sein Gemüt drückte. Eine gewisse innere, aber nicht als Störfaktor registrierte Unzufriedenheit mit dem äußerlich ordentlichen Verlauf. Oder Überdruß, der sich ein Ventil suchte, von dem er nichts ahnte. Oder von jedem etwas.

«Der Donnerschlag kam, als ich im Herbst vor dem Haus saß. Der Himmel war strahlend blau wie selten um diese Jahreszeit. Ich schaute in ihn hinein, immer tiefer, es war, als würde ich wie magisch hinter das Blau gezogen.» Er warf mir einen zweifelnden Blick zu. «Verstehen Sie, was ich meine? Ja, es war, als zöge mich irgend etwas bis in den Weltraum hinein. Plötzlich, ich kann nicht sagen, wie das geschah, sah ich die Erde von oben. So wie man sie von Satellitenaufnahmen her kennt. Mir war ganz schummerig zumute, aber zugleich erfüllte mich ein unglaubliches Wohlgefühl. Ich sah mich hier sitzen, überblickte mein ganzes Leben mit einem Schlag und erkannte, daß es bisher ohne Höhen und Tiefen verlaufen war – doch ich fühlte mich nicht etwa schuldig –, und ich wußte im selben Moment, als ich das entdeckte, daß mir etwas fehlte ...» Wieder der zweifelnde Blick, ob ich's auch begreife, was er sagen will. Ich beruhige ihn. Er ist nicht der einzige, dem Ähnliches widerfuhr. Männer um die Fünfzig scheinen zu transzendenten Erlebnissen in weit höherem Maße als vermutet zu neigen.

«Mein Kopf füllte sich auf einmal mit unglaublich vielen Gedanken über Gott und die Welt. Tut mir leid, anders kann ich das nicht ausdrücken. Mir war, als läse ich Millionen von Buchseiten und verstünde alle Zusammenhänge. Dann, ganz plötzlich, war alles vorbei.» Er streicht einen Ärmel seiner Strickjacke hoch. «Sehen Sie hier: Ich kriege jedesmal eine Gänsehaut, wenn ich nur daran denke.»

Ob er seiner Frau etwas von dem Erlebnis erzählt habe oder seinen Kindern, will ich wissen. Er verneint. Nein, das habe er sich einfach nicht getraut. Er wolle nicht für einen Spinner gehalten werden und sich womöglich sagen lassen müssen, daß er in die Jahre komme. Da schweige er lieber und verarbeite die Erfahrung still für sich allein. Damit sind wir auf einem Umweg zu Kant zurückgekommen. Heiner Fehling erwartet zuvor von mir aber noch die Bestätigung, daß ich ihn für ‹normal› halte.

«Was ist schon Normalität?» erwidere ich. «Wer darf sich anmaßen, sie zu definieren? Sie sind so normal wie ich, wie jeder, der seiner Arbeit nachgeht, sich nichts zuschulden kommen läßt und sich bemüht, seine Familie anständig zu ernähren und seinen Kindern eine gute Ausbildung angedeihen zu lassen. Wenn dann noch Platz für ein paar nützliche Gedanken übrigbleibt, na bestens.»

«Ich habe sogar Platz gemacht und ziemlich viel entrümpelt. Kant hat mein Denken revolutioniert», meint er. «Ich habe innerhalb von drei Monaten von der ‹Kritik der praktischen Vernunft› bis zu den ‹Träumen eines Geistersehers› alles verschlungen. Und ich habe die wunderbare Erfahrung gemacht, daß ich kapiere, was Kant sagt. Ohne Vorbildung, einfach so, weil es einleuchtet. Allein das, was ich vorhin vorlas, ist so tiefgreifend für das Verständnis vom Wesen der Erkenntnis, daß ich mich wundere, wie achtlos ich früher durchs Leben gegangen bin.»

«Ist Kant nicht überholt?» provoziere ich ihn. Aber Heiner Fehling läßt sich nicht provozieren, sondern doziert: «Ich denke nein. Wir hatten im Mittelalter den Mystizismus. Dann kam Luther und reformierte den Glauben der Leute an das Dunkle, Hintergründige, an Fügungen und Prädestination. Sozusagen parallel dazu verlief eine heftige Anti-Reformationsströmung. Die Menschen wollten ihren lieben Gott so behalten, wie er war: mehr als Rachegott des Alten Testaments. Man darf ja die Zeit dabei nicht vergessen. Die die Reformation nicht gänzlich ablehnten, schufen sich eine neue Frömmigkeit, den sogenannten Quietismus, das stille Insichgekehrtsein. Daraus erwuchs später der Pietismus. Man wollte mit der Welt nichts mehr zu tun haben und suchte seine Gesetze in neuen Regeln des Umgangs miteinander. Die Heuchelei nahm kein Ende mehr. Die Leute ahnten, daß etwas nicht stimmte. Aber was? Da kam Kant und begann, sie aufzuklären. Er rückte die Dinge ins wissenschaftliche Licht und zweifelte alle metaphysischen Deutungsmuster an. Und was geschah? Anstatt dankbar zu sein, versammelten sich immer mehr hinter dem schmalen Rücken der Romantiker, pflegten den Animismus und beteten die Natur an ...»

Heiner Fehling holt tief Luft nach diesem Parforceritt durch die Geisteslandschaft der letzten acht Jahrhunderte. «Ja, und dann zog das Industriezeitalter auf, Kants Rationalismus trug wieder Früchte, aber leider nicht die richtigen, wenn man an den Paragraphen Nummer acht der Kritik der Praktischen Vernunft denkt (=: Handle so, daß die Maxime deines Willens jederzeit zugleich Teil einer allgemeinen Gesetzgebung sein kann), und daher kommt es wohl, daß wir diese immense Feindseligkeit gegenüber aller Zukunftstechnologie haben und grüne und rote Sozialromantiker und wer sonst noch den Ton angeben dürfen.»

«Vielleicht verstehen sie die Verknüpfung zwischen Erkenntnis und Gegenstand falsch», werfe ich ein. Mal sehen, ob er seinen Kant wirklich intus hat. Er hat, und er klärt mich über actio und re-actio, über Apriorisches und Aposteriorisches auf, über den Unterschied zwischen Transzendentem und Transzendentalem – es wird ein Nachmittag der Aufklärung in des Wortes bester Bedeutung.

«Wie manifestiert sich solche Erfahrung im praktischen Leben?»

möchte ich abschließend wissen. «Welche praktische Relevanz hat sie zum Beispiel für Ihre tägliche Arbeit, für das Zusammenleben mit Frau und Kindern, mit den lieben Verwandten und Bekannten, für den grünen Rasen und den Teppichboden im Wohnzimmer?»

«Ich merke, Sie haben einen Hang zur Ironisierung. Aber damit kann ich leben. Schlimmer wäre es gewesen, Sie hätten mich als Spinner, als Phantasten oder als durchgedreht betrachtet. Nein, die praktische Relevanz beweist sich darin, daß ich tiefer sehe, mir angewöhnt habe, hinter die Dinge zu blicken, und daß ich vor allem vermeide, mir ein vorschnelles Urteil zu bilden.» Er lacht: «Und was den Teppichboden betrifft, so kann ich Ihnen versichern, daß es mir jetzt eher gleichgültig ist, ob er tipptopp gepflegt ist oder ob hier und dort ein Fleck ist. Meine Frau meint, solche Großzügigkeit sähe sie gerne an mir. Wie gesagt, ich messe den Dingen jetzt eine andere Bedeutung bei. Die Prioritäten haben gewechselt.»

«Dann könnte man sagen, daß Ihr Erlebnis von damals wirklich eine Revolution im Kopf ausgelöst hat? Sehe ich das richtig?»

«Ohne Einschränkung, ja. Den vorherigen Zustand vorzustellen fällt mir, ehrlich gesagt, schwer. Ich würde um nichts in der Welt dieses Erlebnis missen wollen. Die Folgen möchte ich eigentlich jedem wünschen, der nur so vor sich hin lebt, wie ich es tat. Es ist unfaßbar, welche Wirkung die Beschäftigung mit Philosophie auf den Geist hat. Auch wenn es niemand glaubt: das Denken insgesamt wird revolutioniert. Ob nun Kant oder Hegel oder Schopenhauer oder Fichte oder Schelling oder ob die alten Griechen oder Römer ... nein, ich könnte ohne sie nicht mehr leben.» Er schaut ganz ernst und fügt hinzu: «Mit Sicherheit wäre ich gestorben, ohne zu wissen, warum ich die Dinge so und nicht anders gesehen habe.»

«Apropos Sterben. Hat das Alter dadurch seinen Schrecken für Sie verloren?»

Heiner Fehling antwortet, ohne nachzudenken: «Nein. Ich habe immer noch Angst. Aber nur davor, daß ich so krank werde, daß ich nicht mehr über mich selbst bestimmen kann. Und daß ich Schmerzen habe. Ich kann keine Schmerzen ertragen. Aber was die große Frage nach dem Sinn unseres Lebens betrifft, weiß ich nun, daß wir hier auf Erden keine endgültige Antwort erhalten werden. Das hat mich Kant gelehrt. Ich habe zwar nie intensiv danach gesucht, aber es hätte mich vielleicht bedrückt, keine Antwort gefunden zu haben.»

«Dann ist es also so, wenn ich es recht verstehe, daß die Philosophie Ihnen den Weg zur Erkenntnis, nichts Definitives über das Danach erfahren zu können, geebnet hat?»

«Geebnet? Geebnet ist gut. Ja, ich weiß, daß ich nichts weiß. Das ist zwar von Sokrates, aber es ist mein Fazit geworden. Ich will sagen, mein vorläufiges. Ich weiß ja nicht, was ich noch entdecken werde. Aber, ob Sie es glauben oder nicht, es beruhigt mich ungemein zu wissen, daß niemand bisher das Geheimnis des Lebens herausgefunden hat. Ist das nicht schön, so etwas sagen zu können: Niemand hat das Geheimnis des Lebens herausgefunden? Also kann es mir auch nicht vorenthalten worden sein.»

«Wie stellen Sie sich Ihre Zukunft vor?»

«Ich werde äußerlich gewiß so weiterleben wie bisher. Ich führe eine gute Ehe. Meine Kinder sind groß und stehen auf eigenen Füßen. Auf dem Haus liegt in fünf Jahren keine Hypothek mehr. Wir haben etwas gespart. Ich könnte, wenn ich es vernünftig anstelle, sogar in fünf Jahren in den Ruhestand treten. Nein, nein, ich habe keine irrsinnig großen Pläne. Höchstens, daß ich mir eine Bibliothek aufbaue und mich vielleicht als Gasthörer für Philosophie an der Uni einschreibe. Zur Zeit lesen sie Hegel. Sie wissen, der Mann mit dem Weltgeistprinzip.» (Und der Vergottung des Staates.)

«Aus Ihrer Erfahrung heraus mit der Verwandlung des Geistes: Welchen Rat würden Sie Männern Ihres Alters geben, wenn sie auf der Suche nach der ‹ewigen Wahrheit› sind?»

«Ich würde ihnen sagen, daß es die ‹ewige Wahrheit› nicht gibt. Daß sie eine Einbildung des unruhigen Geistes ist. Er benötigt Stoff für die Ausstattung seines Phantasieschlosses. Das jedoch kann er niemals zu Ende bauen, denn er weiß nicht, wo er aufhören soll. Immerzu quält ihn der Gedanke, daß da doch noch etwas sein müsse, was er zum Glücklichsein benötige. Und so jagt er allem nach, das nur den Anschein erweckt, daß es ihm bei der Komplettierung seines Vorhabens nützlich wäre. Fazit: Richtig ist, das Naheliegende zu verstehen suchen. Nicht die ganze Welt. Nicht das, was hinter allem steckt. Wenn ich erst einmal begriffen habe, daß ein Baum nur deshalb ein Baum ist, weil ich gelehrt wurde, ihn als Baum und nicht als Strauch zu sehen, hat man schon viel erreicht. Das alles, was ich Ihnen eben sagte, stammt aber nicht von mir. Ich habe es im Kopf bewahrt aus Kants ‹Kritik der teleologischen Urteilskraft›. Ich möchte jedem empfehlen, sie zu lesen. Sein Verständnis für die Dinge, die ihn umgeben, ändert sich ganz gewaltig. Ja, so etwa würde mein Rat aussehen.»

Das war aufschlußreich und soll als Schlußwort gelten. Ich wünsche Heiner Fehling viel Glück und verabschiede mich im Bewußtsein, daß hier einer seinem Leben einen neuen Sinn gegeben hat, der ihn fraglos immer weiter auf Entdeckungsreise im Geiste gehen lassen wird. Er hat sich neu eingerichtet in der Welt, in der er nun einmal zu leben gezwungen ist, und will sie verstehen lernen. Und er ist für mich einer jener sympathischen Aussteiger, die ausgestiegen sind, ohne Wohnort, Beruf, Frau und Kinder, Haus und Garten hinter sich zu lassen, um ‹sich selbst zu finden›, wenngleich Männer seines Alters dazu eine gewisse Affinität entwickeln, wie uns die Yellow Press mit bunten Bildchen in schöner Regelmäßigkeit aufklärt.

Heiner Fehling hat eben einen anderen – und absolut raren – Ausstieg vollzogen, und zwar in die Welt des Geistes. Ein Geheimnis hat er allerdings bewahrt: weshalb er in jenen seltsamen Augenblicken auf der Bank vor seinem Haus, in denen ihn eine mystische Kraft hinter den Regenbogen zog, gerade auf Kant gestoßen ist. Kant, den Antipoden der Mystik! Aber ich denke, es soll sein Geheimnis bleiben.

———— Man muß bei der Urteilsbildung aus Gründen der Fairneß zurückhaltend sein. Heiner Fehling machte nicht den Eindruck eines Menschen, der aus Jux und Tollerei das Geschäft der Selbstdarstellung betreibt und zum Gaudium philosophische Studien betreibt. Zwar drängen sich einige Fragen auf, so zum Beispiel, *wie anders* er das Leben bewältigt, nachdem ihn der Bazillus Philosophie – und hierbei sogar noch vom am schwierigsten zu verstehenden aller Denker – befallen hat. Oder ob er sich ihn als Hobby, als nette Passion ausgeguckt hat und dazu einen Rahmen erfand, innerhalb dessen sich ein Märchen, wie etwa das des himmelguckenden Suchers nach der Wahrheit, ganz nett ausmacht. Das alles muß zwangsläufig im dunkeln bleiben, denn man kann Heiner Fehling nicht aufschneiden und in ihm herumstöbern, ob sich vielleicht eine andere Wahrheit finden ließe.

Mir scheint dies auch nicht von essentieller Bedeutung zu sein, denn es ist gleichgültig, wodurch jemand seine Gedanken zu vertiefen bestrebt ist, wichtig ist allein, daß er es (verstandesmäßig) anstrebt. Vieles könnte an Unausgegorenem vermieden werden, wenn zuerst einmal nachgedacht würde. Das Ins-Blaue-hinein-Philosophieren ist nämlich nicht hilfreich, sondern hinderlich, denn weder Kants noch anderer Philosophen Denkmodelle lassen eine willkürliche Interpretation zu. Man muß schon die Hand am Geländer des Geistes lassen, sonst stürzt man die Treppe der Vermutungen hinunter.

In diesem Sinne meine ich, daß die Begegnung mit dem fünfzigjährigen Heiner Fehling eine Bereicherung war. Nicht, daß er ein besonders netter Mensch oder wichtiger Zeitgenosse ist, vielmehr weil er Aufschlüsse über seine besondere Befindlichkeit lieferte. Selbst wenn sie etwas übersteigert sein sollte, hat sich doch eines gezeigt, nämlich daß das Nachdenken über sich und die Stellung in der Welt keine ausschließliche Sache von Gehirnwindungen ist, noch die Größe eines Schädels beweiskräftige Aussagen über dessen Inhaltsschwere zuläßt, sondern daß das Vorhaben, nachzudenken, in eine bestimmte Richtung gewiesen werden kann.

Das ist auch keine Frage der physischen Statur (Kant war eher gnomisch zu nennen), sondern es ist eine Frage der geistigen Reife. Der Geist sortiert nicht nach Laune, wie auch die Natur nichts nach Laune hervorbringt und vergehen läßt (Kant sprach in der ‹Kritik der teleologischen Urteilskraft› hierbei vom *nexus effectivus* und vom *nexus finalis* als Kausalität des Geschauten und dessen gedachtem Endzweck), und so sortiert der Mensch dann auch nichts mehr nach Laune, sobald er dort Parallelen feststellt, wo andere nur etwas völlig Neues zu entdecken vermeinen. Er weiß nämlich, daß das Sortieren häufig nur ein launenhafter Vorgang ist, um sich wider besseres Wissen selbst etwas vorzumachen.

So gesehen, hat Heiner Fehling sich selbst den größten Gefallen getan, indem er seine Weltbetrachtung an einem großen Philosophen schult. Inwieweit er an den gewonnenen Erkenntnissen andere teilhaben läßt, vermag ich nicht zu beantworten. Ein ganz kleines Indiz für den Wandel der Anschauungen könnte jedoch der Umgang mit materiellem Besitz (wie im einst fleckenlosen Teppichboden symbolisiert) sein. Daran läßt sich am besten eine wohltuende Werteverschiebung ausmachen. Greift sie erst einmal tief in den geistigen Habitus ein, vollzieht sich zugleich eine erstaunliche psychische Wandlung: der Mensch besinnt sich auf die Grundwerte seines Daseins, und die sind nicht in der geistlosen Anhäufung von und verbissenem Festhalten an Besitz zu erblicken, sondern im Zu-sich-selbst-Finden. Dieser Zustand wird jedoch ausschließlich über den Weg der Erkenntnis erreicht.

Einen meiner Auffassung nach interessanten Einblick in die Verfassung der Geisteswelt der Fünfzigjährigen (aber betrachtet als Körper, der Muskeln ansetzen will) bietet nachstehende Grafik. Sie läßt immerhin den Schluß zu, daß philosophische Fragen einen gewissen Stellenwert in einem materiell akzentuierten Dasein besitzen. Schön wäre es, würde daraus mehr als nur ein Muskelspiel ... ——————————

Interessieren Sie philosophische Fragen?

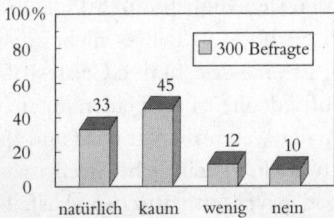

Fazit:

Die fundamentale Veränderung, die im Kopf desjenigen erfolgt, der – welchem Antrieb auch immer nachgebend – zum Philosophen wird (aus lat. philosophus, gr. philósophos = ‹Freund der

Weisheit›; philos = liebend; Freund. sophia = Weisheit) ist in der Tat fundamental. Ob nun Kant als Begründer des Kritizismus bzw. der Transzendentalphilosophie der Auslöser solchen Prozesses ist und man wie Heiner Fehling plötzlich darüber nachzudenken beginnt, ob es sich nicht wirklich so verhält (nach Kant), daß alle Erkenntnis auf Erfahrung und Sinneswahrnehmung beruht – oder ob man beispielsweise die Opposition dessen (die bei Hegel zum Ausdruck kommt), nämlich das ‹absolute Wissen als Selbstbewußtsein Gottes im Menschen› als ‹Erkenntnis› verficht, all das trägt nur zur wohltuenden Reflexion über das Menschsein im allgemeinen und die Bestimmung des Menschen im besonderen bei. Die Feststellung habe ich jedenfalls treffen können, daß jene Fünfzigjährigen, die dem geliebten Plattsinn der Massenunterhaltung und -information ade sagten, in einem kontemplativen Leben ihren Mittelpunkt gefunden haben und ihn jedem Geschrei der Straße vorziehen.

■ *Veränderung tut not* – eine sich wie der rote Faden durch alle Gespräche hindurchziehende Bekundung. Je weniger resignativ die Haltung ist, um so günstiger die Aufbruchstimmung. Aufbruchstimmung? Ja, denn sie ist den Fünfzigern immanent. Gehindert an der (geistigen) Transformation werden sie lediglich durch Phlegma und laue Vorsätze. ‹Es ist nichts so wichtig, als daß es nicht auch morgen angepackt werden könnte›, ist eine destruktive Geisteshaltung. Sie erzeugt permanente Unzufriedenheit und Leiden an sich selbst, das sodann auf die Zustände in der Welt projiziert wird und als Rückkoppelungseffekt eine physisch höchst gefährliche Streßsituation herbeiführt, die sich in heftigen psychosomatischen Ausfallerscheinungen manifestieren kann.

■ Philosophie als sinnlichen Genuß zu betrachten und sie quasi als Surrogat verfehlter Lebensplanung zu verwenden ist gefährlich und birgt die Illusion in sich, daß sie ein Religionsersatz zu sein vermag. Der Ausstieg ‹als Revolution im Kopf› beginnt nicht mit der Änderung der Eßgewohnheiten aus Gründen modischer Gewichtsreduktion – und nur deshalb –, vielmehr muß die Erkenntnis gereift sein, daß falsche Eßgewohnheiten zerstörerisch in vielfacher Hinsicht sind. Daß Essen zum Fressen wird, weil die Seele hungert, ist mittlerweile zur Standarderkenntnis geworden. Die Revolution im Geiste kann aber über den pragmatischen Vorsatz, Erkenntnisse vom Zusammenspiel der Kräfte, die sich am eigenen Körper negativ auswirken, zu gewinnen, beginnen und zu einem positiven Ergebnis führen; sie kann jedoch ebenso vom Verlangen (Hunger des Geistes nach Erkenntnis) animiert werden, sich mit gewissen Fragen auseinanderzusetzen. So oder so – das Bild rundet sich erst, wenn sein Inhalt erkannt wird, ansonsten bleibt es abstrakt. Allein mit teuren Büchern, die philosophische Gedanken transportieren, wird man nicht weiterkommen; erst der Wille zur Erkenntnis dechiffriert Buchstaben, Worte und Sätze. Wo er fehlt, wird man sich durch noch so viel Geld niemals von der Knechtschaft niederdrückender Gedanken freikaufen können.

VIII. Besitz:

Mit fünfzig muß man es geschafft haben

Geld, Güter, Land und Leute haben,
ist an sich selbst nicht Unrecht,
sondern Gottes Gabe und Ordnung.
Martin Luther

In Franz Lingen begegne ich einem *selfmade millionaire*. Daß er aus
dem zur Verfügung gestellten Fundus ausgerechnet zu Martin Luther
griff, um sein Selbstverständnis darzustellen, verwundert mich anfangs, nachher, als ich seine Lebensgeschichte hörte, nicht mehr.
Hochachtung vor diesem Mann, der sich in aller Konsequenz und
Überzeugung dazu bekennt, daß Eigentum verpflichtenden Charakter hat.

Wir haben uns in seinem Haus verabredet, und wir haben uns,
nachdem er mir das großzügige Anwesen von der Dachkammer bis
zum Keller gezeigt hat, in einem Salon vom Ausmaß einer Scheune
niedergelassen. Irgendwie, finde ich, verliert man sich in den fast
zweihundert Quadratmetern. Zugegebenermaßen sind sie mit einem
äußerst geschmackvollen Mix aus modernem und antikem Mobiliar
bestückt und rufen alles andere als den Eindruck von Prunk und
Protz hervor. Auch sein Bewohner macht einen kultivierten Eindruck. Seine Freundin – er spricht nicht, wie üblich geworden, cool
von einer ‹Beziehung› –, die sich ab und an blicken läßt, ist recht
hübsch anzusehen und paßt sich in Diktion und Umgangsformen
den Vorstellungen des Hausherrn an. Es herrscht also keine Dishar-
monie zwischen Ambiente und denen, die sich in ihm bewegen.

Franz Lingen ist ein weitgereister Mann, wie sich bald zeigt. Er
streut Bonmots und Aphorismen in unsere Unterhaltung ein und
läßt nicht locker, sich als Bonvivant zu präsentieren. Diese Rolle

nehme ich ihm ohne weiteres ab, und als er solche Akzeptanz erfährt, reden wir endlich wieder wie normale Menschen miteinander. (Im übrigen habe ich derlei augenzwinkernde Lust an einer Selbstinszenierung anderswo kaum erfahren, so daß hier wirklich eine Ausnahme vorliegt.)

Er berichtet von seinen Erfolgen: eintausenddreihundert Mitarbeiter in sechs Unternehmen der Dienstleistungsbranche, verstreut in vier Ländern. Von Gebäudereinigung bis Autovermietung ‹mische ich mit› (O-Ton), sagt er. Angesprochen darauf, wie er angefangen habe, erwidert er mit berechtigtem Stolz, daß er sich mit einundzwanzig Jahren bereits selbständig machte, und zwar mit einem damals noch völlig unbekannten Dienstleistungsangebot, nämlich dem Kurierdienst. Seine Kunden waren hauptsächlich Arztpraxen, Rechtsanwälte und Fotolabore. «Eilige Sachen eben», meint er und lächelt etwas gerührt in der Erinnerung an jene Zeiten. «Ich habe kein Abitur gebaut, obwohl meine Eltern das so gerne wollten. Statt dessen habe ich Kaufmann gelernt. Mich interessierte viel mehr, wie man es anfängt, ein Unternehmen aufzubauen, Geld zu verdienen und tun und lassen zu können, was man als Chef will.» Er wiegt den Kopf, als wäge er diese Worte nachträglich ab. «Dann mußte ich bald erkennen, daß man gerade als Chef nicht machen kann, was man will, sondern daß man unerhört diszipliniert sein muß, wenn man vorwärtskommen will. Also habe ich geackert. Nächte durch, Wochenenden über. Den Kurierdienst habe ich ja allein gestartet. Mit einer gebrauchten Isetta – so ein Sofa auf Rädern, ‹Knutschkugel› sagte man dazu, die kennen Sie ja auch noch, nicht wahr? – war ich auf Achse. Die hatte den Vorteil, daß man dank der Fronttür auch quer einparken konnte. So gab es eigentlich nie Probleme mit einem Parkplatz. Tja, nach einem Jahr hatte ich zwei, nach drei Jahren fünfundzwanzig Mitarbeiter. Überwiegend Studenten, die sich ein paar Mark dazuverdienen wollten. Mit lauter gebrauchten Isettas sind wir durch die Gegend gekurvt. Bald waren wir so bekannt wie ein bunter Hund. Ich verdiente ordentlich Geld in den Sechzigern, kaufte Firmen, verkaufte sie mit Gewinn, baute auf, baute wieder ab. 1975 habe ich dann mit einem Schlag ein illiquides Unternehmen saniert, habe die Gesellschafter ausbezahlt, mir gute

Leute gesucht, und ab dann ging es steil bergauf. Wo Geld ist, kommt Geld hinzu, sagt man. Das ist richtig. Ich habe vernünftig investiert, nie über die Stränge geschlagen, bin nie ein unkalkulierbares Risiko eingegangen, und dafür stehe ich heute dort, wo ich bin. Lingen ist gut im Geschäft.»

«Sie haben aber nie Zeit gefunden zu heiraten?» frage ich direkt heraus. «Eigentlich schade. Wer soll Ihr Unternehmen weiterführen, wenn Sie keinen Nachfolger haben?»

«Sie meinen einen Sohn? So wie es sich gehört?»

«So könnte man es verstehen.»

«Ich bin der geborene Junggeselle. Ich habe immer viele Freundinnen gehabt. Nach den Aufbaujahren, als ich mehr Zeit und mehr Geld hatte. Ehrlich gesagt – ich bin ein Schmetterling.» Er deutet in Richtung Empore, wo sich gerade seine neueste Errungenschaft zeigt. «Beate – wissen Sie, daß das ‹die Glückliche› heißt? – ist seit ein paar Monaten bei mir. Sie ist recht intelligent, und ich werde versuchen, sie irgendwo einzusetzen. Sie hat Talent für PR, und ich kann redegewandte Leute gebrauchen. PR ist alles in meinem Job. Wenn die Leute über einen reden, läuft das Geschäft. Nichts ist für einen Dienstleister schlimmer, als wenn man ihn nicht kennt. Ach ja, Ihre Frage. Nein, ich habe aus Überlegung nicht geheiratet. Eine Familie ist nichts für mich. Ich hätte meine Kräfte teilen müssen. Und einen Nachfolger? Ich habe mir schon ein paar gute Mitarbeiter ausgeguckt. Jetzt bin ich fünfzig, na, ich denke, aktiv werde ich noch zehn, fünfzehn Jahre dabeisein. Dann habe ich mir meinen Lebensabend verdient. Wissen Sie, daß ich ein schönes Haus in Florida habe? Etwas ganz Besonderes sogar. *A brick ranch. Very nice and very special. Located at Crystal River. Sixteen bedrooms. Whirlpools. Swimmingpool. Golf. Security Guard.*»

Wir verfallen unversehens in eine Konversation auf Englisch. Franz Lingen spricht es in bestem Amerikanisch, kurioserweise im New Yorker Idiom. Er flicht ein, daß er auch ein Haus in der Toskana besitzt und in der Provence. Überall dort, wo er sich am wohlsten auf der Welt fühlt, will er etwas ganz Persönliches vorfinden, wenn er reist. Er spricht gut Italienisch, Spanisch und ziemlich gut Französisch, besser gesagt, Provenzalisch. Er sagt ‹bäng› statt ‹bain› und ‹päng›, statt ‹pain›, ‹oorwar› statt ‹au revoir› und ‹Parijj› statt ‹Pari›. Meine Verblüffung gefällt ihm und animiert ihn zum Lachen. Überhaupt lacht er gerne und oft. Und so breit, daß man seine tadellosen, weißen, intakten Zahnreihen sieht. So mag sich Klein Fritzchen einen Millionär vorstellen, und lernte er Franz Lingen kennen, das Klischee erfüllte sich geradezu beängstigend.

Doch Franz Lingen straft dieses Klischee Lügen. Er hat nur gelernt, sich gut zu verkaufen. Die Journaille hat es ihn gelehrt, wie er mir versichert. Daß man ihn als Playboy will, gut, dieses Image kann er sich leisten. Er ist in aller Munde, und damit sein Unternehmen. Doch dann stoße ich zum Kern seiner Persönlichkeit vor. Der besteht aus einem tiefen Gefühl der Dankbarkeit (und ist nicht nur publikumswirksam ummantelt) und gewährt einen Einblick in den wahren Menschen Franz Lingen.

Bezeichnend ist, daß er für sich und seine Aktivitäten als Sponsor sozialer Projekte – jedenfalls hier, mit mir, sozusagen im stillen Kämmerlein – keine Sonderrolle beansprucht. Jedenfalls nicht lautmalerisch und coram publico, sondern lieber in Form einer kleinen Pressenotiz in der FAZ oder in der WELT. «Ja, es stimmt», gesteht er, «ich habe einen festen Grundsatz: fünf Prozent vom Einkommen –» er hebt die Stimme – «nach Steuern! spende ich jährlich für soziale Zwecke. Und zwar ohne Spendenquittung, nur als Dank dafür, daß es mir so gut geht. Über die Firma gebe ich noch einmal zehn Prozent hinzu. Allerdings gegen Quittung. Das muß sein.»

«Treffen Sie eine Auswahl bei den Begünstigten, und wenn ja, nach welchen Gesichtspunkten?»

«Ich traue mir nicht zu, über ganz persönliche Schicksale zu befinden. Nein, ich gebe privat, wohin auch immer. Von Mensch zu Mensch. Über die Firma natürlich erst nach Prüfung der Umstände. Aber nicht, was Sie denken, sondern wir prüfen auf Seriosität der Empfänger. Wenn eine Verwaltung mehr als zehn Prozent für sich einbehält, ist sie draußen. Hilfe zur Selbsthilfe ist die Devise. Hier im Land oder irgendwo, sagen wir, in Rumänien oder Pakistan. Wer abkassiert, kriegt eines auf den Deckel. Ich persönlich bin nicht zimperlich, wenn die Ärmsten der Armen von ihren Helfern betrogen werden, das können Sie mir glauben.»

«Hätte Bettelei eine Chance bei Ihnen? Wenn, sagen wir, jemand vor der Tür stünde und herzerweichend klagte. Sein Haus sei abgebrannt, die Kinder müßten hungern, weil er arbeitslos sei. Seine Frau müsse sterben und so weiter und so fort. Was sich Menschen eben einfallen lassen, wenn sie ans Geld ihrer Wohltäter herankommen wollen.»

«Ich weiß nicht, wie ich reagieren würde. Ich habe noch nie vor einer vergleichbaren Situation gestanden. Ich kann mir aber vorstellen, daß ich – privat – darauf hereinfiele. Ich kann auch keine Filme sehen, in denen Menschen leiden. Ich ... mir kommen dann doch tatsächlich die Tränen. Nun, vielleicht gäbe ich aber etwas und würde sagen, daß es mehr wird, wenn ich die näheren Umstände kenne. Ja, so in etwa würde ich wohl handeln.»

Seine Freundin serviert Fruchtsäfte. Handgepreßt, wie sie versichert. Franz Lingen zieht sie neben sich aufs weiße Ledersofa. Wir beginnen, lustigerweise, zuerst über die allgemeine Wetterlage zu sprechen, kommen auf die Politik und dann auf die Rolle der Frau in unserer Zeit zu sprechen. «Ich mag Frauen, die intelligent sind», nimmt Franz Lingen den Faden auf. «Solche hier, wie Beate. Aber ich mag keine Emanzen. Das geht immer nur auf Kosten der Männer. Wovon wollen die sich denn emanzipieren? Doch von den Männern. Sie wollen dort sein, wo Männer das Sagen haben. Sie wollen eine Rolle spielen. In der Politik. In der Wirtschaft. Nur nicht mehr beim Kinderkriegen. Das ist ihnen zu banal. Ich finde, dort wo der Mann sie gerne sieht, sollten sie sein. Sich einfach fügen. Das ist bei weitem das Beste, was sie selbst für sich tun können. Was meinst du, Schatz?»

Beate, ‹die Glückliche›, erwidert, daß Frauen eben verschieden seien und man niemanden bevormunden solle. Sie selbst halte von Emanzipation wenig. Weshalb und warum, sagt sie nicht. Kommt auch nicht dazu, denn sie steht auf und entschuldigt sich mit Arbeit, die auf sie wartet. Wir sehen ihr nach, wie sie die Halle durchquert und, den süßen Po schwenkend, sehr dekorativ die Treppen zur Empore erklimmt. Ein schöner, ein belebender Anblick. So muß es mein Gastgeber wohl auch empfinden, denn er meint, wir hätten wohl alles erörtert, was es zu erörtern gäbe, und trifft Anstalten, das Interview zu beenden. Immerhin hat er mir vier Stunden seines Wochenendes geopfert.

«Geopfert?» lacht er. «Nein, es war für mich schön, mit Ihnen über uns Fünfziger zu reden. Man erfährt eine ganze Menge über sich selbst. Wenn Ihnen noch die eine oder andere Frage in den Sinn kommt, rufen Sie mich einfach an.»

In all den Interviewnachbetrachtungen habe ich vermieden, ein vorschnelles Urteil zu fällen. Menschen, besonders wenn sie Rede und Antwort stehen, neigen verständlicherweise dazu, sich ‹schön› zu reden. Ausflüchte zu machen. Fragen nur indirekt oder gar nicht zu beantworten. Eine Show abzuziehen. Eben Äußerungen der Psyche, die verdekken will, was dadurch erst recht aufgedeckt wird. Franz Lingen gehörte nicht zur Kategorie derer, die es gezielt auf eine Täuschung anlegen, sondern er war so offen und ehrlich, wie man Offenheit und Ehrlichkeit voraussetzen darf. Schließlich ist es immer ein Risiko, sich einem Fremden gegenüber zu offenbaren. Ihm Einblicke in Intimes zu gewähren. Ihn teilhaben zu lassen am Jetzt und Hier. Mit ihm ein Stück Weges in die Vergangenheit und ein paar Schritte in die Zukunft zu gehen. All das muß berücksichtigt werden, um zu einem ausgewogenen Urteil zu gelangen.

Franz Lingen hat es mir leicht gemacht. Er baute keine Barrieren auf, und wenn er es doch einmal tat, dann mit einem Lachen und Augenzwinkern. Eines lehrt er einen jeden von uns: daß beim Willen zum Erfolg die Kräfte gebündelt werden müssen, um ihn zu erreichen. Und ein weiteres: daß Besitz, über den er reichlich verfügt (also nicht, primitiven Instinkten folgend, nur anhäufte), sobald er als Quelle der Inspiration dient und Verantwortung gegenüber sich selbst und den Mitarbeitern erzeugt, vielerlei soziale Taten bewirkt. Wohltaten für den, der sie empfindet, wenn er abgibt, und Wohltaten für die, die ihrer anteilig werden. Imponiert hat mir der Satz, daß er sich nicht zutraue, über persönliche Schicksale zu befinden, was nichts anderes meint, als daß hier nicht einer mit Maßen mißt, über die er nicht verfügt. Und daß hier jemand aus seiner Privatschatulle gibt, ohne den steuerlich abzugsfähigen Zettelchen hinterherzuhasten.

Franz Lingen hat es geschafft, zweifellos. Er hat erreicht, wovon andere ihr Leben lang (nur) träumen (können). «Mit fünfzig muß man es geschafft haben», meinte er. «Oder man schafft es niemals», hätte er noch hinzufügen müssen, denn das entspräche der Lebenserfahrung. Daß er zu dem geworden ist, was er ist, verdankt er seiner immensen Tüchtigkeit, woran ich keinen Zweifel lassen will. Und günstigen Umständen. Solchen Einwand bringen nur jene hervor, die Tüchtigkeit, harte Arbeit und Engagement allzugerne relativieren wollen, weil sie der Auffassung sind, es gehöre ungeheuer viel Glück dazu, sein Glück zu machen. Sicherlich, aber das ist nur eine Komponente des Ganzen. Niemand geht chancenlos durchs Leben, und Besitz ist hierbei nicht eine Frage des Glücks beziehungsweise des Glücklichseins, sondern höchstens eine Frage der individuellen Maßstabsetzung. Wir werden im Verlauf des Buches weitere Lebensläufe kennenlernen, die aufzeigen, daß Besitz nicht unbedingt eine monetäre Lage anzeigt, sondern eine ganz individuelle Größe ist. Mit ihr kann man, muß man aber nicht zurechtkommen.

Gold sammelt mancher wie besessen und bleibt doch ein Paria in den Augen derer, deren Gunst er sich mit Gold erkaufen will. Andere Schätze wiederum werden von der Welt als Un-Schatz deklariert, und man lebt am besten mit ihnen allein. Dazwischen gähnen Abgründe des Verlangens und falscher Erwartungen ans Leben. Viele fallen aus Unvorsichtigkeit und Überschätzung der eigenen Kräfte hinein, andere erkennen die Gefahr und bescheiden sich mit dem, was sie *für sich* als Bescheidung empfinden. Ist sie echt und nicht herbeigezerrt (aus der Not eine Tugend machen ...), resultiert daraus eine wahre Zufriedenheit. Bei Franz Lingen glaube ich sie angetroffen zu haben. Das Brimborium drumherum, nun ja, wir sind schließlich alle Menschen, die ihre Schwächen haben. In diesem Fall verblassen sie aber vor dem Hintergrund seiner beachtlichen sozialen Einstellung, und die darf wohl zu Recht gewürdigt werden.

Interessant ist in diesem Zusammenhang sicherlich auch die Beantwortung der Frage, welches Ansehen materieller Besitz in den Augen der Fünfzigjährigen hat. Sofern er redlich erworben und nicht zusammenergaunert wurde. ——————————————————————————————

Welches Ansehen messen Sie materiellem Besitz bei?

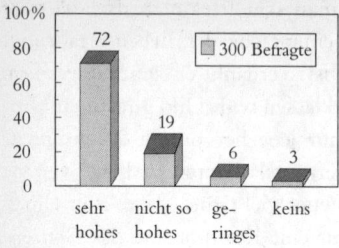

Fazit:

Das Verlangen nach materiellem Besitz als Tauschwert gehört zur Uranlage des Menschen und geht mit einem mehr oder minder ausgeprägten Macht- und Geld(tungs)streben einher. Sozial kompatibel wird es erst, wenn die Prioritätensetzung gemeinwesenorientiert ist. Anders vollzogen, als bloße Fixierung auf Besitz, wäre sie weder dauerhaft noch ethisch vertretbar. Dauerhaftigkeit scheiterte an den Zeitläuften, was nicht nur der Schrumpfungsprozeß von Macht und Einfluß großer Nationen eindrucksvoll belegt, ethisch gelingt die als privat angesehene Auskoppelung aus der gesellschaftlichen Verpflichtung nicht. Unberührt davon bleibt die Beantwortung der Frage, ob Besitz unglücklich macht (denn sein Verlust müßte im Umkehrschluß glücklich machen), vielmehr erhebt sich die Frage, inwieweit Besitz nutzt und inwieweit er zur Last wird. Ein Laib Brot kann in Kriegszeiten mehr wert sein als ein Schloß; der Erhalt eines Schlosses kann in Friedenszeiten seinen Besitzer finanziell ruinieren. Nutzen und Last sind demzufolge erkennbar relativ. Eines ist, pragmatisch gewichtet, jedoch wahr: daß ein gewisser Besitz, wenn er zum leichten Gepäck gehört und keinen Sklaven aus dem Träger macht, von manchem Übel befreit und die Hände für andere Dinge gebrauchen läßt.

■ Wenn Besitz seinem Wesen nach interpretiert wird, gabelt sich der Weg der Einsicht. Er setzt sich zum einen in Richtung unreflektierten Strebens nach Besitzmehrung fort, zum anderen verläuft er in mäßigen Bahnen, die zwar materiellen Besitz als Conditio sine qua non der Sicherung des Lebens vor seinen diversen schicksalhaften Auswüchsen begreifen und Vorsorge für vernünftig halten, gleichwohl ist unumstritten, daß die Mehrung von materiellem Besitz Opfer verlangt. Die Abwägung des Nutzen-/Leistungsverhältnisses obliegt der individuellen Lebensplanung und darf keiner Fremdbestimmung unterliegen. Pluralismus verträgt keine Eingriffe von außen. Daraus schließt, daß das Selbstbestimmungsrecht des einzelnen, seine Auffassung von dem, was persönlicher Besitzstand bedeutet, weder rechtlich noch ethisch verifizierbar sein darf, gleichwohl unterliegt sie den in einem demokratischen Gemeinwesen geltenden (sozialen) Spielregeln.

■ Ethik und Moral sind sich begriffmäßig nahe und werden oft in einem Atemzug genannt, wenn es um Maßstabsetzung geht. *Realiter* verhalten sie sich jedoch im Falle materiellen Besitzes diametral dem allgemeinen Verständnis. Daher haben es Besitzende schwer, auch ehrlich erworbenes Besitzvermögen als kausales Recht, hervorgehend aus der Investition von Arbeitskraft oder durch Ausschöpfung des Ideenreichtums, zu definieren. Ihnen wird entgegengehalten, daß es ethisch unvertretbar sei, über mehr Besitz zu verfügen als der Durchschnittsverdiener. Moralisch sei das noch verwerflicher, denn mehr als in einem Haus zu gleicher Zeit zu wohnen, sei unmöglich. Deshalb sei Besitz schon als solcher fragwürdig. Verdrängt oder absichtsvoll vergessen wird hierbei, daß die Wirtschaft einer freien und demokratischen Gesellschaft auf dem Prinzip gegenseitiger Nutzenmehrung und -abwägung beruht und daß Besitzvermögen ihr ethisch gerechtfertigter Komplementär ist. Beides kann ohneeinander nicht existieren, sofern Besitzvermögen als Tauschobjekt nicht generell in Frage gestellt werden soll. Das Risiko bewußt einzugehen, Besitz nur um des Besitzes willen zu erwerben, ihn zu mehren und als Lebensziel zu verwirklichen, ist das Risiko eines Hasardeurs, der spielt, weil er gewinnen *muß*. Das Denken in kurzen Zeitabläufen nötigt ihn hierbei zu Maßnahmen, die, wäre das Leben nicht endlich, sondern eine unendliche Weite, deren Horizont man nie erreichte, er aus Gründen der Vernunft niemals ergreifen würde. Da es sich jedoch nicht so verhält, ist er darauf angewiesen, in einer eng bemessenen Zeitspanne aktiv zu werden, bevor ihn die physischen und intellektuellen Kräfte verlassen. Hierfür stehen ihm mit viel Glück vierzig Jahre zur Verfügung, und ‹viel Glück› bedeutet, wie Franz Lingen im nahezu jugendlichen Alter den Start zu wagen. Diese Ausgangsposition vor Augen, mag einer rennen, wie er will – ob er die Früchte seiner Eile noch zu Lebzeiten genießen kann, steht auf einem anderen Blatt, welches in vielen Fällen ein Klinikprotokoll ist. Der Komfort der ersten Klasse nebst professoraler Ansprache dürfte nur noch marginalen Wert aufweisen, wenn es um den Rückblick auf das unvollendet gebliebene Lebenswerk geht. Dessen eingedenk, ist das Vorhaben, um jeden Preis zu Besitz zu kommen, ein Vabanquespiel. Entweder man gewinnt es, oder man verliert es. Nur verboten darf es einem nicht werden. Im anderen Fall hieße die Lösung nur: Zuteilung. Läßt ein freier Mensch sich etwa etwas zuteilen?

IX. Besinnung:

Konzentration aufs Wesentliche

Es kann in unserer Welt erst besser werden,
wenn die Leute einsehen lernen, daß der ehrgeizige,
nach Macht strebende Mensch ebenso ekelerregend ist
wie der Vielfraß oder der Geizhals.

Aldous Huxley

Gerhard Kaufmann ist Schauspieler. Wie er von sich sagt, «kein Tra-
göde, sondern wie ein guter Gebrauchsgraphiker bin ich ein guter
Gebrauchsschauspieler».

Da schwingt einiges an Resignation mit, stelle ich fest und muß
mich im Verlauf des Gespräches korrigieren. Resignation hat ihren
Anteil, gewiß, doch kommt man hier mit einer psychologischen Definition nicht weiter, denn Gerhard Kaufmann ist nicht schicksals-
ergeben, vielmehr von einer bemerkenswerten Klarheit des Urteils
über das eigene Talent. Daran, denke ich, mangelt es vielen Menschen, und es nimmt nicht wunder, wenn sie an sich ein Leben lang
leiden und sich als lebenslängliche Schiffbrüchige sehen.

Nein, hier handelt es sich um einen Mann, der die Fünfzig zwar
erreicht hat, mit Kopf, Herz und Verstand jedoch um die Mitte Dreißig pendelt. Nur die Sicht der Dinge ist gemäß gestiegener Erfahrungen abgeklärter als bei einem schauspielerischen Heißsporn. Natürlich hätte er gerne die unerreichbaren Rollen gespielt, von denen ein
jeder Schauspieler träumt: den Faust, den Hamlet, den Wallenstein
... Aber der *Diego* in Camus' ‹Der Belagerungszustand› war ja auch
nicht ohne, oder der Idealist *Horch* in Canettis ‹Hochzeit›, oder in
O'Neills ‹Fast kein Poet› der Anwalt *Nicholas Gadsby*.

«Das alles waren Rollen, die mich erfüllten», meint er zufrieden.
«Ich habe sie angelegt, wie ich sie anlegen wollte. Niemand hat es mir

verwehrt. Selbst Barlog, den ich sehr verehre, nahm mich, wie ich war. Wer kann das schon von sich behaupten, nicht wahr?»

Es folgten unzählige Auftritte in TV-Produktionen, immer in sogenannten Nebenrollen, aber Gerhard Kaufmann empfand sich nie als bloße Charge. In jede Aufgabe legte er alles Können hinein, und als Lohn jahrzehntelanger Arbeit bekam er die Hauptrolle in einem Krimi-Vierteiler. «Der brachte viel Beifall», sagte er. «Und ich erhielt eine anständige Gage. Aber, glauben Sie mir, Geld ist für mich niemals das ausschlaggebende Moment gewesen, eine Rolle anzunehmen oder abzulehnen. Ich habe vieles abgelehnt zu spielen, weil es nichts wert war. Gottlob konnte ich es mir leisten, denn meine Frau verdient als Anwältin recht ordentlich.»

Ich frage ihn, ob er keine Komplexe deswegen habe. Seine Frau als Verdienerin, er als Künstler, der zudem einen Beruf ausübt, dem heute jegliches Flair abhanden gekommen ist.

«Nein», erwidert er, und es klingt nicht aufgesetzt, «ich habe keine Komplexe. Meine Frau und ich ergänzen uns vortrefflich. In zwanzig Jahren Ehe hat man sich eingeschliffen. Und zwanzig Jahre sind in ‹unseren Kreisen› (er spöttelt) soviel wie bei anderen die Goldene Hochzeit. Im übrigen, nehmen Sie doch die vielen Kollegen, deren Frauen das Brot verdienen und die Männer die Wurst. Standbein und Spielbein sagt man dazu.»

Man fragt einen Künstler gemeinhin nach seinen Plänen. Ich verkneife mir das und erkundige mich danach, was ihn bewogen hat, sich auf das Wesentliche zu besinnen. Sein Wahlzitat dürfte wohl in diesem Zusammenhang zu verstehen sein?

«Ja, Sie haben recht», bestätigt er. «Huxley hat mich fasziniert, seit ich seine ‹Schöne neue Welt› gelesen habe. Das war vor dreißig Jahren. Als ich drei Jahre später von der Schauspielschule kam und gleich darauf mein erstes Engagement hatte, begriff ich, was Huxley mit seinem Buch ausdrücken wollte. Ich habe es rein intuitiv kapiert: Verkaufe dich nicht, werde dir nie untreu. Lebe, wie du leben möchtest. Lasse die andere Welt, die man dir oktroyieren will, außen vor. Was das für mich als Schauspieler bedeutete, können Sie sich gar nicht vorstellen. Man lehnt Rollen ab, von denen man weiß, sie würden einem zwar Geld bringen, aber dafür nicht das bieten, was man sich in seinem Beruf unter einer guten Rolle vorstellt. Ich hätte in ‹Pension Schöller› unter Theo Lingen einen bekloppten Pensionsgast spielen können oder in ‹Mein Freund Harvey› mit dem irren Hasen herumhüpfen – das alles hat man mir angetragen, weil ich der Richtige wäre, wie sie sagten. Nein, ich habe lieber für wenig Gage in der Provinz O'Neill oder Camus gespielt. Und darauf bin ich stolz. Zurückblickend kann ich wirklich sagen, daß ich stolz auf mich bin, mich nicht prostituiert zu haben.»

«Verurteilen Sie Kollegen, die das tun?»

«Wieso sollte ich? Wer meint, es tun zu müssen, soll es tun. Ich weiß nur, daß sie ungeheuer darunter leiden. Mein großes Idol der damaligen Zeit war (...). Er mußte in vielen Filmchen mitspielen, weil er das Geld für sein großes Haus in einem Nobelvorort Berlins benötigte. Aber er hat es mit Grandezza getan und mit einem Augenzwinkern. Deshalb, meine ich, darf man es ihm auch als sein Fan nicht verübeln. Das Muß zu überwinden ist nicht jedermann gegeben.»

Er berichtet von den Proben mit Barlog in den Sechzigern, als er, sozusagen als Debütant, das erste Mal Theaterbretter knarren hörte. Seitdem ließ ihn die Idee von der Reduktion eigener Ansprüche aufs Wesentliche – *worunter er den eigenen Seelenkern begreift* – nicht mehr los. Huxley und Barlog – ist das nicht eine seltsame Paarung? Gerhard Kaufmann lächelt weise. «Die *Schöne neue Welt* ist eine Inszenierung, und Theater als solches ist auch nur bloße Inszenierung. Wir wandeln allesamt in Traumwelten. Ich habe allerdings begriffen, daß Träume zum Leben gehören. Also träume ich mich in die Rollen hinein.» Er steht auf und greift ins wohlbestückte Bücherregal. «Ich lese Ihnen etwas vor», erklärt er feierlich. «Barlog schrieb in seinem Buch ‹Theater lebenslänglich› folgendes: *‹Für mich gehört das Theater dem Schauspieler. Natürlich bedarf es auch der Regisseure, wenn sie wirklich gute Regisseure sind; auch der Bühnen- und Kostümbildner, kluger Dramaturgen, hilfreicher Musiker, und nicht zuletzt niveauvoller Schriftsteller, oder besser: dramatischer Dichter. Aber, um Theater spielen zu können, braucht es zuerst nur des Schauspielers, dann des Zuschauers, und im Dunkeln, eines Beleuchters. Erst dann kommt alles andere. Meine Liebe und meine Arbeit gilt darum an erster Stelle dem Schauspieler. Meine Hochach-*

tung vor diesem künstlerischen Beruf geht so weit, daß ich an jeder Tür immer dem Schauspieler den Vorrang lasse, so jung er auch sei.› Sehen Sie, das ist es, womit mich Barlog und Huxley geformt haben: Hochachtung vor dem Homo faber und Besinnung aufs Wesentliche. Das macht, wenn Sie so wollen, mein Credo aus. Nicht sonderlich pragmatisch, wie's Ihnen vielleicht für Ihre Leser vorschwebt, aber ein Credo, das die Jahrzehnte meines Lebens als Künstler begleitet hat und das ich – vermutlich bin ich wahnsinnig, so etwas zu sagen – als das Credo des menschlichen Lebens verstehe. Hochachtung vor der künstlerischen Leistung, das Besinnen auf ihre Essenz und nicht die Konzentration auf das Brimborium der Außenwelt.»

«Könnte man sagen, daß Sie jetzt, da Sie gerade fünfzig geworden sind, dieses Credo als die Gesamtheit Ihrer Lebenserfahrungen be-·werten, und zwar gerade weil es Sie schon seit jungen Jahren beglei-tet?»

«Es hat sich immer mehr zur Erkenntnis verdichtet, daß im Leben nur eines zählt: sich selbst treu zu bleiben. Das Wesentliche, also der Kern, ist man selbst. Ich bin kein Egomane, wenn ich das sage. Ich meine nur, daß die Besinnung erst dann einsetzen kann, wenn man sich selbst treu bleibt. Dann merkt man, wie wenig man an der Welt der lauten Töne hat. Dur, nicht Moll. Daß ich das ungeheure Glück hatte, bereits als Eleve Bolislav Barlog, dem großen Geist des Theaters, und Huxley, dem großen Geist der Philosophie, zu begegnen, ist für mich die beglückendste Erfahrung überhaupt. Und natürlich, daß ich meine Frau habe, die mir in allem hilft. Ich sage es ohne falsches Pathos: Ich bin ein gesegneter Mensch auf dieser Erde.»

Das war nicht der Monolog eines selbstverliebten Schauspielers, sondern das Bekenntnis eines Mannes, der weiß, was er kann und auf welchen Platz er sich selbst gestellt hat. In dieser Intensität der Darstellung ein wirklich eindrucksvolles Bekenntnis zu sich selbst. Kein Kunstgriff muß herhalten, um die eigene Verwundbarkeit zu lindern; kein faustischer Drang nach Erkenntnis verklärt das Leben zu einem metaphysischen Akt. Kein *Deus ex machina* wird beauftragt, als Schicksal zu wirken und das eigene Leben umzugestalten. «Erfolg kann nur sein», so Gerhard Kaufmann abschließend, «das tun zu dürfen, was man sich zu tun vorsetzt. Die Gabe der Götter ist, einen mit Menschen zusammenzubringen, die es gut mit einem meinen. Die Hochachtung wie Barlog vor einem haben, «egal wie alt er ist». Oder die wie Huxley aufzeigen, wohin der Wahnsinnige treibt, wenn er sich opportunistisch in einen fremdbestimmten Lebenslauf begibt. In diesem Sinne meine Botschaft an alle, die noch suchen: Verkehren Sie mit großen Geistern und lernen Sie von ihnen. Oder in Abwandlung eines Bibelwortes: Gehe mit Weisen um, und du wirst weise. Wer sich zu den Toren gesellt, dem ergeht es schlecht.»

––––––– In Gerhard Kaufmann offenbart sich eine bemerkenswerte Lebenseinstellung. Zwar gelten Inhaber künstlerischer Berufe als oftmals schwierig und extravertiert, hier aber liegt eine wohltuende Unverkrampftheit vor. Dies anzutreffen ist selten, denn zumeist neigen Menschen dazu, sich etwas vorzumachen, und es ist manchmal erst die Schwelle zum letzten Lebensdrittel, die sie überschreiten müssen, um zu einer anderen Einstellung zu kommen. Glücklich der, der reifen, lebensklugen Menschen schon früh begegnete und von ihnen lernte. ‹Lernen› als Disziplin der Vernunft ist ohnehin ein rares Element im Leben des einzelnen, und ich kenne ausgesprochen dumme Fünfzigjährige wiewohl zur Besinnung und Bescheidenheit neigende Fünfundzwanzigjährige. Die Frage der inneren Einstellung wird damit aufgeworfen. Ich bin aufgrund meiner Lebenserfahrung davon überzeugt, daß die Weichenstellung bereits im Elternhaus erfolgt. Wird hier bedachtsam gehandelt, wird man später als erwachsener Mensch nicht blind durchs Leben rasen, sondern vorausschauend fahren. Bis zum Beweis des Gegenteils trägt die Milieutheorie jedenfalls dazu bei, die naturgegebene Verteilung der Gene und den davon teilweise abhängigen, weiteren Verlauf der Lebensbahn stark zu relativieren. Das Korrektiv dürfte bei beiden Theorien im Element des freien Willensentscheides zu erblicken sein.

Gerhard Kaufmann, der von seinen Eltern, beide keine Schauspieler, sondern ehrbare Handwerksleute mit allerdings musischen Neigungen, in seinen Ambitionen gefördert und stets darauf hingewiesen wurde, seine Gedanken von klugen Leuten befruchten zu lassen und sich nicht mit Dummköpfen und Schwarmgeistern abzugeben, hätte sich dennoch anders entscheiden und einen reinen Brotberuf ergreifen können. Den erlernte er zwar auf Bitten seiner Eltern, parallel dazu aber nahm er privaten Schauspielunterricht, dann, nach Beendigung seiner Lehre als Tischler und Formenbauer, wechselte er auf eine ‹richtige› Schauspielschule und erwarb in zähem Ringen mit seiner Kunst den Verbleib an der Max-Reinhardt-Schule. Damit war die Laufbahn als Schauspieler vorgezeichnet.

Vom Eleven zum Charakterdarsteller – eine schöne, eine erfüllende Bilanz. Wenn man mit fünfzig endgültig zu bilanzieren vorhat, füge ich hinzu. Da aber Gerhard Kaufmann nicht daran denkt, sondern weit davon entfernt ist, sich auf die Abfassung von Memoiren einzurichten, gelten ihm Huxleys Worte, daß der ehrgeizige, nach Macht strebende Mensch ebenso ekelhaft ist wie der Vielfraß oder der Geizhals, als Fixstern. Nach der Macht des Vielumschwärmten strebte er nie, sondern ‹nur› nach Erfüllung; als Vielfraß im Sinne des Rollen-an-sich-Reißers verstand er sich ebenfalls nie; und als Geizhals, der sein Talent nur esoterischen Zirkeln vorbehält, war er sich stets zu schade.

Ob es wohl möglich ist, sich wie er ein Leben lang treu zu bleiben und somit aufs Wesentliche, auf das eigene, unverstellte Ich, zu besinnen? Diese Frage stellte ich allen Gesprächspartnern. Die Verneinung verwundert nicht, denn das Sich-treu-Bleiben setzt Größe – und korrelierende Verhältnisse – voraus. Zuviel Unwägbarkeiten gibt es, die zum Opportunismus verleiten können, und es steht anderen nicht zu, jemanden deswegen zu verurteilen, es sei denn, daß gnadenloser Opportunismus zur Lebensmaxime wird. Menschen wie Gerhard Kaufmann gehören zu den Beneidenswerten und Bevorzugten auf dieser Welt, denn eine Partnerin an der Seite zu wissen, die die eigenen Wertmaßstäbe teilt und die beruflichen Ziele mitträgt, ist wohl das allergrößte Glück, das einem widerfahren kann. ──────────────────────────

**Halten Sie es für möglich, sich ein Leben lang
selbst treu zu bleiben?**

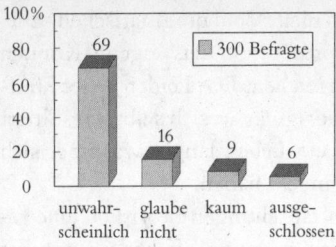

Fazit:

Die Besonderheit des gezeigten Lebenslaufes einmal ausge-
klammert und pragmatisch gedacht, liegt es eigentlich auf der Hand,
daß die Besinnung aufs Wesentliche stets zum Garanten für die
Seelenruhe wird. Wenn solche Besinnung als die *essentia* des menschlichen Lebens verinnerlicht wird und man sich davon entfernt, Besinnung als kontemplatives Element dem Publikum vorzuführen, ist
man dem Geheimnis des Glücks schon auf der Spur. Sich auf etwas
besinnen bedeutet der etymologischen Wurzel nach ‹gehen, reisen›
und im modernen Verständnis ‹sich bewußt werden›. Solches Sich-
bewußt-Werden charakterisiert jene, die nicht blind von sich selbst
überzeugt drauflosstürmen, sondern abwägen, wohin sie gelangten,
täten sie es. Die Treue zu sich selbst, zur *eigenen* Anschauung des
Geschauten, verleitet nämlich zu ganz anderen Schritten. Um solche
Schritte vorzunehmen, muß man kein gelernter Philosoph sein. Es
genügt die Einsicht – und die gibt eigentlich der Verstand vor –, daß
nicht jeder alles können kann (und muß). Das reduziert erst einmal
die Ansprüche an sich selbst und ans Leben. Der Grundstein ist damit
gelegt. So weit, so gut, mag man einwenden, aber weshalb soll ich's
denn tun? Weshalb soll ich nicht Ansprüche stellen? Nehmen, was
das Leben hergibt? Weshalb zweite Geige spielen, wenn man die

erste sein könnte? Akkurat da liegt der riesige Brocken, den sich jene, die so denken, selbst in den Weg legen. ‹Könnte› ist ein fataler Konjunktiv, der vieles produziert, nur nicht den pragmatischen Entschluß, sich zuallererst selbst zu prüfen, ob das eigene Können genügt, um ein bestimmtes Ziel zu erreichen. Das Leiden vieler Fünfzigjähriger ‹an der Welt› (und damit originär an sich selbst) resultiert unter anderem daraus, daß sie sich ein Leben lang etwas über sich selbst und ihre Möglichkeiten vorgemacht haben.

■ Die sich daraus ergebenden Enttäuschungen bewirken eine resignative Grundhaltung, die wiederum negative Effekte erzeugt. Sie sind psychischer bis psychosomatischer Natur, beginnen im fortgeschrittenen Stadium bei Gastritis und enden nicht selten am selbst geknüpften Strick um den Hals. Mir sind viele Fünfzigjährige begegnet, bei denen man von seelischer Verelendung sprechen konnte. Bezeichnenderweise griffen die Wurzeln tief in die Jugendjahre hinein, verzweigten sich später um die Dreißig und trieben gierige Ableger bis in die Jetztzeit. Die Erkenntnis, das ganze Leben falsch gelebt zu haben, ist so verfestigt, daß in vielen Fällen das frühzeitige Lebensende herbeigesehnt wird. Eine Verhaltensmodifikation täte not, doch was modifiziert einen Mann, dem eine konsequente Neuordnung der seelischen Koordination widerstrebt, weil er ein sogenanntes Gegenlernen in seinem Alter für aussichtslos hält? Ganz unsentimental angesichts der verflossenen Jahre gedacht und kraft Willens eine Neugruppierung von Verhaltensmustern eingeleitet: die Wandlung hin zu einer sich selbst annehmenden Persönlichkeit, die ihren Standort in der Welt neu definiert, ist durch nichts ausschließbar. Wichtig ist allein die Akzeptanz der eigenen Persönlichkeit und die Beendigung des Schielens nach Ersatz-Persönlichkeiten. Sein bester Freund zu werden, um sich leiden zu können, muß der Vorsatz sein und darf nicht als Ersatz herhalten.

■ Unter ‹Verhaltensmuster› versteht man psychologischerseits Reaktionen, die ein komplexes Verhaltensgefüge erzeugen. Kann einem Fünfzigjährigen, der am Leben – im Grunde genommen aber an sich – verzweifelt ist, weil er sich eben nie wie Gerhard Kaufmann aufs Wesentliche – d. h. auf sich selbst und seine Stellung zu Dritten – besann, kann einem solchen verhärteten Ich noch therapeutisch beigekommen werden? Das Bollwerk Abwehrhaltung zu knacken setzt in jedem Fall das Einverständnis des Betreffenden voraus. Es zu erlangen ist aber möglich, wiewohl Einsicht in Notwendigkeiten keine Sache des Alters, sondern einzig und allein eine Sache der Zuwendung zu sich selbst ist, und zwar im Sinne der Einleitung eines Selbstheilungsprozesses. Sie ist die unabdingbare Voraussetzung für den Erfolg der Verhaltensmodifikation, die, das ist bedeutsam, Fehler und Mängel nicht kritisiert, sondern sie als Teil der Persönlichkeit bewertet und sie als *korrigierendes Element*, nicht als Belastung darstellt. Mängelfrei ist der Mensch nun einmal nicht. Interessanterweise werden Mängel aber häufig nur als Mängel des Nichtvorhandenseins beruflichen Könnens oder des Vorenthalts von Talenten begriffen und kaum als das, was sie so selbstquälerisch macht: als Eigensinn, unreflektierter Egoismus, Ungeduld und fehlende Ausdauer. Die psychologischen Verfahren des Desensitivierens, die Aversionstherapien mit ihren jeweiligen Konditionierungsparadigmen, die Techniken des operanten Konditionierens, stehen zur Verfügung, um derlei ‹Mängel› zu relativieren oder zu eliminieren. Möglich ist dies jedoch nur, wenn, wie gesagt, der Wille des Betreffenden es zuläßt. Pragmatisch zu handeln hieße in diesem Falle, sich von der eigenen Last zu befreien und den Ballast falscher Sichtweisen und einer falschen Selbsteinschätzung abzuwerfen. Mit fünfzig kein geringes Problem, doch es ist zu bewältigen.

X. Behaglichkeit:

Junggeselle aus Überzeugung

Alles Behagen am Leben ist auf eine regelmäßige Wiederkehr
der äußeren Dinge gegründet. Der Wechsel von Tag und Nacht,
der Jahreszeiten, der Blüten und Früchte und was uns sonst von
Epoche zu Epoche entgegentritt, damit wir es genießen können
und sollen, diese sind die eigentlichen Triebfedern des irdischen
Lebens. Je offener wir für diese Genüsse sind, desto glücklicher
fühlen wir uns.

Johann Wolfgang Goethe

Konrad Afeldt hat eine einfache, gleichwohl gerade wegen ihrer Ein-
fachheit bestechende Lebensmaxime: geteilte Freude ist halbe
Freude. Daß er ein bekanntes Sprichwort, auf seine Person bezogen,
zurechtbog, nun ja, er hat in vielen Dingen andere Ansichten als seine
Mitmenschen, und er spricht auch gerne Jargon. Was so gar nicht zu
seiner äußeren Erscheinung paßt.

Sein Leben hat er sich fein eingerichtet. Von Beruf gelernter
Goldschmied und mit zahlreichen Preisen dekoriert, führt er die
Riege international erfolgreicher Schmuckdesigner an. «Schmuckdesigner?» wiederholt er und fühlt sich bei dieser Bezeichnung offensichtlich unter Wert eingeschätzt. «Nein, ich zähle mich nicht zu
dieser Gruppe. Heute nennt sich jeder lausige FH-Absolvent Designer. *Ich bin Goldschmied.* Habe meinen Meister mit Auszeichnung
gemacht. War 1968 mit dreiundzwanzig Jahren jüngster Meister in
der Bundesrepublik Deutschland. Bin mit einem Stipendium ein
Jahr bei Guggenheim im Big Apple gewesen. Habe insgesamt achtzehn Preise für Kreativität und Stil erhalten. Habe jetzt eine Gast-
professur in Freiburg bekommen. Nein, ich verstehe mich gewiß
nicht als Schmuckdesigner.»

Nach dieser unmißverständlichen Klarstellung seines beruflichen Status kommen wir auf seine Lebenseinstellung zu sprechen. Ein Single wird heute um seine Freiheit vielfach beneidet. Kennt er solchen Neid aus seinem Bekanntenkreis?

«Ja, natürlich. Man fragt mich, wie viele Frauen ich so quartalsmäßig vernasche. Ich sage dann, pro Tag zwei, das könnt ihr euch leicht ausrechnen. Aber im Ernst: Frauen begännen mich wieder zu interessieren, wenn sie drei Brüste hätten. Zwischen da oben und dem, was sie einem zwischen den Beinen bieten, gibt's wirklich nichts Weltbewegendes. Frauen? Ich habe zwei, drei lose Beziehungen. Die Jüngste von ihnen ist vierundzwanzig und die Älteste achtundvierzig Jahre. Es ist ganz nett, aber –» er macht eine wegwerfende Handbewegung – «ich sagte ja, zwischen da oben und da unten gibt's nichts Interessantes mehr für mich. Höchstens das, daß ich Anita, das ist die Jüngere, endlich dazu gekriegt habe, sich die Schamhaare zu rasieren und sich von mir einen kleinen Brilli in die Schamlippen einknipsen zu lassen. Hat mich aber auch nur eine Woche lang angemacht. Nein, Frauen sind heute nicht mehr aktuell.» Er sieht mich an, weil ich wohl ein fragendes Gesicht machte. «Nein, ich habe auch keinen Freund. Ich hatte mal einen. Der war mein Lehrling und total verliebt in mich. Aber Jungs sind nichts für mich, wie ich feststellte. Unsere Branche steht ja bei manchen Leuten in einem merkwürdigen Ruf. Ich kann mit Männergeschichten leider nicht dienen.»

Ich möchte wissen, ob er sich als Connaisseur versteht. Er nickt lebhaft. «Ja», versichert er, «ich sehe mich durchaus so. Ich liebe alles Schöne und Gute. Gutes Essen, schönes Ambiente, zeitgenössische Kunst, etwa von Ackermann und Grützke, wenn Sie die kennen, oder von Mangold, der Minimalist ist, und ich liebe Musik, von Haydn bis Glenn Miller, auch Dixieland, und ich liebe es, gut angezogen zu sein.» Er streckt mir sein Schuhwerk entgegen. Füße, die in solch edlem Leder stecken, müssen sich ja wohl fühlen. «Von solchen Boots habe ich dreißig Stück. Das Paar zu fünftausend Mark. Ich habe eine Leidenschaft für schicke Schuhe. Ich habe, glaube ich, insgesamt einhundertfünfzig Paar. Und ich liebe Maßkleidung. Das Hemd ist nach Maß, die Hose, das Sakko. Die *ties* lasse ich in New York schneidern. Es gibt in der forty-four West fifty-third Street, das ist gleich an der fifth Avenue, einen Laden, der heißt Moma Shop. Der ist mega trendy, sage ich Ihnen. Da lasse ich meine Krawatten machen. Wenn ich in New York bin, gehe ich sowieso immer zuerst ins Guggenheim, weil mir die Spiralen dort so gefallen (er meint die sich spiralförmig von oben nach unten windenden Gänge), und dann ins Museum of Modern Art. Liegt direkt gegenüber Moma. Und Sie treffen jede Menge tolle Leute. Meine späteren Auftraggeber zum Beispiel.»

Beeindruckend dieser Lifestyle ... Ich erkundige mich übergangslos, weshalb er Goethe als Sinnspruch wählte. Das bringt Konrad Afeldt nicht aus der Fassung, wo er doch eben in irdischen Genüssen schwelgte.

«Goethe? Ach, der gute alte Geheimrat. Ich denke, er hat gelebt, wie ich lebe. Weib, Wein und Gesang. Zwischendurch spielte er Genie. Und war's ja auch irgendwie. Wenn einer bewiesen hat, was die Welt alles an Schönem bietet, dann er. Ich mache es ihm einfach nach, soweit meine Möglichkeiten es zulassen. Er fuhr Kutsche, am liebsten vierspännig, ich fahre einen Siebenhundertfünfziger von BMW. Habe ihn tunen und entriegeln lassen, weil ich selbst entscheiden will, ob ich zweihundertfünfzig oder dreihundertzwanzig fahre. Dann habe ich einen Range Rover, mit dem karre ich in den Bergen umher. Und ich habe mir letzten Sommer eine Harley zugelegt. Damit kutschiere ich die Kö (Renommiermeile in Düsseldorf) rauf und runter. Komischerweise könnte ich mit der die tollsten Weiber aufreißen. Ja, ja. Goethe und ich – wären wir uns begegnet, wir hätten uns gemocht. Und hat er nicht recht? Das Leben ist ein Kreislauf. Alles kommt wieder. Frühling, Sommer, Herbst und Winter. Man muß sich das Beste herauspicken und nicht warten, ob man mal drankommt. Und als Junggeselle, der ich bin, wäre ich doch komplett verrückt, wenn ich mich danach richten müßte, was Frau und Kinder dazu meinen, nicht wahr? Nein, ich bin kein Typ, der mit Pantoffeln durchs Leben schlurft. Ich will mir nicht sagen müssen, das also war's, alter Freund. Du hast Frau und Kinder über die Runden gebracht, und für dich, Pech, ist nichts übriggeblieben. O Gott, so ein Leben hätte ich nie ausgehalten.» Er schüttelt sich vor Abscheu. Ich nehme es ihm auf Anhieb ab. Konrad Afeldt ist wirklich kein Mann, der sich aufteilen läßt. Er ist andererseits auch kein Egomane. Und schon gar keiner, der irgendwo im Himmel der Metaphysik sein Alter ego sucht. Er lebt. Und wie!

Sein Haus ist riesengroß. Fünfzehn oder zwanzig Zimmer, ein paar Dutzend Kilometer von Düsseldorf auf einem guten Hektar Wiese am Waldesrand liegend. In diesem Dorf ist er der Größte, und er verkauft sich gut als Star bei den Nachbarn und anderen, die, voller Stolz seinen Namen erwähnend, sich glücklich schätzen, daß einer wie er ihr Alltagseinerlei vergoldet.

Ich frage Konrad Afeldt, welche Wünsche er sich noch nicht erfüllt hat. Irgend etwas muß doch auch bei ihm an Unerfülltem, vielleicht Unerreichbarem zu finden sein. Völlig im Glück lebt kein Mensch.

«Ich habe alles, was ich will. Bis auf eines –» er macht eine dramatische Pause. «Ich habe es nie fertiggebracht, meinen Flugschein zu machen. Ich bin zu feige, zu dusselig oder sonstwas, daß ich's nie gepackt habe. In Helmstedt gab es einmal eine Flugschule, die garantierte den Schein für eine Cessna in vierzig Stunden. Nichts da. Ich habe sogar achtzig genommen und jede Menge Geld reingesteckt. Ich habe mir eine Cessna gekauft, weil ich mir dachte, also wenn die da steht und auf dich wartet, wirst du es schaffen. Habe ich aber nicht geschafft. Extra aus dem Hangar hat man sie geholt, und ich bin drüberweg geflogen ...» Er seufzt aus tiefster Seele. «Hat nicht sollen sein. Dafür jette ich mit der Concorde in zweieinhalb Stunden übern Teich. Das Vergnügen muß sein, aber ich habe lange daran geknabbert, daß ich nicht selbst Pilot spielen darf. Tja, Sie sehen, es gibt Dinge, die sind und bleiben unerreichbar.»

Das Übel als solches mag groß für ihn sein, doch hat er es ansonsten gut getroffen, wie man sagt. Konrad Afeldt ist allerdings ungeheuer tüchtig und hat eine 70-Stunden-Woche (obwohl er kokettiert und tut, als faulenze er nur, und die einzig Fleißigen seien seine Angestellten), dafür läßt er sich, sozusagen als Äquivalent des Schicksals, die freie Zeit in Champagner tauchen. Er betrachtet solch Savoir-vivre als etwas ihm Zustehendes und genießt es in vollen Zügen. Kaum ein Zeitgeist-Magazin oder eine der Yellow-Press-Gazetten, die ihn nicht im Kreise illustrer Partygänger ablichtete. Er ist in seinem Metier der Primus inter pares, und das kostet er aus. Aber er macht es geschickt und fädelt lukrative Geschäfte bei jeder sich bietenden Gelegenheit ein. Mancher mag ihn für überkandidelt halten, in Wirklichkeit manipuliert er seine Zuschauer. Weshalb auch nicht? Er braucht keine familiären Rücksichten zu nehmen, kann schalten und walten, wie er will – und sagt ganz offen, daß er diese selbstgewählten Umstände liebt. Unter all den Fünfzigjährigen leuchtet er hervor. Als Stern am ansonsten eher tristen Himmel des Lebens, der für viele grau und eintönig ist. Daß Männer wie er mit dem Neid ihrer Zeitgenossen leben müssen, verwundert nicht bei einer sich immer weiter ausbreitenden Mentalität des Mittelmaßes, das alles ersticken will, was ihr trauriges Niveau heben könnte.

—— Die Kunst der Selbstinszenierung beherrscht Konrad Afeldt zweifellos. Sie ergab sich mehr durch seine berufliche Tätigkeit denn durch persönliche Neigung. Privat zelebrierte er sich nicht (so exzessiv jedenfalls), sondern nahm sich doch eher zurück. Der eingefleischte Junggeselle wurde jedoch an vielen singlehaften Angewohnheiten sichtbar, doch wäre es müßig, die Frage zu diskutieren, ob sich ein Mann weniger extravertiert gäbe, wäre er verheiratet und sorgte für Frau und Kinder. Das scheint mir wirklich eine Nebensächlichkeit in der Lebensweise zu sein. Im allgemeinen sind unverheiratete und nicht in einer festen Beziehung lebende Männer um die fünfzig, das ergab die Umfrage, längst nicht so zufrieden wie Konrad Afeldt. ‹Mann› spürt, daß er etwas versäumte, was sich jetzt wegen des fortgeschrittenen Alters nur noch, zudem mit etlichen Unwägbarkeiten behaftet, mit größeren Konzessionen an den eigenen Lebensstil umsetzen ließe. «Mit fünfzig Jahren hat man eben seine Gewohnheiten», vernahm ich häufig, «und davon läßt man nur ungerne.»

Vor die Entscheidung gestellt, sich unter Hintanstellung eigener Bedürfnisse zu verheiraten oder eine adäquate feste Bindung einzugehen, lehnte es drei Viertel der ewigen Junggesellen kategorisch ab. «Lieber sich öfters einsam fühlen und einen trinken», sagte man mir, «als eine Frau ständig am Hals haben.»

Nun mag Konrad Afeldt als exemplarisches Beispiel für den Gestaltungswillen des Mannes, sich sein Leben nach Gusto einzurichten, gelten, aber er lehrt bei allen Einwendungen, sein Beispiel doch nicht mikrozensisch hochzurechnen, eines, nämlich, daß individuelle Entscheidungen zu treffen möglich sind und daß der Mann kein trauriges Bündel einer heteronomen Macht ist, das auf der Türschwelle des Weibes abgelegt wird, um zum Zwecke der Fortpflanzung als seines naturgesetzlichen Auftrages zu wirken. Es geht eben auch anders, und es ist ein Schelm, der Böses dabei denkt.

Und wie sehen es die ‹stramm› Verheirateten? Ob sie das Junggesellendasein, wenn es ähnlich gut gepolstert wäre und sie das Rad der Zeit zurückdrehen könnten, einem intakten Familienleben vorzögen, wollte ich von ihnen wissen. Das Resultat hat mich verblüfft.

Würden Sie wieder Junggeselle sein wollen?

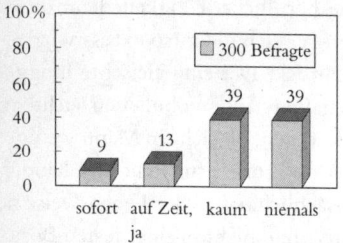

Fazit:

Lebensläufe werden von außen bestimmt. Sagt der eine Teil. Lebensläufe macht man weitgehend selbst. Sagt der andere Teil. Lebensläufe sind ein Zickzackkurs ohne fixe Anlegestelle, ist eine weitere Meinung. Und so setzt sich die Auffassung, was denn Leben sei, auf allen populären und wissenschaftlichen Ebenen fort. Diskussionszirkel zehren ebenso davon wie die netten Damen, die in gewissen Blättern kostenlose Ratschläge erteilen. ‹Nichts Genaues weiß man nicht› lautet eine saloppe Formel, und so verhält es sich in der

Tat. Schlimm ist dran, wer sich einreden läßt, Frau und Kinder bedeuteten die Seligkeit schlechthin. Die Gründung einer Familie ist zwar leichter zu vollziehen, als es die einer Gesellschaft mit beschränkter Haftung auf deutschem Boden ist (was für die Liquidation in umgekehrtem Maße gilt), doch legen die exorbitant hohen Scheidungsraten ein beredtes Zeugnis über solchen Grundirrtum ab. Die Grundvoraussetzung, sein Leben zu leben, wie es einem gefällt, basiert unbestritten auf einer starken, eigenständigen Persönlichkeit. Nicht etwa Zukurzgekommene bilden das Reservoir der männlichen Singles, sondern Männer, die sich nicht einreden ließen, was für sie gut sei. Selbstverantwortung geht bei ihnen einher mit einer prosaischen Sicht auf das weibliche Geschlecht. Den moralinsauer durchtränkten staatlichen Generationsvertrag zur Sicherung der Altersrenten unterschreiben sie nicht, wie es den Sozialpolitikern lieb wäre, vielmehr sorgen die meisten von ihnen prächtig für sich selbst, und zwar im (fast kindlichen) Vertrauen auf die Wertschätzung des Staates für unsubventionierte Eigenleistungen. Es fällt auf, daß die männlichen Singles von großer Energie sind, wenn es um eine Eventualitätsabsicherung geht. Sie ist eine Vorbedingung, um die selbstgewählte Freiheit von Bindungen als Lebensstil dauerhaft zu etablieren. Und so sollte es sein, egal ob gebunden oder ungebunden durchs Leben gegangen wird.

■ Ob und inwieweit der einzelne das Leben mit sich allein der Zweisamkeit mit ihren Pflichten – und vergleichbar wenigen Rechten – vorzieht, hängt von der psychischen Konstitution ab. Ihr Fundament wird bereits in der Kindheit gelegt. Sie entscheidet über gewollte (freiwillige) oder erzwungene (fremdbestimmte) Soziabilität. Freiwillig sich nicht mit anderen teilen wollen bringt keine ‹Einsamkeit› hervor, sondern ein Sich-selbst-genug-Sein; erzwungene Gemeinschaft mit anderen birgt die Gefahr des In-sich-Zurückziehens aus Verletztheit, woraus sich durchaus die schwer ertragbare Zäsur der Vereinsamung ergeben kann, sofern das Unvermögen, menschliche Beziehungen in aller Freiwilligkeit aufzunehmen und zu erhalten, manifest wird. Wenn das Ich eine pathologische Bindungsangst entwickelt, wird das Solosein allerdings zum Alptraum.

■ Der Irrtum ist weit verbreitet, daß das Singlesein knechtisches oder, im entgegengesetzten Fall, ein allseits wollüstiges Sein bedeutet. Horrorberichte von Wohnmaschinen mit Wabencharakter sind der Nährboden für derlei Gerüchte. Doch gerade als *bewußt* Alleinlebender bedeutet jede frei gewählte Bindung, einen Vor- und nicht Nachteil zu haben. Erst das Auswahlverfahren, ja oder nein sagen zu können, ermöglicht solche Vorteilswahrung. Den unleugbaren Vorzügen des freien Entscheides Pro oder Kontra einer Beziehung steht allerdings die harte Arbeit der Selbsterziehung zwecks intakten Selbstwertgefühls gegenüber. Dies macht den neuralgischen Punkt aus, denn den Entschluß zum Selbst-sein-Können in aller Konsequenz zu fassen umspannt das ganze Arsenal der Selbstvernichtungswaffen des Mannes. Angefangen von der Angst, doch etwas zu versäumen, wenn er keinen Sohn zeugt, kein Haus baut, keinen Baum pflanzt, bis hin zur Zitterpartie, die er absolviert, wenn er sich Hals über Kopf verliebt und darum bangt, sich seiner Fesseln nicht mehr rechtzeitig entledigen zu können. Dieser unweigerlich wie Unheil stiftende Geister zeitweilig auftretenden Panikattacken eingedenk, läßt es sich als Junggeselle wundervoll in der wundervollsten aller Welten: in sich selbst, leben.

XI. Chancen:

Einmal vergeben, für immer vergeben?

Wenn man friedlich am Wegrande auf die Gelegenheit wartet,
die vielleicht vor einem stehenbleibt, wird man nie etwas erreichen.
Die Gelegenheit ist ein eiliges Tier, das vorbeigaloppiert,
und man muß im Lauf hinaufspringen, wenn man es
packen will.

Pierre de Coubertin

«Meine Chance kam mit siebenundvierzig. Ich hätte Geschäftsführer
unserer Dependance in Straßburg werden können. – Kennen Sie
Straßburg? Eine Stadt zum Leben, zum Wohlfühlen. Allein wegen
der schönen alten Gassen um das Münster ist es wert, dort zu wohnen. Dann die vielen kleinen Brasserien und Bistros. Oder der herr-
liche Park am Europaparlament. Dort gibt es einen kleinen Zoo mit
Hunderten von Störchen. Die sind so zahm, die kannst du füttern. –
Aber was mache ich, als man mir die Chance gab, nach Straßburg zu
ziehen? Ich Idiot habe meine Frau gefragt, und die sträubte sich mit
Händen und Füßen, und ich habe nachgegeben. Dabei sprechen wir
beide Französisch und sind fast jeden Urlaub vom Elsaß runter an die
Côte d'Azur gefahren. Mehr mit dem Auto flaniert, weil uns Land
und Leute so gut gefallen. In Antibes haben wir sogar seit einer Ewigkeit dieselbe Ferienwohnung gemietet ...»

Thomas Breitkopf vergißt seine Bitterkeit und gerät ins Schwär-
men und erzählt mir von seiner Liebe zu Frankreich, ehe er auf unser
Ausgangsthema zurückkommt. «Ja, ich fühle mich noch heute miserabel», sagt er, und man sieht es ihm in diesen Augenblicken, da die
verpaßte Chance erneut ins Bewußtsein drängt, direkt an. «Übrigens
habe ich mich für Coubertin entschieden, was den Wahlspruch betrifft, weil er trotz aller Widerstände die Olympischen Spiele (1894)

organisierte. Er war ein großer Förderer des Sports, und ich bin ein großer Bewunderer der Leichtathletik. Er hat seine Chance ergriffen. Ich hatte eine ähnlich einmalige. Und ich habe sie nicht genutzt. Übrigens, meine Frau und ich leben getrennt seit drei Jahren. Nicht geschieden. Das will sie nicht. Sie hofft, daß ich wieder zur Besinnung komme und nicht weiter ‹der Sache›, wie sie es nennt, nachtrauere. ‹Der Sache›! Als ob es nur eine Sache wäre, den Job seines Lebens zu verpassen. Ich habe meine Karriere ihretwegen aufgegeben, doch das versteht sie nicht. Verstehen *Sie* wenigstens, was ich damit sagen will?»

«Ich glaube ja. Sie denken, daß solche Chance nicht wiederkommt, und machen Ihre Frau dafür verantwortlich, daß Sie nicht nach Straßburg gegangen sind. Es soll Sie nicht trösten, aber solchen Konstellationen bin ich einige Male begegnet. ‹Die Sache›, wie Ihre Frau das nennt, ist jetzt über drei Jahre her. Können Sie sich wirklich nicht damit abfinden, daß man im Leben auch etwas abschreiben können muß?»

Thomas Breitkopf sieht mich groß an. Er hatte wohl einen Verbündeten in mir gewähnt. Jetzt, da er das erhoffte Mitfühlen vermißt, reagiert er sauer. Ausgesprochen sauer sogar. «Was versteht schon ein anderer davon», meint er grollend und zündet sich eine neue Zigarette – die x-te schon – an. Er inhaliert tief und empört und fährt dann fort. Es wird ein Monolog daraus. «Ein Außenstehender versteht nichts davon. Kein Mensch kann nachfühlen, wie es ist, wenn man den Zug auf Nimmerwiedersehen davonfahren sieht. Du stehst auf dem Bahnhof, siehst ihm hinterher und denkst, verdammt, hätte ich mich doch nur mehr beeilt. Aber das kannst du dir sparen. Die Strecke wird stillgelegt. Das war der letzte Zug, der da ging. Du denkst, du fällst um. Kippst auf die Geleise. Kopf ab. Aus. – Ich habe bis heute nicht begriffen, weshalb ich nicht hinterhergerannt bin. Ich hätte es vielleicht geschafft, ihn einzuholen. Mein Chef meinte es wirklich gut mit mir. Eine Umsatzverantwortung von vierhundert Millionen Mark hätte ich bekommen. Vierhundert Millionen! Das ist doch kein Pappenstiel, nicht wahr? Als ich nach einem halben Jahr nochmals ans Thema heranwollte, hat man mir angeboten, mich nach Berlin versetzen zu lassen. ‹Unter den Linden machen wir ein schickes Büro auf›, haben sie mir gesagt. ‹In ein paar Jahren, wenn sich die Bonner bequemt haben und umgezogen sind, ist Berlin Boom-Town. Dann sind Sie unser Mann im Osten.› Im Osten! Nein, ich habe dankend abgelehnt. Da hätte man mich gleich nach Sibirien oder in eine polnische Kuhbläke verfrachten können, das wäre dasselbe gewesen. Ich habe denen das auch gesagt. Sie haben mit den Schultern gezuckt. Ein Jahr später hat man mir einen Auflösungsvertrag angeboten und legte eine Viertelmillion Abfindung drauf. Ich habe unterschrieben und das Geld genommen. Das war 1993. Seitdem –» er lacht bitter – «lasse ich mir die Sonne auf den Bauch scheinen. Ich bin wählerisch, wissen Sie, ich habe noch nichts Neues gefunden.»

«Coubertin sagt, daß, wenn man friedlich am Wegrand stehenbleibt, man nie etwas erreichen wird», entgegne ich. Irgendwie schaffe ich es nicht, den Mann zu bedauern. Als warte er nur auf einen Grund, sich mit mir zu streiten, nimmt er den vermeintlichen Fehdehandschuh auf: «Da können Sie sehen, wie unmöglich es ist, sich in die Rolle eines anderen hineinzuversetzen. Glauben Sie, ich hätte die zweihundertfünfzigtausend Mark freiwillig genommen? Aufgenötigt hat man sie mir, damit ich gehe. Hätte ich mich etwa eines Tages so mir nichts dir nichts vor die Tür setzen lassen sollen? Nein, so dumm, wie die dachten, bin ich nicht. Daß Sie mit fünfzig keinen Job kriegen, wenn man einigermaßen Ansprüche stellt, ist Ihnen doch wohl klar? Ich habe das Geld angelegt und lebe so lala. C'est la guerre, sage ich dazu, wenn einer wie ich aufs Schlachtfeld geworfen wird. Ich tummle mich schon, aber auf meine Art.» Er schaut mich mit zusammengezogenen Augenbrauen an. «Nun, sind Sie befriedigt? Haben Sie genug Futter für Ihre Leser von mir bekommen? Daß manche Leute meinen, sie müßten sich am Schicksal anderer delektieren . . . Nun, mir ist's egal. Ich pfeife drauf.»

«Wie stellen Sie sich Ihre Zukunft vor?» frage ich und gebe mir Mühe, unbeeindruckt von seinem Lamento zu wirken. Thomas Breitkopf hebt weit die Arme und öffnet die Hände. «Ich habe keine Zukunft. Aber lassen Sie sich davon nicht irritieren, daß hier einer sitzt, der Ihnen nichts vormacht. Man sagt, es gibt keine Chancen, die zweimal kommen. Damit finde ich mich aber nicht ab, wenn Sie das fragen sollten. Ich sage mir, du hast das Recht auf eine neue Chance. Gute Leute wie ich sind rar geworden. Die jungen Spunde bringen es nicht. Ich würde mich nicht wundern, wenn mein alter Chef eines Tages vor der Tür steht und mich bittet zurückzukommen. Daß er das tut, lachen Sie meinetwegen, ist für mich nur noch eine Frage der Zeit. Die dürften schon längst bereut haben, daß ich gegangen bin. – Haben Sie noch Fragen?»

Ich erliege nicht der Versuchung, weiterzubohren. Der Sinn bliebe außen vor. Das Psychogramm ist ja bereits so gut wie erstellt. Thomas Breitkopf verabschiedet sich in ungemütlicher Laune im Wohnzimmer und läßt mich allein den Weg hinaus finden. Das war wohl seine Retourkutsche für die seiner Meinung nach uneinfühlsamen Fragen, für den seiner Auffassung nach wenig rücksichtsvollen Ritt durch seine Seelenlandschaft.

———— Thomas Breitkopf pflegt eine besonders tragische Form von Flucht vor der Lebenswirklichkeit, sie ist bereits zu einer handfesten Lebenslüge geworden. Der Eskapismus als nützlicher Abwehrmechanismus i. S. eines bewußten Rückzugs von den schlimmen Seiten des Lebens, die auch durch eigene Kraftanstrengung nicht ins Gegenteil gewendet werden könnten (z. B. von Kriegen, Hungersnöten, Menschenrechtsverletzungen in anderen Erdteilen), läßt bei Thomas Breitkopf bereits die Tendenz zur Lähmung aller überlebenssichernden Aktivitäten erkennen. Das Warten auf den wiederkehrenden Zug, um sein Sinnbild zu verwenden, ist ein Warten auf die Eliminierung einer Realität zugunsten eines diffusen Hoffens, daß sich alles wenden werde und der vormalige Status wieder erreichbar sei.

Die Flucht vor der (im strengen Sinne selbstverschuldeten) Realität eines von Leistungsbereitschaft und der stets darauf aufbauenden Chancengewährung gekennzeichneten Berufslebens in das Wunschdenken vom Es-müßte-anders-Sein zeitigt über kurz oder lang schwere Persönlichkeitsstörungen. Die körperlichen Symptome einmal außer acht gelassen, sind die psychischen schon so gewaltig abnorm, daß die Aussicht auf einen ‹befriedigenden› Job von Tag zu Tag schwindet. Das übersteigerte Abwehrbedürfnis und die aggressive Verteidigung jener Wunschvorstellung vom Leben, wie es (gerechterweise = wiedergutmachender-weise) zu sein habe, schafft Distanzen und verringert sie nicht. Das Fazit bedeutet Ablehnung und ein, was Thomas Breitkopf wohl am meisten fürchtet, kommentarloses Davongejagtwerden.

Wie es Männer um fünfzig im allgemeinen mit der Einschätzung ‹ein-maliger› Chancen halten, zeigt die nachstehende Grafik. Der Tenor ist wohltuend differenziert: Chancen kehren, so die Meinung, immer – wenn auch in abgewandelter Form – wieder. Sie am Schopf zu packen ist die ganze Kunst.

Gibt es eine zweite Chance im Beruf?

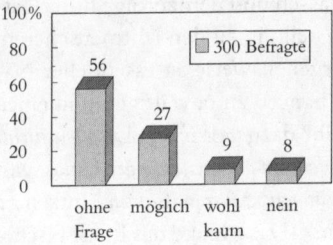

Fazit:

Es gilt, in erster Linie die unheilige Allianz von Selbst-täuschung und Schuldzuweisung zu verhindern. Sie blockiert eine Instrumentalisierung jener psychischen Ressourcen, die auch emp-findliche Rückschläge verkraften läßt, und verhindert die (salopp ge-sprochen) Lust auf Entdeckung neuer Chancen. Sobald das Hinter-hertrauern zum Lebensinhalt wird, tritt eine psychische und mentale Verkrustung ein und bildet einen kontraproduktiven Rettungswall. Der wird jedoch nachgerade als *konstruktiv* begriffen, weil er vor der vermeintlich schlechten Welt schützt und vor dem Ansturm aller Übel dieser Welt bewahrt. Konkludierend geht aus solcher Haltung der Wunsch hervor, sich den sich in guter Absicht nähernden, jedoch als mutmaßliche Störenfriede eingeschätzten Mitmenschen zu verweigern, mehr noch, sie aggressiv am Näherkommen zu hindern. Der gute Wille zur Hilfestellung wird durch Abwehrmaßnahmen konterkariert, und die Folge ist, daß die Fähigkeit zur reinigenden Selbstreflexion dramatisch verkümmert und in eine fundamentale Falschorientiertheit mündet. Die Auswirkungen sind an der Neigung zur Wahnbildung für Außenstehende gar nicht leicht zu erkennen, denn die Persönlichkeit neigt zu unanstößigen, ‹glatten› Umgangsformen, die nicht auf eine psychotische Veränderung der (Gedanken-, Ideen- und Analogiebildungs-)Fähigkeiten schließen läßt. Betroffenheit über das eigene Schicksal muß sich, um jene Folgen zu vermeiden, zuerst einmal reflektiv kanalisieren lassen und demzufolge die selbstkritische Überprüfung der eigenen Stellung zu den Mitmenschen in den Vordergrund stellen. Diese Vorgehensweise ist essentieller Natur, denn sie hilft, den Verlust an Chancen zu bewältigen und einen Neuanfang zu suchen. Freud schreibt dazu: «*Wie das Lust-Ich nichts anderes kann als* wünschen*, nach Lustgewinn arbeiten und der Unlust ausweichen, so braucht das Real-Ich nichts anderes zu tun als nach* Nutzen *zu streben und sich gegen Schaden zu sichern.*» (Das Ich und das Es: S. Fischer Verlag, Frankfurt / Main, 1985)

■ Die Spaltung der Persönlichkeit kann bei labilen Charakteren schnell erfolgen, und zwar in dem Maß, wie das kritische Urteilsvermögen von undifferenzierten Wünschen abgelöst wird. Thomas Breitkopfs Trauma manifestiert sich im aggressiven Umgang mit anderen Wahrheiten als der eigenen. Das bekommt jeder zu spüren, der sich ihm nähert und den Versuch einer Umstimmung unternimmt. Das eigene Erleben wird geschönt, die neutralisierend wirken sollenden Bedenken werden dagegen aufgewogen und für zu leicht befunden. Da hier von keinem angeborenen Intelligenzmangel gesprochen werden kann, basiert die Abweisung von Hilfeangeboten auf reinem Willensentscheid. Entweder lehrt erst der Untergang Besinnung, oder es kommt zu einer dauerhaft schizophrenen Weltbetrachtung mit einhergehender, nach apodiktischen Maßstäben erfolgenden Schuldzuweisung an alle und jeden. Was wohl auch dem Untergang eines einst starken, gesunden Ichs gleichzusetzen ist.

■ Chancen als Einmaligkeit zu begreifen und sich in diese Vorstellungswelt des unwiederbringlichen Verlustes (verursacht durch Dritte) zu flüchten, um dem Zwang zur eigenen Rechenschaft zu entgehen, ist ein vielfach anzutreffendes, individualisiertes Credo. Die *pragmatische* Lösung hingegen, wie der gordische Knoten, der aus Uneinsichtigkeit, falscher Nachgiebigkeit oder blinder Wut geschlungen ist, durchschlagen werden kann, kann sich nur im Zusammenspiel mit der Lebenserfahrung eines Fünfzigjährigen zur Erkenntnis, daß Chancen stets relativ und niemals absolut sind, verdichten, ansonsten wäre sie lediglich erkenntnistheoretischen Charakters. ‹Eine unwiederbringliche Chance erhalten zu haben› impliziert jedoch die Außerachtlassung der grundlegenden Prinzipien der Arbeitswelt: Kosten- und Nutzenanalyse zu betreiben, um sich vor Fehldeutungen zu schützen. Thomas Breitkopf vermöchte nicht zu beweisen, daß es ihm bei Wahrnehmung der Chance geglückt wäre, die in ihn gesetzten Erwartungen zu erfüllen. Da er sie jedoch ohne Beweis des Gegenteils antizipierte, erfolgte bereits von diesem Zeitpunkt an ein Fluchtverhalten: die Flucht vor der (selbstgeschaffenen) neuen Realität. Er hätte sich nur die einfache Frage vorlegen müssen: Was wird sein, wenn ich meiner neuen Aufgabe nicht gewachsen bin? Gibt es eine Rückversicherung in Gestalt des alten Jobs, oder muß ich vom Generalisten in die Linienfunktion abtreten? Solche Abwägung vorzunehmen, die übrigens auf viele Felder der Entscheidung angewendet werden kann, hieße, pragmatisch und nicht idealisierend zu handeln.

XII. Christ und Welt:

Der Ewigkeit den Vorzug geben

Alles was der irdischen Vernunft unwahrscheinlich und lächerlich vorkommt, ist den Christen unumgänglich und unwiderleglich gewiß und tröstlich. Was die Vernunft unterdrückt und verzweifelnd und verzagt macht, richtet uns auf und macht uns stark in Gott.

Johann Georg Hamann

Paul Winfried Stern ist weder orthodox in seinen Ansichten noch apodiktisch in der Verkündigung seiner Religionslehre. Er gehört einer Freikirche an, in der erklärtermaßen die Ideale des Ur-Christentums als Fundament von Familie und Staat verfochten werden, gleichwohl respektiert er unverkrampft und wie selbstverständlich anderer Leute Meinung. Wie er das tut, ist bemerkenswert: in Ruhe und Gelassenheit anhören, welche Ansicht jemand von den Dingen, die in der Welt sind, hat. Er widerspricht nicht, sondern erläutert seine Sicht, ohne auf Übereinstimmung zu zielen. Solche Bereitschaft, zuzuhören ohne zu verurteilen oder Maß nach eigenem Maß zu nehmen, ist selten.

Paul Winfried Stern nimmt für sich ein, zweifellos. Er verfügt über eine unverstellte Offenheit, die ihm Zugang zu den Menschen ermöglicht. Er ist nie bestrebt zu indoktrinieren und offenbar jenseits allen Bekehrungseifers. Hier ruht jemand in sich. Kraft seines Glaubens, seiner Grundüberzeugung, seines Wissens um die Endlichkeit jedes Lebens auf Erden und die Auferstehung im Reiche Gottes.

Er erkundigt sich, ob ich mit ihm über das Christentum im allgemeinen und die Rolle der Volkskirchen im besonderen zu sprechen wünsche. Wenn dem so sei, werde er sich rasch aus seiner Bibliothek mit Materialien versorgen. Ich schlage jedoch vor, daß er mir aus seinem Leben erzählt und wie er dorthin gelangt ist, wo er jetzt steht.

«Das hört sich vielleicht zu statisch an, wenn ich sagen würde, ich wäre auf diesem oder jenem Wege dort hingelangt, wo ich jetzt bin», wendet er ein. «Lieber wäre mir, wenn ich Ihnen erzählen dürfte, was mir nicht geschehen ist.»

Ich verstehe nicht sogleich. Er klärt mich liebenswürdig auf. «Verzeihen Sie, wenn ich sagte, ich möchte lieber davon erzählen, was mir nicht geschehen ist, das hört sich wirklich umständlich an. Ich will sagen, daß mir vieles an Steinen nicht in den Weg gelegt wurde, was andere behindert hat. Ich mußte nie in den Krieg ziehen, wie mein Vater es mußte. Ich war nie ernsthaft krank gewesen. Andere in meinem Alter plagen sich mit vielerlei Unpäßlichkeiten oder sind sogar sterbenskrank. Ich wurde nie in Versuchung geführt, mich auf Kosten anderer Menschen zu bereichern. Ich hatte nie das Verlangen in mir, wohlhabend, vielleicht sogar reich sein zu müssen, um leben zu können. Ich wollte nie weite Reisen machen. Ich danke meinem Schöpfer, daß er mich mit dem zufrieden sein läßt, was ich habe.»

Was Paul Winfried Stern hat, ist nicht viel – äußerlich, mit dem Maß materiellen Besitzes gemessen –: eine kleine 2-Zimmer-Mietwohnung in einem graufassadigen Viertel mit spärlichem Grün, eine unprätentiöse Einrichtung, die bis auf ein breites, gemütliches Sofa und einer 3000-Bände-Bibliothek sogar karg wirkt, kein Auto, keine sonstigen ‹normalen› Verfügungsrechte über so etwas wie ein komfortables Bankkonto oder eine schicke Ferienwohnung an der See. Nein, hier ist an dinglichen Werten, von der gut bestückten Bibliothek abgesehen, nichts, was auf Reichtümer schließen ließe. Auch seine Kleidung ist unaufdringlich und schlicht. Kein Kaschmirpullover, keine Gucci-Slipper, keine Armani-Hose. Keine Rolex, kein Brillant am kleinen Finger. Ich muß gestehen, ich bin nach zahlreichen, unvermeidlichen Ausflügen in die Schickimickiwelt der sich hektisch juvenal gebenden Fünfziger außerordentlich von der Welt Paul Winfried Sterns angetan. Sie ist klar und deutlich konturiert, sofort erfaßbar und verständlich in ihrer Aussage. Unverkennbar ist die Ausdrucksform des Geistes auf der materiellen Ebene. Als ahne er, welche Gedanken mir durch den Kopf gehen, meint er, daß ihm vorzeigbarer Besitz wirklich nichts bedeute, und fügt selbstbewußt hinzu – aber weit entfernt davon, es arrogant klingen zu lassen –, daß er seinen Reichtum in sich trage. Er deutet auf sein Herz. «Hier sitzt der Verstand. Mit dem Herzen zu denken ist das Gebot, nicht mit dem, was der Mensch unter Verstand begreift.»

Ich komme nun doch nicht umhin, ihn danach zu fragen, weshalb er sich als Motto Johann Georg Hamann ausgewählt hat. Ist es etwa deshalb, weil Hamann als geistiger Antipode Kants galt und das war, was Schopenhauer für Hegel bedeutete? Er bestätigt die Vermutung. «Ja», erwidert er. «Hamann war ein Gegner der Kantischen Aufklärung. Er befehdete ihn. Aber nie verletzend. Sein theologisches Credo war, daß der Mensch sich allein durch Gottes Offenbarung in seiner Ohnmacht erkenne und Gnade erwarten dürfe und nicht durch eine rationale Weltbetrachtung über sich hinauszuwachsen vermöge. Erstaunlich genug, daß beide fast zur selben Zeit lebten. Da können Sie sehen, welche Ideen in verschiedenen Köpfen heranwuchsen. Und das, als die Hauptströmung der Rationalismus Kants war! Aber, ich möchte Ihnen doch lieber erzählen, was mir im Leben alles, wie ich heute meine, aus guten Gründen erspart geblieben ist ...»

Er berichtet von seiner Kindheit, seiner Jugend, seiner Studienzeit als Philologe. «Ich hatte ein relativ gutes Verhältnis zu meinem Vater. Er war Lehrer für Latein und Geschichte an einem Gymnasium hier in der Stadt. Ich sollte es zu mehr bringen. Deshalb studierte ich romanische Philologie, um später Hochschullehrer zu werden. Mein Vater erlebte es nicht mehr. Er starb im Alter von achtundsechzig Jahren, drei Jahre nach seiner Pensionierung. Ich überlegte, ob ich mich noch promovieren lassen sollte oder alles hinschmeiße. Ja, tatsächlich, so dachte ich. Philologie war nie mein Fach gewesen. Ich hätte lieber Theologie studiert. Doch darüber konnte ich mit ihm nicht reden. Ich rannte wie gegen eine Mauer an. Dabei war mein Vater durchaus religiös. Nicht im eigentlichen Sinne des praktizierenden Christen, nur so, in der Seele. Er hatte im Krieg vieles mit ansehen müssen, was wohl erklärt, daß er den Glauben an Gottes Gerechtigkeit und Liebe verlor. Na, jedenfalls raffte ich mich auf und promovierte. Mit Hamann, wem sonst. Ich habe mich schon sehr früh für ihn interessiert. Und wissen Sie, womit? Über sein Werk ‹Kreuzzüge des Philologen› von 1762. Das mutet satirisch an, nicht wahr? Aber es ist so. Ich schrieb zweihundert Seiten in einem Jahr nieder, inklusive intensiven Quellenstudiums der Sekundärliteratur. Mein Doktorvater war von der Dissertation sehr angetan, wenn ich das sagen darf ... Warten Sie, ich hole sie Ihnen.»

Er drückt mir ein zerlesen wirkendes Exemplar in die Hand. «Sie sind erstaunt, nicht wahr?» fragt er lächelnd. «Ich habe es selbst nicht für möglich gehalten, aber ich muß bei mir selbst nachlesen, um das eine oder andere wieder zu verstehen. Ja, also ... ich wurde dann wissenschaftlicher Assistent an unserer Uni. Als mein Doktorvater emeritierte, hatte ich plötzlich keine Lust mehr auf eine Karriere. Ich hätte, bestimmt sogar, eine Professur erhalten. Er unterstützte sie ja. Aber ich wollte nicht mehr. Statt dessen bin ich an ein Gymnasium nach Hannover gegangen. Wollte fort von zu Hause. Meine Mutter ließ mich schweren Herzens ziehen. Sie ist vorletztes Jahr gestorben. Ich habe keine Geschwister, und ich bin nicht verheiratet. Ich konnte frei wählen. Ich habe mich entschieden zu kündigen. Ohne Pensionsanspruch. Ich ging in meine Kirche und sagte, daß ich fortan unserem Herrn dienen möchte. Man nahm mich mit offenen Armen auf, weil man mein langjähriges Engagement kannte und schätzte. Ich wurde bald in den Ältestenrat gewählt, und wenig später weihte man mich zum Priester. Mehr gibt es nicht dazu zu sagen, außer daß ich sehr, sehr glücklich bin, den richtigen Weg gegangen zu sein.»

«Und Sie empfinden es wirklich nicht als Verlust, Ihre Hochschulkarriere beendet zu haben?»

«Nein, wirklich nicht. Eltern meinen es sicherlich gut mit ihren Kindern. Verantwortungsvolle Eltern lassen sich das Recht dazu nicht streitig machen. Ich bin ihnen dankbar dafür. Aber innerlich wußte ich, daß das nicht der richtige Weg für mich ist. So geht es eben im Leben. Der eine will, was der andere nicht will. Das Verhältnis Eltern : Kind ist ja immer etwas gefühlsmäßig besonders Belastetes. Ich hoffe nur, daß mein Vater mir vergeben wird, nicht das geworden zu sein, was er wollte.»

«Vergeben? Er ist doch verstorben, sagten Sie.»

«Hier auf Erden, ja. Aber er lebt in der Ewigkeit weiter. Wir alle leben weiter, davon bin ich zutiefst überzeugt.» Er verbessert sich. «Nein, ich weiß es sogar. Und deshalb hoffe ich, daß mein Vater mir vergeben wird. Seine Seele braucht solche Bereitschaft, um zur Ruhe zu kommen. Und ich brauche sein Signal, daß er mir vergeben hat. Dann werde ich vollkommen zufrieden sein dürfen.»

«Und Ihre Mutter? Wie standen Sie zu ihr?»

«Ich hatte ein inniges Verhältnis zu ihr. Sie hat mich, glaube ich, viel besser verstanden als mein Vater. Ich habe jedenfalls nie ein Wort von ihr vernommen, daß sie nicht mit dem einverstanden war, was ich tat. Leider konnte ich sie nie bewegen, in meine Kirche zum Gottesdienst zu kommen. Da war sie wie blockiert.»

Ich frage ihn nach seinen Wünschen, wenn er denn welche hat. Er erwidert, daß er für sich nichts will, aber für die in der letzten Zeit gewachsene Gemeinde wünsche er sich ein geräumigeres Haus. Man sei sehr beengt in dem Gebäude aus dem letzten Jahrhundert, welches einmal als Schmiede gedient habe. «Mehr wünsche ich mir nicht», sagt Paul Winfried Stern. Ich zweifle nicht eine Sekunde lang daran, daß er die Wahrheit sagt und nicht mit der frei gewählten Anspruchslosigkeit kokettiert. Zum Abschied schenkt er mir ein kleines Büchlein. ‹Texte zum Nachdenken› heißt es und ist ein Lesebuch über Franz von Assisi. Er schlägt wie schlafwandlerisch die richtige Seite auf und deutet auf die Stelle, wo *Die Heilige Demut* zu lesen steht. «Hier, ein Geleitwort für Ihre weiteren Unternehmungen: ‹Die Heilige Demut macht allen Stolz zuschanden und die Anmaßung der Welt›. Sollte Ihnen der eine oder andere zu aufgeblasen kommen, denken Sie einfach daran, und Gottes Segen wird bei Ihnen sein.»

Es war, das gebe ich gerne zu, ein besonders eindrucksvoller Nachmittag, der mich mit diesem Menschen, der den Namen Paul Winfried Stern trägt, zusammenbrachte. Namen und Titel sind irdischer Natur, und sie sind Schall und Rauch. Hier trifft es im besonderen Maße zu. Was mir an Gelöstheit und echter Freundlichkeit offenbar wurde, gehört zu den Ausnahmeerscheinungen, und ich muß an Paul Winfried Sterns liebenswürdiges, unverstelltes Antwortgeben auf die manchmal doch sehr intimen Fragen oft zurückdenken, wenn ich wieder einmal Gespreiztheit und Brimborium erlebe und falscher Stolz auf falsches Gold die Worte diktiert.

Wenn des Menschen Wille sein Himmelreich ist, gehört Paul Winfried Stern zu den Glücklichen unter der Sonne. Daß der Glaube Berge versetzen kann, weiß schon jeder bibelkundige Laie. Welche Exegese auch immer die Erläuterung der Heiligen Schrift betreibt, sie ist jedoch stets mit den Lebensanschauungen desjenigen, der sie in Sprache umsetzt, verknüpft. Eine wertfreie Exegetik gibt es nicht, gar eine, deren Aussage sakrosankt ist. Vor diesem Hintergrund sticht Paul Winfried Stern aus dem allgemeinen Gerausche der sich berufen Fühlenden heraus. Er ist einfach anders als die anderen, ohne sich darauf etwas einzubilden, denn Eifer macht in Kirchenkreisen besonders stolz auf die eigene Leistung und überhöht gerne das eigene kümmerliche Format.

Die Frage, ob einer sich im Glauben geborgen fühlt oder ob jemand nur deshalb glaubt, weil er Geborgenheit sucht, war nicht Gegenstand meiner Fragen. In ihnen ging es vorrangig darum, herauszufinden, in welcher Befindlichkeit sich Menschen im sechsten Lebensjahrzehnt wähnen. Richtig: wähnen. Denn die Wahrheit stellt sich immer nur als Spiegel der Persönlichkeit dar und in den seltensten Fällen als verifizierbare Wirklichkeit. So wie man sich vorführt, so will man gelten, das ist ein alter Erfahrungswert. Wirklich hinter die Fassade zu schauen gelingt nur selten, doch das Vorgeführte weist zumindest den Weg in eine bestimmte Richtung. Im vorliegenden Fall deutete nichts auf eine willentliche Irreführung hin, so daß ich unter Heranziehung aller Lebenserfahrung sagen kann, daß Paul Winfried Stern tatsächlich den Weg beschritten hat, den er innerlich als vorgewiesen seit seiner Jugend erkannte. Ruhe und Gelassenheit sind kaum über einen längeren Zeitraum vorzuspielen, zu viele kleine Spuren des Verrats werden dem aufmerksamen Beobachter unwillentlich signalisiert. Den Glauben an Gott, der in seiner Güte und Gnade den Menschen, die an ihn glauben, Heil widerfahren läßt, hat mein Gesprächspartner jedenfalls verinnerlicht. In ihm traf ich einen Gläubigen, der ohne Selbstzweck glaubt, es zumindest aber anstrebt. Das Leben auf diese Weise zu bewältigen und Karriere Karriere sein zu lassen, um Gott und den Menschen zu dienen, darf allen Respekt für sich beanspruchen. Auch ist es gleichgültig, welchen Gott man meint: den kosmischen, den physischen, den ontologischen – seine Existenz als solche ist für den Gläubigen Faktum. Dabei sollte man es bewenden lassen, denn nichts ist törichter, als zum Missionar in eigener Sache zu werden.

Ob der Glaube an das Göttliche – gleich welcher Konfession – eine bestimmende Kraft im Leben der Fünfzigjährigen ist, wollte ich erfahren. Gott als eine die eigenen Geschicke – verdeckt oder offen – lenkende Kraft erkennen immerhin vierunddreißig Prozent der Befragten an.

Glauben Sie, daß Gott Ihren Weg mitbestimmt?

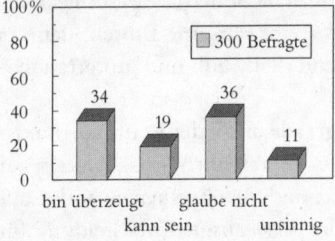

Fazit:

Sofern der freie Entscheid zum Entschluß führt, fortan Gott in den Lebensmittelpunkt zu stellen und sich ihm untertan zu machen, ist damit auch der Lebenspraxis gedient, ‹Dienen› im Sinne des Wortes, nämlich Diener anderer zu sein und mehr geben als nehmen, ist ein hochrespektables Bemühen. Die Wahrung der Identität hingegen als berechtigtes Interesse weiterhin zu verfechten stößt oftmals an Grenzen. Sie zu überwinden ist eine Aufgabe, die der Glaube nicht postuliert, die Psychologie schon. Das Metaphysische des Glaubensinhaltes nicht konkretisierbar machen zu können stellt eine Barriere in der Vermittlung eigener Glaubenserfahrungen dar. Die praktische Überwindung solchen Hindernisses kann deshalb nur in der gelebten Form, d. h. als einer den Mitmenschen sichtbar als Handlung aus dem Glauben heraus erscheinenden Form erfolgreich sein. Alles andere gerät in den Verdacht des Philistertums. Die *Tat* ist das einzig plausible Motiv gelebten Glaubens. Sowenig wie es nützt, auf unfruchtbarem Boden zu säen, so abwegig erscheint es dem Nichtgläubigen, daß sich der Gläubige auf eine Instanz beruft, die gerade solche Vergeblichkeit des Bemühens um Ertrag als Ausdruck tiefer Gläubigkeit ausgibt.

■ Der Zwiespalt, in dem Gläubige stecken, ist der ihnen abverlangte Spagat zwischen Lebenserfordernis und Askese. Pragmatisch gedacht, ließe sich eine Antwort direkt aus der Bibel ableiten: *Machet euch die Erde untertan* oder *Ihr sollt arbeiten im Schweiße eures Angesichts.* Die Auslegung des Imperativs indes treibt seltsame Blüten, denn es kann dem Laien nicht zufriedenstellend ‹Schweiß› und ‹untertan machen› definiert werden.

■ Die Glaubenslandschaft bietet gerade unter der Prämisse praxisrelevanter Nutzung von Gotteshäusern reichlich Möglichkeit zur Neugestaltung. Daß sich Religiosität und Glauben voneinander unterscheiden, ist eine alte Weisheit; die *pragmatische* Entscheidung für eine aus dem Glauben hervorgehende und in ihm originär wurzelnde Tat ist deshalb nur bei willkürlicher Verkennung der Quelle eine bedenkliche Entscheidung. Sie wird als bedenklich deklariert, weil eigene Positionen tangiert werden könnten. Was nicht verwundert, denn die pragmatische Kanalisierung von Glaubensinhalten beansprucht zur Umsetzung ein lebenswirklichkeitsnahes Engagement und nicht nur wohlfeile Postulate. Da wird schnell mancher Arm schwer und mancher Gedanke trübe. Christliche Nächstenliebe benötigt jedoch der Wahrhaftigkeit wegen Zeugen und keine bloße Ergriffenheit. Eingedenk dessen wird der pragmatisch am Nächsten qua Glauben handelnde Christ stets geachtet und seine Taten von den Menschen gewürdigt werden. Aber nur dann.

XIII. Depressionen:

Wenn die Tage nicht enden wollen

Vita brevis, ars longa, occasio praeceps, experientia fallax, iudicium difficile
– das Leben ist kurz, die Kunst ist lang, die Gelegenheit flüchtig, die
Erfahrung trügerisch, das Urteil schwierig.

aus den Aphorismen des Hippokrates

Klaus Winttenberg, bildender Künstler, frischgebackener Fünfziger,
sieht allen Erfolg als eine nur relative Form des Genusses an. Das war
nicht immer so. In den ‹Hochzeiten› (= O-Ton) seiner Karriere, mit
vieldiskutierten Ausstellungen in New York, London, Paris, Mai-
land – das liegt keine zwölf Monate zurück –, «sonnte ich mich im
Ruhm», wie er sagt. «Ich habe Kontrakte mit Galeristen, von denen
andere nur träumen können.

Man bezeichnet mich als ‹den späten Mondrian (... *die Domäne
der Wahrheit ist die reine Abstraktion*)›. Ich verlange siebzig Prozent
plus Mehrwertsteuer – und man zahlt mir das. Stellen Sie sich das
vor: siebzig Prozent vom Verkaufspreis! Üblich sind fünfundzwanzig: fünfundsiebzig, wenn es hochkommt vierzig:sechzig, al-
lerhöchstens fünfzig:fünfzig. Ich kenne Kollegen, die ich sehr
schätze, die müssen sich, weil sie sich nicht protegieren lassen, mit
zehn:neunzig zufriedengeben. Oder reine Kommissionsgeschäfte
machen. Ich meine, eine Perversion ist das, so mit ihnen umzugehen.»

«Was meinen Sie damit, daß Erfolg nur einen relativen Genuß
darstellt? Bedeutet das, daß Erfolg für Sie etwas nicht mehr Erstre-
benswertes ist? Das sagt sich leicht, wenn man so erfolgreich ist wie
Sie.»

«Ich will ehrlich sein. Vielleicht helfe ich damit anderen Leuten,
wenn ich ihnen sage, daß es falsch und verrückt ist, Geld und Erfolg

nachzurennen. Das Leben zieht dabei an einem vorbei, als schaue man aus einem Zug. Ich meine damit, daß das Leben, als Landschaft gesehen ... nein, das ist nicht richtig so, ich will sagen, daß man selbst dahinrast und das Leben als Landschaft, so wunderschön sie ist, nur noch als Strich, zusammengezogen wie einen Strich, ausmacht. Man selbst wird auch nur zu einem Strich. Die Sinne nehmen nichts mehr auf.»

Er sieht mich zweifelnd an, ob ich es begreife, was er sagen will. Das habe ich zwar, mache es ihm aber nicht so leicht, wie er es möchte. Interviewer und Interviewter führen, das wird jeder bestätigen, der darin einige Übung hat, stets einen Kampf miteinander. Wer ist stärker, wer überlistet wen in Frage und Antwort? Das ist ein Ritual, und man kann es leiden oder nicht. Menschen, die etwas mitzuteilen haben, geben sich anders, wenn ihre Worte aufgezeichnet werden (und ich verwende nicht einmal ein aufdringliches Mikro, sondern schreibe stichwortartig nieder und verfasse später außerdem Gedächtnisprotokolle), und Klaus Winttenberg bildet da keine Ausnahme. Überdies beschreibt er sich selbst als ‹gerissenen Hund› im Umgang mit der schreibenden und blitzlichtgewitternden Zunft. In diesem Sinne zelebriert er sich bestimmt auch hier. Die Unbeholfenheit, eine Metapher zu formulieren, nehme ich ihm nicht ab.

Es kommt aber im Verlauf des Gespräches ganz anders, das will ich an dieser Stelle schon zu seiner Ehrenrettung sagen. Offen und ehrlich gesteht er, wie tief er in den Schlund dunkler Depressionen, sprich Sinnentleerung, gefallen ist. Vorerst jedoch schlüpft er noch in die Rolle des Stars, der gewohnt ist, daß man antichambriert, um etwas aus ihm herauszulocken. Er ergänzt das Bildnis vom dahinsausenden Zug mit ihm als Passagier durch einen Bekannten, den er im Nebenabteil trifft. Gemeinsam schauen sie aus dem Fenster und reden dabei ohne Unterbrechung über Banalitäten. Es endet damit, daß sie sich aus Unachtsamkeit verfahren haben.

«Sehen Sie», sagt Klaus Winttenberg, «genau das ist es, was unser Leben ausmacht: Wir quatschen und quatschen und rasen quatschend dahin, achten auf nichts anderes als darauf, uns mitzuteilen, und darüber vergessen wir, rechtzeitig auszusteigen. Ich finde, das ist eine schöne Zustandsbeschreibung.» Er setzt hinzu: «Damit können Sie wenigstens etwas anfangen. Die Analyse des Gegenwartsmenschen war das.»

«Auf sich bezogen: Weshalb rasen Sie denn durch die Welt? Sie haben doch alle Möglichkeiten, sich abzukoppeln und, sagen wir, auf Bora Bora zu sich selbst zu finden. Ist es aber nicht vielmehr so, daß Sie den Rummel um Ihre Person nur allzugerne mitmachen oder sogar selbst inszenieren?»

«Ich wollte es so, das stimmt. Vor fast einem Jahr, mein New Yorker Galerist gab eine Vernissage meiner neuesten Arbeiten, erwischte es mich plötzlich. Ich dachte, mich trifft ein Blitz aus heiterem Himmel. Er hat seine Galerie nahe dem Rockefeller Center und da steht doch so ein vergoldeter Atlant im Teich mit der Erdkugel auf den Schultern. Als ich den sah, sah ich mich auf einmal in ihm. Trug anstelle der Welt das bescheuerte Publikum, das um mich herumscharwenzelte. Lauter irrsinnig reiche Leute, und natürlich viele dieser Wichte, als Kritiker verkleidet, dafür ganz wenige Kunstkenner. Ich hatte auf einmal einen solchen Weltekel, dachte mir, das mache ich nicht mehr mit, dieses In-den-Arsch-Kriechen der Leute, die mit dir fotographiert werden wollen, um in der EN-WEI-TIE (New York Times) unter *Events* zu erscheinen. Oder die mit ihrer platinenen Kreditkarte etwas von dir kaufen und nicht einmal wissen, was ich mit meinen Bildern sagen will. Die könnten auch sonstwas auf irgendeiner Fete im Vorbeigehen kaufen, sie würden den Unterschied nicht bemerken. Nein, dachte ich mir, das machst du nicht mehr mit. Später sagte mir mein Galerist, ich sei umhergesprungen wie ein Veitstänzer und habe immer nur *fucking shit, fucking shit, fucking shit* geschrien, ehe ich hinausgerannt bin. Die dachten, das gehöre zu meinem Auftritt und wäre so etwas wie eine Installation und heulten vor Begeisterung. Ich renne hinaus, und die Meute wie von Sinnen hinterher. Dann dämmerte es ihnen wohl, daß ich durchgedreht bin. Eines weiß ich aber bis heute nicht: wie ich in den Flieger gekommen und zurück nach Europa gedüst bin. Es dauerte ein paar Wochen, ehe ich herausfand, daß ich wieder zu Hause war. Das ist wahr, so wahr ich hier sitze. Ich hatte einen totalen Blackout.»

«Und seitdem hat sich Ihr Leben total verwandelt?»

«Ich denke, ich hatte damals für eine Sekunde lang Einblick in meine Seele erhalten. In die helle Seite der Seele. Ich habe mein Alter ego getroffen. Das hat zu mir gesagt: Höre auf, ehe es zu spät ist. Lasse es sein, den Clown für die Leute zu spielen. Du bist mehr wert als das. Du gehst kaputt, wenn du so weitermachst wie bisher. Du prostituierst dich. Du bist eine Unperson. Ein Mensch, der nur um seiner Mätzchen willen geachtet wird. Siehe doch nur, wie sie dir nachgelaufen sind. Sie wollten die Sensation. Du hättest in den Hudson springen können, und sie hätten es dir nachgemacht. Sie haben keinen Verstand, und deshalb wollen sie etwas von dir, um ihre Leere im Kopf auszufüllen. Das alles, ich schwöre es, es waren seine Worte, oder wenigstens sinngemäß waren sie es, die Worte meines, wie sagte Goethe, ‹besseren Ichs›. Ich mag Goethe nicht, er war so mätzchenhaft, wie ich gewesen bin, aber da hat er recht. Seitdem habe ich zwar die Wahrheit über mich erfahren, aber es geht mir hundsmiserabel.» Richtig trotzig fügt er hinzu: «Auch wenn ich schon wieder den Clown spiele, um für Sie als der große Zampano zu erscheinen, ich bin's nicht mehr. Ich habe seit damals meinen Galeristen gesagt, entweder laßt ihr mich heraus aus eurem Spektakel, oder ich male euch nichts mehr. Dann geht ihr Wasser saufen, weil ihr euch so auf mich kapriziert habt. Was soll ich sagen: Sie haben es geschluckt, weil sie denken, das sei wieder so eine Marotte von mir. Die Kunst des Marketings und so. Sich rar machen, um die Preise hochzukitzeln. Kein Mensch glaubt mir, daß ich es wirklich so meine. Ich will nicht mehr, und damit basta. – Kommen Sie, ich muß raus hier. Wir nehmen die Räder und fahren über die Wiesen.»

Ohne Widerspruch zu erwarten, schwingen wir uns auf die Sättel der 30-Gänge-Mountainbikes mit Scheibenbremsen, Silikonsattel, Stoßdämpfern und federleichtem Rahmen aus einer Spezial-Titan-Legierung, die das Gewicht auf nur siebeneinhalb Kilo reduziert. Das Stück dürfte so um die sechzehntausend Mark kosten. Für Klaus Winttenberg nur eine Reminiszenz an vergangene Zeiten. Er läßt mich wissen, daß er einen Großteil des Geldes einer gemeinnützigen Institution vermachen wird. «Ich will nur noch meine Ruhe», sagt er. «Meine Ruhe und sonst nichts. Und Geld können andere besser verwenden als ich.»

Schweigend treten wir in die Pedale. Der Tachometer pendelt zwischen fünfzehn und zwanzig Stundenkilometern. Gemächlich durchqueren wir Wiesen, Wälder, kleine Dörfer. Ohne darauf zu achten, sind plötzlich sechzig Kilometer zusammengestrampelt. Dank der Gangschaltung ein mühefreier Ausflug. Wir setzen uns ins Gras. Klaus Winttenberg erzählt weiter. Seine Stimme hat ein neues Timbre. Nicht mehr so metallisch-herrisch-keinen-Widerspruch-duldend, sondern eher weich und unverkennbar um Vertraulichkeit bemüht. Jetzt kommt der wahre Klaus Winttenberg zum Vorschein, denke ich, und liege richtig mit dieser Einschätzung.

«Wissen Sie, der, den Sie vor sich sehen, ist nicht der, der er wirklich ist», beginnt er in der dritten Person. «Er ist ein ganz anderer. Ich sage das nicht nur so hin, ich will, daß Sie mir Ihr Vertrauen schenken. Ich habe den Verdacht, daß ich aus dieser Sackgasse nicht mehr herauskomme, wenn ich mein Leben nicht grundlegend ändere.»

«Vielen erfolgreichen Künstlern geht es ähnlich. Eines Tages stehen sie vor der Wahl, entweder so weiterzumachen wie bisher und sich aufzugeben oder sich auf sich selbst zu besinnen und der Versuchung zu widerstehen, um der bloßen Anerkennung willen jeden Auftrag anzunehmen.»

«Oder des Geldes wegen», ergänzt er. «Das darf man nicht vergessen. Geld ist für einen Künstler überhaupt *das* Kriterium, auch wenn er es nicht gerne zugibt. Es symbolisiert die Anerkennung der eigenen Leistung. Mehr als in einem anderen Beruf. Als freischaffender Künstler ohne Netz und Boden zu arbeiten ist etwas, was sowieso nur wenige wagen. Wer es aber wagt, will eines Tages die Rechnung präsentieren dürfen. Geld für Kunst, ich sehe darin nichts Verwerfliches. Nur, ich brauche kein Geld mehr. Ich habe genug verdient. Mir geht es um etwas anderes. Wenn ich sage, es geht mir um eine Botschaft an Ihre Leser, so werden Sie denken, aha, er kann's also nicht lassen. Er muß sich produzieren. Jetzt sogar zwischen zwei Buchdeckeln. Nein, so ist es nicht. Meine Botschaft ist ja keine im herkömmlichen Sinn. Ich will nur sagen, Mensch, besinne dich darauf, daß du dir treu bleibst. Laß dir nicht andauernd in die Tasche fassen, damit andere sehen, ob du etwas drinnen hast.»

Ich sage rundheraus, daß ich nicht verstehe, was er damit meint. Er lächelt kein bißchen überheblich, sondern erläutert eifrig: «Ich werde wohl lernen müssen, mich bei Ihnen halbwegs druckreif auszudrükken. Gut, ich meine das mit den Taschen so: Man darf den Leuten nicht gestatten, sich ungeniert an einem zu schaffen zu machen. Erst kleben sie wie Kletten an einem, wenn man bekannt genug ist, dann, weil man geschmeichelt ist, widerspricht man nicht, vielleicht fördert man das Begrapschen sogar noch, weil man denkt, gut, der Popularität kann's ja nicht schaden, wenn man dich mag, doch eines Tages werden die, denen man das gestattet, übermütig. Sie nehmen einen in Besitz. Mit Haut und Haaren. Wehe, man wagt es, sich zu wehren. Aber wenn man es nicht tut, fassen Sie einem sogar in die Tasche, kramen drin herum und gucken, ob sie nicht irgend etwas Interessantes finden. Die Privatsphäre ist à fonds perdu. Ob einer nun Künstler ist oder nur ein kleiner Angestellter, was macht das aus? Dem faßt sein Chef in die Tasche, weil er meint, er dürfe das bei einem, den er bezahlt. Bei einem, der in der Öffentlichkeit steht, sind's die Medien, die Fans und eben Leute, die einen als öffentliches Eigentum betrachten. Das habe ich erkannt, dieses rücksichtslose Verhalten. Meine Schuld ist es, nicht beizeiten etwas dagegen unternommen zu haben. Erfolg muß erkauft werden, sagt man. Das stimmt im Prinzip. Auch hier, egal, wo einer steht. Wenn es ihm seelisch schlechtgeht, liegt es nur daran, daß er sich nicht rechtzeitig klargemacht hat, daß irgendwann der Zeitpunkt kommt, an dem er etwas verlieren wird. Sein Ich im schlimmsten Fall, ich meine, seine Identität. Depressionen sind immer auf solchen Verlust zurückzuführen. Ob die Frau Teil der eigenen Identität wird oder ob die Kinder, Freunde, die Arbeit (er lächelt schmerzvoll) oder sein Galerist – sobald man sich verloren hat durch Aufgabe der eigenen Identität, ist man fällig. Es dauert und dauert, bis man sich wieder gefunden hat. Ich jedenfalls bin noch nicht soweit. Ich weiß nicht einmal, ob ich nicht eines Tages verrückt werde und in die Klapsmühle muß. Verdammt, mir geht's wirklich schlecht!»

Er legt sich zurück ins Gras, faltet die Arme hinter dem Nacken und schweigt. Eine geschlagene Viertelstunde lang hängt er so seinen Gedanken nach. Ich unterbreche ihn nicht, sondern nutze die Zeit, um mir Notizen zu machen. Schade, daß ich kein Diktiergerät bei mir führe. Es wäre leichter, der Flut der Gedanken und Assoziationen aus Klaus Winttenbergs Mund Herr zu werden. Was er sagte, trifft den Punkt. Die Anfangsphase der depressiven Verstimmung ist schon längst beendet, er befindet sich bereits in einer auswuchernden Depression. Aus der dürfte er allein schwer wieder herausfinden. Identitätskrise dazu zu sagen ist viel zu undifferenziert.

Er fängt an, über das Lebensende zu reden. «Jetzt bin ich fünfzig. Wenn ich denke, daß ich vielleicht noch zwanzig, fünfundzwanzig Jahre habe, dann drehe ich durch. Ich habe nichts als gearbeitet in den letzten zwanzig Jahren. Meine Frau und meine Kinder leben mit mir, aber ich nicht mit ihnen. Wir sind uns total fremd geworden. Kein Wunder, wenn man wie ich kaum zu Hause ist. Ich male in meinem Atelier in Queens. Ich habe dort ein riesiges Loft, wohl so an die tausend Quadratmeter auf einer Etage, gemietet. Ich sehe auf die Bronx. Eine halbe Meile entfernt. Da sieht es aus wie nach dem Krieg. Abgebrannte Häuser. Ruinen. Kaputte Typen, wohin du schaust. Und das, sage ich mir *jetzt* – früher fand ich's irre morbide – und das Ende des zwanzigsten Jahrhunderts. Die armen Teufel, wer gibt denen jemals eine Chance? Die müssen dealen, wie sollen sie sonst überleben? Und die schießen sich tot, wenn einer mehr als der andere hat. Du kriegst kein Taxi, das dich in die Bronx fährt. Du siehst keinen Streifenwagen. Nur Idioten, denen ihr Leben egal ist, gehen dort rein. – Neulich war ich nahe daran, mich in den Flieger hier zu setzen, hinzudüsen und den Kaffeebohnen zu sagen ‹Hi, motherfucker, why don't smile at me?› Man hätte mir eins über den Schädel gedonnert, und aus wär's gewesen. Tod in der Bronx. Die Schlagzeile hätten Sie sich mal vorstellen sollen! Die Preise für meine Bilder wären in die Himmel gestiegen wie Raketen. Clinton selbst würde die Grabrede halten, das können Sie glauben.»

«Und wie, meinen Sie, werden Sie es schaffen, wieder der Alte zu werden?»

«Ich weiß nicht. Ich möchte reden. Mit irgend jemandem. Heute mit Ihnen, morgen mit wer weiß wem. Das tut mir unheimlich gut.»

Er sieht mich schräg von unten an. «Eigentlich habe ich erwartet, daß Sie mir helfen. Schließlich helfe ich Ihnen, Ihr Buch zu schreiben.»

«Ich würde Ihnen raten, sich einen guten Psychotherapeuten, der auf die Behandlung von Depressionen spezialisiert ist, zu nehmen. Weltekel und Sinnkrisen befallen jeden Menschen irgendwann einmal. Wenn Sie nur mit jemandem reden wollen, hilft Ihnen vielleicht eine Gesprächstherapie.»

«Ich denke jetzt oft daran, daß das Leben ein Irrsinn ist. Der reinste Irrsinn. Ein konstruierter Irrsinn. Wenn du dich hochgerackert hast, bist du vierzig. Dann mußt du oben zu bleiben versuchen. *Und plötzlich bist du fünfzig.* Was bleibt dir da noch? Alle wichtigen Dinge hast du nicht erlebt, nur weil du so blödsinnig warst, zwanzig Stunden am Tag zu schuften. Karriere machen. Zeigen, was in dir steckt. Alle Welt soll sehen, was für ein toller Kerl du bist. Du hast Knete, soviel kannst du gar nicht verbrauchen. Du stellst dir jedes Vierteljahr eine neue Karre in die Garage. Ich habe acht davon. Na und? Das Haus ist bezahlt, habe also Steuernachteile. Kaufe ich halt noch ein Mietshaus und saniere es komplett. Nein, das Materielle ist für die Katz. Vielleicht versteht der es nicht, der nie richtig Geld hatte, wenn ich sage, Geld ist weder ein Ersatz für Glück noch beruhigt es. Das ist Nonsens zu glauben. Und Erfolg? Ich habe beides. Und was ist mit mir? Ich will in die Bronx und mir eins überbraten lassen. Wäre doch ein toller Abgang, nicht wahr? Sehen Sie jetzt ein, daß ich Angst habe, im Irrenhaus zu landen? Das mit dem Psychiater habe ich mir auch schon überlegt. Ich hätte da einen. Professor Doktor Doktor Doktor. Für mich ist er aber nichts anderes als ein Irrenarzt.»

«Wenn man Sie so hört, möchte man fast zu dem Schluß kommen, daß Sie gar keine Depressionen haben, sondern einfach nur des Lebens, das Sie führen, überdrüssig sind. Das ist ja in manchen Kreisen schick. Hätte ich, wenn Sie ganz ehrlich zu sich sind, sehr unrecht?»

Er sieht mich wieder so von schräg unten an. «Sie haben Mut, das muß man Ihnen lassen. Früher hätte ich mir so etwas verboten. Aber ich weiß ja, wie Sie es meinen. Nein, ich bin überhaupt nicht überdrüssig. Ich könnte nie mit meinem Beruf aufhören. Ich möchte das auf keinen Fall. Ich will nur das Drumherum nicht mehr. Mich zum Kasper machen müssen. Meinen Galeristen Wünsche erfüllen. Die machen mit mir das große Geld. Da gebe ich mich keinen Illusionen hin. Das ist schon okay. Mich widert eben nur alles an. Die Menschen, das ganze Busineß. Nix mit *business as usual*, ich hab es zu satt. Es macht doch alles keinen Sinn mehr. Malen, verkaufen, malen, verkaufen –»

Er spricht nicht weiter, sondern erhebt sich und trifft wortlos Anstalten, zurückzufahren. Vor seinem Haus, es ist wirklich ein prächtiger Winkelbungalow mit separatem Gästehaus, verabschiedet er sich. Er wolle sich hinlegen und über unser Gespräch nachdenken. Ich solle ja alles richtig wiedergeben, was er gesagt habe. Die Leser würde es bestimmt interessieren, wie einer wie er lebt und leidet. «Und das Zitat besagt akkurat das, was ich empfinde. Alles ist irgendwie schizophren in dieser Welt. Leben Sie wohl.»

———— Depressionen sind eine Geißel. Sie beeinträchtigen und verzerren, je nach Intensität und Ursprung, Selbstverständnis und Selbstwertgefühl. Das verzerrte Weltbild resultiert daraus, in dem sich der Betroffene selbst einen Platz zuweist, der weder seinem Habitus noch seiner Leistung angemessen ist. Solche unheilvolle Wechselbeziehung Ich : Welt hat die fatale Eigenschaft, sich spiralförmig nach unten zu bewegen und wie in einem Strudel, dem nicht entronnen werden kann (und mangels nachlassender Widerstandskraft auch bald nicht mehr will), alles mitzureißen, was sich in ihm befindet. Familie und Angehörige, Bekannte und Arbeitskollegen leiden darunter und werden in vielen Fällen direkt involviert. Ihnen erscheint die gestörte Befindlichkeit des Depressiven vordergründig als ‹Launenhaftigkeit› zu erdulden oktroyiert, die sie bis zu einem gewissen Grade stillhaltend mittragen. Wenn jedoch starke Emotionen als Aggressivität auftreten, erfolgt bei anankastischen Depressionen (Zwangsvorstellungen) gleichwohl eine Abwendung. Oft aus Unverständnis für den Seelenzustand wie auch aus Unvermögen, helfen zu können.

Klaus Winttenberg weist zu Recht darauf hin, daß Depressionen zwar hintergrundgemacht sind, nicht aber ausschließlich einen bestimmten Personenkreis treffen. Erfolg, in welcher Form er sich auch dem beweist, der ihn trägt, ist kein Garant für ein Verschontbleiben von ihnen. Auch reine Erschöpfungszustände ziehen mitunter depressive Verstimmungen nach sich; von einer sich steigernden Melancholie bis hin zum Gedanken an Suizid ist es oft nur ein kurzer Schritt. Die schwerwiegenden Depressionen sind deshalb oft *reaktiver* Natur, wobei hier graduell nach depressiver, manischer oder manisch-depressiver Phase unterschieden wird.

Eine endogene Depression hingegen verläuft in vielen Fällen als leichte, eher *grundlose*, dennoch als vital empfundene Traurigkeit, Angst, Erregung oder als (sich steigernde) wahnhafte Idee von Verarmung, Selbstbeschuldigung oder Versündigung. Das alles sind Komponenten eines einzigen Krankheitszustandes der Seele, die von den Betroffenen als quälend empfunden werden, von Außenstehenden indes zumeist als ‹dumm, töricht, albern› klassifiziert werden. Zuhören, was den Betroffenen bedrückt, hilft ihm mehr als gute Ratschläge oder gar Zurechtweisungen (... reiße dich doch zusammen! ... ich verstehe überhaupt nicht, was dich so aufregt! etc.).

Eine *reaktive* Depression verstärkt oft zugleich eine ohnehin schon latent vorhandene, grundsätzliche Traurigkeit. (Die Dichter der Romantik sind dafür ein vorzügliches Beispiel.) Belastende Erlebnisse und ihre nicht adäquate Verarbeitung kennzeichnen solche sich quantitativ steigernde Traurigkeit. In den meisten Fällen werden Ursprung und Auswirkung erkannt; Klaus Winttenberg ist hierfür das beste Beispiel. Zwar würzt seine Extravertiertheit die Schilderung und dramatisiert sie wohl auch ein wenig, gleichwohl geht das Grundmuster der reaktiven Depression aus ihr hervor. Inwieweit ein hypochondrischer Ansatz vorhanden ist, vermag ich nicht zu bestimmen; wesentliche Charakteristika sind jedenfalls der Ausbruchsversuch wegen Abscheues vor sich selbst sowie die Trauer (die in der Schilderung nicht sehr stark ausgeprägt, doch vorhanden war) über die verflossenen Jahre.

‹*Und plötzlich bist du fünfzig*› beinhaltet alle Trauer dieser Welt über den Verlust an Zeit, die subjektiv als verloren gilt, obwohl sie es objektiv nicht ist. So gesehen relativieren sich tatsächlich Erfolg, Geld, Ansehen und das ganze Statusdenken mit seiner grotesken Symbolik gewaltig.

Nun könnte man bei der Schilderung von Klaus Winttenbergs Lebensstatus einwenden, hier bewege sich Depression auf hohem (gesellschaftlichem und monetärem) Niveau und habe wenig mit dem gemeinen

Mann zu tun. Da möchte ich entschieden widersprechen, denn ich habe gerade dieses Beispiel unter etlichen anderen gewählt, weil es viele Fünfzigjährige betrifft. Sie sind ja keine x-beliebige Zielgruppe, sondern in der Regel Männer, die es so oder so zu etwas gebracht haben.

‹So oder so› meint, daß nicht der hohe Sockel gesellschaftlichen Ansehens oder das Bankkonto ausschlaggebend dafür ist, ob die Depressionen einen treffen, sondern sie befallen einen wie ein Virus. Sofern jemand im Leben zu reflektieren und zu artikulieren gelernt hat, drückt er dies plastisch-funktionell aus; wer dies nicht kann, äußert sich auf niedrigerer Ebene, die sich in Trinken und Schlägen ausdrückt. Das Wissen um die Qual hat unterschiedliche Worte. Als deskriptives Element erwirkt es dennoch eine sichtbare Darstellung.

Sie kommt mit wenigen Substantiven und Adjektiven aus: *Traurigkeit*: ich bin traurig. Ich kann mich zu nichts mehr aufraffen: *Antriebslosigkeit*. Die Welt macht mich krank: *Weltschmerz, Weltekel*. Ich bin nichts wert: *Selbstwertverlust*. Ich vergehe mich (wenn ich dies oder jenes tue): *Versündigungsidee*.

Erkennbar ist die Grundlage: eine um das eigene Erleben zentrierte Ausdrucksform der Psyche, die Orientierung an ‹festen› Maßstäben sucht. Erst der Verlust eines tradierten oder subjektiv als richtig empfundenen Maßstabes löst die Depression aus. Den Halt am Geländer der Anschauungen und Konventionen, an das die Seele zu greifen gewohnt ist, zu verlieren, erzeugt jenen Verlust. Wird seine *subjektiv gedeutete* Beschaffenheit wiederhergestellt, schwindet auch die Depression.

Viele Fünfzigjährige gestanden (selten offen, eher verschämt), an Depressionen zu leiden oder gelitten zu haben: aus einem allgemeinen Weltekel oder dem Gefühl heraus, daß alles Erreichte so unendlich nichtig sei. Ein bemerkenswert hoher Prozentsatz, der einen Grund liefern könnte, eine spezifische Ursachenforschung über reaktive Altersdepressionen zu betreiben, und zwar unter Aussparung des Hinweises, daß dies überwiegend ein Problem des korrekten (endogenen) Transports chemischer Botenstoffe (Transmitter) sei. ——————————————————

Leiden oder litten Sie unter Depressionen?

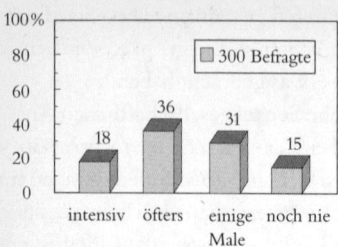

Fazit:

Depressionen als Chance zur Besinnung zu nutzen ist gewiß nicht populär. Die Neigung zum Selbstmitleid überwiegt. Vorausgesetzt, daß keine unheilbare körperliche Krankheit oder eine medikamentös bedingte vorliegt, sind jene Therapieformen zu bevorzugen, die Anleitung zur Selbsthilfe bieten, z. B. Mal-, Gesprächs- und Ausdruckstanztherapien.

■ Abzuraten ist von der Inanspruchnahme jener Normenkontrollinstanz, die sich Psychoanalyse nennt und Wertbestimmungen vornimmt. Das Risiko einer Übertragung von Werten und ihren Inhalten auf den Probanden ist unendlich groß. Die Gefahr einer Abhängigkeit (ständiges Ratsuchen) nicht minder. Gerät der depressiv Verstimmte zwischen die Fronten zweier ‹objektiv› als richtig empfohlenen Standortbestimmungen, erfolgt nicht selten eine starke Regression als Antwort. Die Flucht in frühere Lebensabschnitte soll der Psyche als Entlastung dienen, da die Entscheidung für das eine oder andere ‹objektive› Strategiemodell, das ja gerade dem Entrinnen aus der Depression dienen soll, mangels eines innerlich akzeptierten Koordinatensystems fehlt. Es ist daher auf die negativen Folgen, einer Psychoanalyse prinzipielles Vertrauen in deren Allheilkraft entgegenzubringen, hinzuweisen. Die Psychoanalyse, nach S. Freud eine wissenschaftliche Disziplin, beruht auf der sogenannten Nachforschungsmethodik, die zum Ziel hat, die unbewußte Deutung von Worten, Handlungen, Bildvorstellungen transparent zu machen. Auf den Ergebnissen bauen u. a. psychotherapeutische Methoden mit ihren spezifischen Interventionsmitteln auf, um die Deutung freier Assoziationen vorzunehmen. Deren Interpretation schwankt, bis auf wenige Grunddeutungsmuster des Verhaltens. Das Problem, Depressionen qua psychoanalytischem Verfahren beizukommen, um sie zu eliminieren, ist, daß jedweder Interpretation die wissenschaftliche Grundlage fehlt und die Resultate deshalb nicht nachprüfbar sind. Eine große Schar an Scharlatanen, beginnend bei ‹Channeling-Spezialisten› bis zu ‹Reiki-Meistern› mit all den sich in Zwischenwelten tummelnden Gurus esoterischer Praktiken – die allesamt als Schwindel mit einer simplen Methode widerlegbar sind – hat sich an die Fersen Freuds geheftet, dessen Anliegen es primär nicht war, Depressionen auf dem Weg der Psychoanalyse zu heilen, sondern einen im großen und ganzen ballastfreien Selbstfindungsprozeß des einzelnen herbeizuführen. Seine sich puristisch gerierenden Epigonen postulierten aber das Postulat um und errichteten jene erwähnten Normenkontrollinstanzen, vor deren kritikloser Würdigung als objektive Wahrheiten nur dringend gewarnt werden muß.

■ Das Spiel von Kräften und Gegenkräften erzeugt in jedem Menschen Konfliktsituationen, in denen widerstreitende Gefühle um die Herrschaft über etwas ringen. Sobald man jedoch das Wesen der Depression als ein Nicht-lassen-Wollen (von Liebgewonnenem) und Angst-vor-Verlust-Haben begreift, reduziert sich bereits diese Angst und bewirkt eine hohe Gegenkraft zu der latenten Grundüberzeugung, daß das Leben ein Zum-Tode-Sein ist. Es entsteht ein Spannungsfeld von Verdrängung und Kompensation. Etwas zu verdrängen bedeutet, die Lösung eines Problems auf unbestimmte Zeit oder für immer aufzuschieben, Kompensation hingegen, Verluste als gegeben anzusehen und als Lebenskonstante zu akzeptieren. Verluste kumulieren beim Annähern an das sechste Lebensjahrzehnt: Die Kinder gehen aus dem Haus, Eltern werden alt und sterben, soziale Sicherheiten sind in Frage gestellt (beispielsweise durch den Verlust des Arbeitsplatzes), Krankheiten reduzieren den gewohnten Aktionsradius – das alles ist jedoch vorhersehbar. Allein die Kompromißlosigkeit, die solche Tatsachen als für einen selbst irrelevant von sich weist, macht es erst möglich, daß die trügerische Hoffnung keimen kann, einen selbst mögen Verluste nicht treffen. Gleichwohl bleibt man von ihnen nicht verschont.

Das zu wissen und zu verinnerlichen rationalisiert die Anschauung vom Werden und Vergehen auf eine Weise, die – im Verbund mit anderen Faktoren, wie der immunisierenden Distanz zum Unabänderlichen – reaktive Depressionen fernhält. Ihre Basen gründen stets auf dem Boden der Verdrängung. Addiert sich die Verdrängung elementaren Wissens um die eigene Fehlbarkeit und wird der Vollkommenheitsanspruch nicht als unsinnig verstanden, kommen ferner unerfüllbare Sehnsüchte hinzu (die Welt müsse endlich ‹gut› werden, das Morden und Meucheln ein Ende haben, allgegenwärtige Harmonie herrschen) und wird das alles durch das Verlangen gesteigert, das eigene, als Hilflosigkeit empfundene Unvermögen, die ‹gerechte› Ordnung der Dinge einzuleiten, abzustreifen, hat die zuerst als depressive Verstimmung wuchernde Depression reichlich Nährstoff für eine uferlose Agitation. In diesem Sinne könnte der Aphorismus Hippokrates' als Zauberspruch für jene dienen, die da vergeblich suchen, weil sie blind für die Realität sind und als Folge dieses Suchens in Depressionen abgleiten.

XIV. Erinnerungen:

Träumen vom Gestern

Die Vergangenheit und die Erinnerung haben eine unendliche Kraft,
und wenn auch schmerzliche Sehnsucht daraus quillt, sich ihnen
hinzugeben, so liegt darin doch ein unaussprechlich süßer Genuß.

Wilhelm von Humboldt

Helmuth Kannenberg ist süchtig. Süchtig nach dem, was man im
allgemeinen unter ‹Früher-war-alles-viel-schöner› versteht. Für ihn
ist dieses Verlangen nach dem Gestern zur Obsession geworden.

Seine Wohnung ist im Stil der Fünfziger eingerichtet, und er verfügt
sogar über die heute Sammlerwert aufweisenden ‹Tütenlampen›,
jene Wand- und Standleuchten mit drei, vier, an spiralförmigen, ver-
stellbaren, messingfarbenen Armen in Tütenform gewundenen
Kunststoff- oder Bastschirmen. Vorhänge und Teppiche weisen jene
grazilen Tüpfel und Quadrate, Rhomben und Trapeze auf, wie sie
eben in den guten alten Nachkriegsjahren, zusammen mit resopal-
plattenbeschichteten, nußbaumfarbenen Nierentischchen mit gold-
schwarzfarbenen Umleimern und mit geblümten Leinen bespannten
Cocktailsesseln gang und gäbe in deutschen Wohnzimmern waren.
Dazu jene in gehobeneren Kreisen obligatorische dunkelpolierte
Kombitruhe, deren Innenleben aus Plattenspieler, Rundfunkempf-
fänger und einer mit weißem Ahorn ausgekleideten Bar bestand. Sie
verfügte über einen zeitgemäßen Bestand aus Gin, Wermut und
Cognac nebst feingeschliffenen Gläsern und Untersetzern aus Kork.

Helmuth Kannenberg hat mit Sammlereifer alte Illustrierte zusam-
mengetragen, die viel über Amerika, *God's own country*, das Land
seiner immerwährenden Sehnsucht, berichten: FILM UND
FRAU, CONSTANCE, PRALINE; NEUE REVUE, ELE-
GANTE WELT, MADAME, FÜR SIE, FREUNDIN und und

und. Er hat zudem Bände über Bände von READER'S DIGEST; WESTERMANNS MONATSHEFTEN und HOBBY in meterlangen Regalen aufbewahrt. Eine wahre Fundgrube für bekennende Retroperspektivisten. Und dann führt er mich in seine Schatzkammer: Autobücher über Autobücher, wie brandneu wirkende, gewaltige Folianten von *original* General Motor Company mit *original* Anzeigen aus den Jahren 1949–1959.

Ab 1960, so erfahre ich, begann die Welt unter dem unheilvollen Einfluß der frühen Achtundsechziger in Deutschland, der Hippies in den USA und der Vertes in Frankreich auseinanderzubröckeln. Was wert war, wurde un-wert; was un-wert war, wurde zum Wertvollen hochstilisiert. Die Talfahrt begann. Die Ideale der alten Zeit, Ordnung und Disziplin, Selbstvertrauen und Zukunftsfreude wurden ins Diametrale verformt, und infolge dieses Umsturzes begannen Ordnung und Disziplin zu Sekundärtugenden zu verkommen. Aus Selbstvertrauen wurden Zweifel, aus dem Wunsch nach Zukunft Pessimismus, Unbehagen und Furcht.

Wir nehmen an einem zierlichen Nierentischchchen Platz, und Helmuth Kannenberg erzählt mit verklärten Zügen von seiner Jugend: «Wir lebten für vier Jahre, ich war gerade zehn Jahre alt geworden, als wir hinübermachten, in Detroit, Michigan. Mein Vater war Ingenieur unter Wernher von Braun gewesen und kannte sogar noch persönlich Herman Oberth, den Raketenpionier, und Eugen Sänger, den berühmten Weltraumforscher und Wissenschaftler. Es ergab sich dann so, daß mein Vater gebeten wurde, in einem Stab mitzuarbeiten, der für die Entwicklung von Triebwerken für spätere Weltraummissionen, von der US-Regierung eigenhändig ins Leben gerufen, zuständig war. Es ging um die Modifizierung der V 2 – eigentlich richtig A 4 geheißen –, und wir hatten ein prächtiges Leben. Wir wohnten nahe einem Plant von GM, das man uns für die geheimen Forschungsarbeiten zur Verfügung gestellt hatte (und das mit Sicherheit stilistischen Anteil an den späteren raketenförmigen Auswüchsen der GM-Karossen hatte) in einem eigenen Haus, mein Vater kaufte sich einen superlangen neunundvierziger Cadillac Seventy-Five, der gut fünfunddreißig Liter soff, wir machten Ausflüge zu den nahen Sleeping Bear Dunes, Point Betsy Light, Fishtown,

Fort Michilimackinac, nach Dearborn ins Henry Ford Museum, überallhin, wo es etwas zu sehen gab. Meine Mutter mußte nicht mitverdienen, und wir hatten, so glaube ich, keine Sorgen. Es war ein Leben wie im Paradies ...»

Helmuth Kannenberg zeigt mir Fotos von sich und seiner Familie. Im Vordergrund jedesmal das sechs Meter fünfzig lange Prachtstück von Automobil, daneben Vater, Mutter, Kind, und dahinter ihr Haus, ein nettes kleines Häuschen mit sehr gepflegtem *front yard* (und ebensolchem *back yard*, wie er versichert). Blauer Himmel, grüne Bäume, die Straße in makellosem Zustand – in der Tat ein Ambiente, von dem zu träumen sich wohl nicht verbieten ließe.

Er hält mir ein Buch hin. ‹Across the Space Frontier›, herausgekommen 1952 im Verlag The Viking Press in New York und von Wernher von Braun mit einer persönlichen Widmung versehen. Die deutsche Ausgabe lautet ‹Die Eroberung des Weltraums› – und erschien sechs Jahre später bei S. Fischer in Frankfurt am Main. Beide Exemplare sind wie neu, so als wären sie gerade in einer Buchhandlung erstanden worden.

Mit sichtlichem Stolz zeigt er mir Originalausgaben von Sänger und Oberth, jeweils signiert, und so könnte es pausenlos weitergehen. Der Mann scheint ein Phänomen an Ausdauer beim Aufspüren bibliophiler Raritäten zu sein. Aber nicht nur das. Er legt eine der fünftausend (!) Schallplatten auf, und wir hören Johnny Ray, Dean Martin, The Platters, The Everly Brothers, Tommy Roe, John Rowles und – wenngleich aus den Vierzigern – Glenn Miller's *sentimental journey* – ein buntes Kaleidoskop alter Melodien, und sie strömen ins Ohr und machen doch etwas sentimental.

«Apropos sentimental. Was bedeutet das für Sie?» will ich wissen.

Helmuth Kannenberg erwidert, ohne nachzudenken: «Für mich besteht die Erinnerung nur aus sentimentalen Gedanken. Es war früher alles irgendwie durchdrungen von Dankbarkeit. Man war dankbar, daß der Krieg einen unversehrt gelassen hatte, man war dankbar, daß man Arbeit fand, daß man zusehen durfte, wie die Kinder groß wurden, eben alles war im Kern als Dankbarkeit für das erträgliche Leben, das man führte, zu erkennen. Sicher, es ging nicht allen gut, aber in Amerika war es auch anders als hier in Deutschland. *The Fabu-*

lous Fifties sind kein Schlagwort, glauben Sie mir. Sie waren es in aller Lebendigkeit. Wie gesagt, Dankbarkeit war ein Motiv, das die Menschen freundlich und friedlich machte. Vierzig Jahre später – sehen Sie sich doch die Welt an. In den Staaten geht es nicht anders zu als hier bei uns. Permissivität (soziol. = gewährenlassen) hat eben einen hohen Preis.»

«Was sagt Ihre Frau zu Ihrem Hobby?»

«Hobby? Das ist kein Hobby, wie Sie meinen. Das ist mein Lebensinhalt. Meine Frau versucht, mich ab und zu zu bremsen. Aber im Grunde sind wir einer Meinung. Das Leben in dieser Gegenwart ist etwas Aussätziges, etwas Fratzenhaftes, etwas ganz Gräßliches. Ich bin froh, daß wir es vorgezogen haben, keine Kinder in die Welt zu setzen. Wir könnten es nicht verantworten. Ich fühle mich in der Vergangenheit wohl, und ich habe das Zitat ausgewählt, weil ich sie über alles liebe, die Erinnerung.»

Wir trinken schweigend Kaffee und nehmen von Bahlsens vielzakkigen Butterkeksen, auch einem Relikt aus Urzeiten. Dann beginnt Helmuth Kannenberg den Faden dort anzuknüpfen, wo wir ihn vor lauter musikalischen Reminiszenzen verloren hatten: «Der Arbeitsvertrag meines Vaters wurde leider nicht mehr verlängert, als das Forschungsprogramm abgeschlossen war. Die Russen waren schneller mit ihrem Sputnik oben. Später, als die Amerikaner nachzogen, hatten wir keine Chance mehr, erneut rüberzugehen. Man wollte plötzlich selektieren, nachdem die Nazivergangenheit einiger Mitarbeiter herausgekommen war. Dabei war Wernher von Braun selbst Offizier der Wehrmacht gewesen, soviel ich weiß, und man hatte ihn trotzdem wegen seiner Erfahrungen verpflichtet, obwohl das Pentagon genau über ihn Bescheid wußte. Mein Vater war rangmäßig nur Schütze Arsch gewesen, aber sie machten reinen Tisch, wie sie sagten. *Not more of those damned krauts* war die Devise. Die typische Verfahrensweise. Hier war man ja auch nicht besser, als es ums Aussortieren ging. Die Kleinen schurigelte man, doch der hochdekorierte braune Mob saß damals bald wieder in Würden an weißgedeckten Tischen mit seinen alten Kumpanen. So wie heute die Honecker-Erben unterkriechen können oder hofiert werden, war es damals auch. Aber lassen wir das ... Also, wir mußten in Deutschland bleiben. Mein Vater fand eine Stelle bei Thyssen im Kohlenpott für eintausendzweihundert Mark im Monat, das war 1961 sehr gutes Geld. Meine Mutter ging Putzen, sie hatte ja nichts gelernt, und ich hangelte mich so durchs Gymnasium. Das war nicht mein Fall, sage ich Ihnen, dieses ganze Theoretische. Ich wollte zwar Ingenieur werden, aber einer, der mit anpackt und die Raketenschlitten eigenhändig schiebt. Ich machte das Abi mit Ach und Krach, ging auf die TU in Berlin – damals gab es noch keinen Numerus clausus wie heute –, weil meine Eltern dorthin umgezogen waren, machte mein Ingenieur-Diplom und versuchte es Hunderte von Malen, nach USA zu kommen. Nichts da. Eine ganz restriktive Einwanderungspolitik betrieben sie unter Kennedy. Der war als Demokrat doch ziemlich patriotisch und wollte zuerst die eigenen Leute pushen. Deswegen sitze ich heute immer noch in dieser (–) Stadt. Wenn Sie es wissen wollen: Ich hab's satt bis oben hin. Ich versuche, wegen meines inoperablen Bandscheibenvorfalls vorzeitig in Rente zu gehen, und ich hoffe, es klappt demnächst. Die Berufsgenossenschaft, diese Betonköpfe dort, wissen nur noch nicht, wie sie sich entscheiden sollen.»

«Würden Sie sagen, wenn man es kraß ausdrücken wollte, daß Sie in Ihren Träumen – und in Ihrer Wohnung hier – von den Goldenen Fünfzigern als Fünfziger (er lacht gequält auf bei diesem Wortspiel) das realisieren, was Ihnen faktisch verwehrt geblieben ist? Könnte man das so ausdrücken, ohne Ihnen zu nahe zu treten?»

«Vielleicht. Ich weiß nur eines, weil ich vom Psychologisieren nichts halte, daß sie mir helfen, meinen Job zu überstehen. Ich bin Ingenieur für Schweißtechnik, es gibt da nicht viele vom Fach, aber die wenigen sägen einem am Stuhl, daß man die Faxen dicke hat. Sollen sie alle Beine haben, sage ich mir, aber laßt mich wenigstens in Frieden mit euren Intrigen. Junge Leute so um die dreißig sind das, die vorwärtskommen wollen. Habe ja nichts dagegen, im Gegenteil. Was ich nur will, ist, daß man mich für die Zeit, die ich noch arbeiten muß, in Ruhe läßt. Mehr nicht und auch nicht weniger.»

«Was würden Sie tun, könnten Sie noch einmal von vorn anfangen?»

Die Antwort kommt wie aus der Pistole geschossen: «Mir Eltern aussuchen, die *native Americans* sind. Beruflich täte ich vielleicht dasselbe. Mir macht die Arbeit ja Spaß, aber nicht unter der Bedingung, daß ich wie festgezurrt hierbleiben muß. Ich würde die Welt gar nicht sehen wollen. Nur Amerika und Kanada. Das reicht. Man brauchte ein ganzes Leben dazu, um alles kennenzulernen.»

«Wie haben Sie Ihren fünfzigsten Geburtstag verlebt? In welcher Stimmung, meine ich.»

«Meine Frau und ich sind durch die Straßen gelaufen. Hier in Berlin gibt es ein fast authentisches Viertel in Schöneberg, wo sie in den fünfziger Jahren die Neubauten hochgezogen haben. Komischerweise haben sie es Bayerisches Viertel getauft, aber die meisten Straßen sind nach Orten in Österreich benannt. Ich bin noch nicht dahintergekommen, weshalb das so ist. Na, jedenfalls haben wir uns wieder einmal die Häuser angesehen, stundenlang sind wir durch die Straßen gewandert. Dann sind wir irgendwo essen gegangen. Das war's. Ehrlich – ich hätte nichts dagegen gehabt, wenn ich an diesem Tag tot umgekippt wäre. Meine Frau ist gut versorgt, wir haben einiges gespart, und dann die Rente ... aber wie Sie sehen, lebe ich noch.»

Das hört sich bös sarkastisch und auch verzweifelt über das seiner Meinung nach vertane Leben an. Nach der zehnten Tasse Kaffee und sechs Stunden Gespräch breche ich auf. Ich war in einem Leben, weit, weit weg von der Wirklichkeit, zu Gast gewesen.

Als ich ins Treppenhaus trete, empfängt mich wieder die Sterilität der späten Siebziger. Aluminiumverkleidung am Fahrstuhlschacht, schnörkellos und fade. Rauhputz, weiß-grau-gräulich. Der Bodenbelag aus Linoleum mit tigerartigem Muster. Dagegen waren die fünfziger Jahre ungehemmt farbenfroh und auf lustige Art von innen- und außenarchitektonischer Skurrilität. Ich könnte Helmuth Kannenberg nicht verdenken, wenn er das Haus nicht mehr verließe, denn auf der Straße erwartet ihn der schrille Lärm der Jetztzeit, geistlose Graffiti an den Häuserwänden und ein Gejage und Gehetze. Warum und worum ist nicht erkennbar. Möglicherweise nur, weil vierzig Jahre zwischen Damals und Heute liegen.

———— Psychologischerseits handelt es sich bei Helmuth Kannenberg um eine sich in einer tiefen, anhaltenden Regressionsphase befindliche, in sozialer Isolation (sozialer Deprivation) lebende, ‹abnorme› Persönlichkeit. Angetrieben von einer virulenten Abwehrhaltung gegenüber der (seit Jahrzehnten währenden) Gegenwart erhält er sich die Imagination einer Dekade dieses Jahrhunderts, die sich so: kulturell, sozial, politisch, nicht manifestiert hat. Und zwar, historisch belegbar, beiderseits des Atlantiks.

Psychologisch-definitorisch gewichtet, mag es sich so verhalten. Mit den Augen des Betreffenden gesehen, ist der Verlust an Realitätssinn längst nicht in dem Maße vorhanden, wie er sich anderen wissenschaftlich darstellt. Zu richten gar, ob einer, der sich seiner eigenen Norm hingibt, abnormal ist oder nicht, ist meiner Auffassung nach unzulässig. Es müßte jeder Verehrer der Kunst, der diese Hinwendung exzessiv betreibt, ebenso als abnorme Persönlichkeit stigmatisiert werden wie Frauen, die einen Schlagersänger rund um den Erdball verfolgen, um in seiner Nähe zu sein, oder wie Sammler von Briefmarken, die sich obsessiv verhalten. Was mir an Helmuth Kannenberg angenehm auffiel war, daß er dessenungeachtet seinen beruflichen und privaten Verpflichtungen gleichwohl nachkam und sie nicht in seine Traumwelt verzahnte und zu einem fatalen, da nicht integrierbaren Bestandteil machte. Hierin läge die wirklich ernste Gefahr, nämlich die Vernachlässigung von unaufhebbaren Pflichten, die womöglich Dritte involvierten. Mag auch große Frustration die Hinwendung an das Einst bewirken, so muß man sich doch fragen, welche regressiven Schritte man selbst – oft unbewußt – unternimmt, um vor diesem und jenem Gegenwärtigen zu flüchten. Motivbefriedigung hin und her: Helmuth Kannenberg gehört einfach zu jenen Zeitgenossen, die es immer schon gab (man denke nur an Spitzwegs zauberhafte Porträts) und von denen man sagt, daß sie ‹spinnert› seien. Liebenswerte Eigenbrötler halt, Individualisten, Eremiten in der Großstadt, die dennoch keine Kostgänger anderer sein müssen, im Gegenteil.

Erst die unselige Bestrebung, sie zu schablonisieren, sie psychosozial zu kategorisieren (wo fängt Sozialität an und wo hört sie auf und wer definiert sie als solche?) und rastermäßig aufzubereiten, schuf die Psychologie der Inkubation, gemeint ist die Phase der ‹Infizierung› mit einer fixen Idee oder der unbedingten Sehnsucht nach etwas, z. B. dem stillen Winkel. Das ist suspekt, und die Verdachtszuweisung, die längst die zurückhaltende Vermutung überholt hat, kanalisierte sich von selbst und schuf flugs Lehrstühle für Verhaltensforschung. Angst- und Aggressionsstudien wurden zum Primat des Versuches, Normen menschlichen Verhaltens zu postulieren. Die krude Form der daraus hervorgehenden Vergewaltigung der Individualität mit all ihren Verzweigungen läßt sich als Assessmentcenter (Veranstaltungen, bei denen die Persönlichkeit von Bewerbern total durchleuchtet wird) vermarkten, in dem nicht Tier-, sondern Menschendeformationsversuche wissenschaftlich gezielt erfolgen. Zweifellos hätte Helmuth Kannenberg als Bewerber hier keine Chance, sähe man von der willkürlichen, zynisch errichteten – und niemals plausibilisierten – Altersbarriere ab.

Es mag ja sein, daß Helmuth Kannenbergs Erlebnisse als Kind ein Verlusttrauma bewirkten, es mag auch sein, daß hieraus die Abwehrmechanismen gegen die Gegenwart erwuchsen und eine Ersatzwelt als wohltuende Realitätsferne empfunden wird, und es mag ferner sein, daß der ‹normale› Sozialisierungsprozeß aussetzte und statt dessen Ersatzprozesse zum Zwecke der Kompensation stattfanden – das alles mag sein. Es würde als Urteilsbildung aber nicht genügen, denn Helmuth Kannenberg ist kein Homunculus, sondern ein sehr lebendiger, psychisch im Rahmen seines Aktionsfeldes durchaus intakter Mensch, der nur einem schuldlos verlorenen Paradies nachtrauert. Er hat nicht gestohlen, um sich in den Besitz der Kostbarkeiten zu bringen, mit denen er sich umgibt, und er tut keiner Fliege etwas zuleide, um diesen Besitz zu erhalten. Er nimmt nur eines in Anspruch: sich gegen den Versuch wehren zu dürfen, daß ihn das Heute vereinnahmen will und nicht einmal mehr die Illusion, daß das Leben hätte anders sein können, zuläßt. Daran zu kritteln würde ihm nicht gerecht. Helmuth Kannenberg ist eben so, wie er ist, und das hat respektiert zu werden.

Natürlich wirft sich in diesem Zusammenhang die Frage von allein auf, wie es andere seines Alters mit der Sehnsucht nach der guten alten Zeit halten. Ich habe sie gestellt: Zehrt solche Sehnsucht an den Nerven, oder ist sie gegenstandslos? —————————————————

Sehnen Sie sich nach den alten Zeiten?

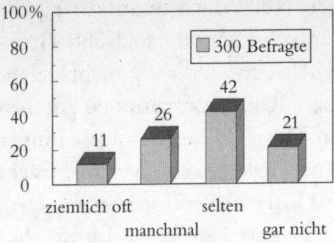

Fazit:

Jedwede Obsession hat ihre Wurzeln in einem erzwungenen Verzicht auf Befriedigung. Zumeist wird dieser Verzicht von dritten diktiert, sei es aus tradierten Gründen, sei es aus Gründen eines bestimmten Rollenverständnisses. Wer intensiv in andere Lebensumstände eingetaucht *wird*, wird, ob er es will oder nicht, konditioniert. Erfolgt dann die Aufgabe solcher Verhältnisse, kann daraus ein Trauma entstehen. Dessen Bewältigung in Form von Verdrängung oder Kompensation ist stets die Folge eines unfreiwilligen Abschiednehmens von geliebten oder begehrten Verhältnissen. Den Verlust zu kompensieren bedeutet, ihn seelisch wiedererleben zu wollen, indem Sehnsüchte kanalisiert werden, d. h. daß die Wiederherstellung des seinerzeitigen Umfeldes angestrebt wird. Dies geschieht mittels willentlicher Herbeiführung eines intensiven Eintauchens in jene gewünschten, beglückenden Zustände und kann als Selbstsuggestion bezeichnet werden. ‹Glücksgefühle› dauerhaft zu erzeugen, sie gar willentlich zu konstruieren versuchen, ist zwar nicht möglich, gleichwohl löst das Hineinträumen in begehrenswerte Seinszustände durchweg das aus, was W. v. Humboldt als ‹unaussprechlich süßen Genuß› bezeichnete.

■ Die Abwehr der Gegenwart aus Gründen übersteigerter Wertschätzung des Vergangenen führt, erfolgt sie exzessiv, zu schweren

Persönlichkeitsstörungen, wiewohl sich die verzehrende Hinwendung an Gewesenes in psychotischen Neigungen manifestiert, die eine Welt in der Welt mit allen verfügbaren Mitteln anstrebt. Grenzen werden bei der Umsetzung des Vorhabens in die Tat nicht akzeptiert, so daß sich hieraus unübersehbare Konfliktsituationen ergeben können, die Unbeteiligte involvieren. Aber: Diese Welt, wie immer sie auch zurechtgeträumt wird, ist unwiederbringlich dahin, nicht reinkarnierbar als Zeit, die sie war. Übrig bleibt der Versuch, sich träumerisch in sie hineinzubegeben. Das ist legitim und hilft, Alltagssorgen erträglicher zu gestalten. Solche Form der Befriedigung weist alle Anzeichen einer gesunden Sublimation und Motivdifferenzierung auf. Der Sublimationsprozeß, wenn er als legitimes Mittel der Überwindung eines inneren Zwiespaltes betrachtet wird und keine Schuldgefühle daraus erwachsen (... eigentlich dürfte ich das nicht, ich sollte mich lieber um die Gegenwart kümmern), setzt eine neue Position im Verhältnis zu sich selbst, indem es den vehementen Wunsch nach uneingeschränkter Motivbefriedigung allmählich in eine Wandlung der Anschauungen umformt. Dieser psychische Vorgang erfährt Unterstützung durch eine zunehmend *rationalisierte* Betrachtung des seinerzeit erlittenen Verlustes an Lebensqualität. Er stellt sich immer mehr und aufgehellter nur als *vermeintlicher* Verlust dar, sofern ihn keine gravierenden Umstände begleiteten wie Tod des Ehepartners, eines Kindes oder naher Angehöriger, Krankheit oder erhebliche Vermögenseinbußen. Ist dies nicht der Fall, relativiert sich Lebensqualität per se, und die Vergangenheit verblaßt zunehmend zugunsten der Gegenwart.

■ Eine rationalisierte Vergangenheitsbetrachtung erfordert keinen Verzicht auf Erinnerung. Erinnerungen – abgekoppelt von Sehnsüchten, die allesamt diffus sind und es wegen ausbleibender Verifikation auch bleiben müssen – zu leben ist ein integraler Bestandteil der Kompensation von Lebensangst und als psychohygienisches Moment von großer Bedeutung. Die eklatante Fehlleitung der Psyche durch das bewußte Herabsenken des Korrektivs Verstand, wie sie z. B. in Hypnosetherapien Anwendung findet, um Gegenwärtiges erträglich zu machen, kann allerdings schwerste psychische Störungen heraufbeschwören. Sie als Form der Auseinandersetzung zum Zwecke der Motivbefriedigung (Sehnsucht nach einstigen Lebensumständen) zu wählen, kommt einem Spiel mit dem Feuer gleich. Die eine Sehnsucht wird durch die andere – unbedingtes Wiedererleben als Person, die man war – ersetzt und schafft eine fatale Abhängigkeit vom Therapeuten: Die phantasierte Welt des Einst durch hypno-suggestive Maßnahmen zu gestalten läge in dessen Händen. Träumen, ohne sich aufzugeben, ist hierbei nicht möglich. Anders jedoch verhält es sich im *bewußt* gelebten Zusammenspiel von Erinnerung und Gegenwart als Prozeß *gewollter* Wechselbeziehungen. Dies wäre eine geglückte Symbiose, fernab aller verzehrenden Sehnsucht.

XV. Geschieden:

Das Leben muß weitergehen

Denn wo das Strenge sich mit dem Zarten,
wo Starkes sich und Mildes paarten,
da gibt es einen guten Klang.
Drum prüfe, wer sich ewig bindet,
ob sich das Herz zum Herzen findet!
Der Wahn ist kurz – die Reu' ist lang.

Friedrich Schiller

«Ich hätte nie gedacht, daß mir so etwas passieren würde», meint Manfred Stachowiak. Seine Scheidung liegt erst drei Monate zurück, und er scheint Mühe zu haben, sich in der neuen Gegenwart zurechtzufinden.

Wir sitzen in seinem eher noch kahlen, gerade bezogenen Appartement am Rande jener norddeutschen Großstadt mit dem Anspruch, das Tor zur Welt zu sein, beisammen und sprechen über die Liebe im allgemeinen und die einer bestimmten Frau im besonderen.

«Meine Frau hat einen jüngeren Mann kennengelernt», erklärt er seine Situation. «Ganz einfach so. Nachdem ich eines Tages dahintergekommen bin, die Sache ging wohl schon eine ganze Weile, hat sie mir gesagt, daß sie zusammenziehen wollen und daß sie nur noch nicht gewußt habe, wie sie es mir beibringen soll. Mit diesem Kerl, der geschieden ist und außerdem zwei Kinder mitbringt, will sie zusammensein! Neun und vierzig Jahre alt sind die. Daß so etwas passiert, liest man ja, aber daß es einen selbst trifft, nach zwanzig Jahren Ehe? Niemals, sagt man sich.»

«Weshalb sind Sie ausgezogen und nicht Ihre Frau?»

«Weil, ich konnte es nicht mehr ertragen, weiterhin in der Wohnung zu leben, in der wir ... so ... glücklich ... waren. Ich habe meine Sachen gepackt und bin losgezogen. Von heute auf morgen. Habe zuerst in Pensionen gewohnt. Dann fand ich das kleine Appartement hier. Es ist ganz ordentlich, nicht wahr? In vier Wochen kommen die Möbel. Alles neu. Ich habe nichts, nicht mal einen Löffel, mitgenommen. Ich habe alles neu gekauft.»

«Die Scheidung haben Sie hinter sich. Zahlt Ihnen Ihre Frau Unterhalt?»

Manfred Stachowiak schaut mich verständnislos an. «Unterhalt? Unterhalt, nein. Ich würde mich doch niemals von ihr aushalten lassen! Solche sauberen Scheidungen hätte er gerne mehr, sagt mein Anwalt. Keine Szenen, keine offenen Fragen. Die Parteien gehen auseinander, wie sie zusammengingen. Ich habe sogar darauf bestanden, meine Kosten selbst zu tragen, obwohl meine Frau mir angeboten hat, sie zu übernehmen. Nein, soweit haben wir es nicht, habe ich ihr gesagt. Ich will dir nichts schuldig sein. Das hat sie nicht verstanden, sondern wollte mir sogar ein Kuvert zustecken. Da bin ich einfach davongegangen. Ohne mich umzudrehen.» Es stößt ihm bitter auf. «Aber glauben Sie nicht, daß mir das leichtgefallen wäre. Im Gegenteil. Ich bin an die Alster gelaufen und habe mich ausgeheult. Zwanzig Jahre waren wir zusammen. Wir wollten keine Kinder. Meine Frau ist leitende Angestellte in einem Kaufhauskonzern. Ich bin Syndikus bei (...). Wir haben beide sehr gut verdient. Hatten dafür aber im Prinzip nur das Wochenende füreinander. Unter der Woche sahen wir uns nur zum Abendessen. Fernsehen, ein bißchen Lesen. Ab und zu ein Konzert. Oper. Ballett. Vernissagen. Eben das, was man so tut, wenn man eine gewisse Position innehat. Das hat uns auch alles irgendwie Spaß gemacht. Wir wollten es ja so und nicht anders. Wir haben Reisen gemacht. Außer Südafrika und China gibt es kein westliches Land, in dem wir nicht waren. Das war eine schöne Zeit. Und wir haben uns wirklich und ehrlich geliebt. Auf unsere Art. Nichts Himmelhochjauchzendes, sondern drei Viertel Herz, ein Viertel Verstand. Wir genossen uns, wenn man so sagen kann. Im Englischen gibt es dafür genau den passenden Ausdruck: *We enjoyed ourselves*. Ja, so war das ...»

«Als Jurist hätten Sie aber alle Möglichkeiten gehabt, sich zu wehren», wende ich ein und ertaste vorsichtig den wahren Hintergrund seiner Entscheidung.

«Das Recht ist eine feine Sache. Wenn es um andere geht. Jemandem, der einem nahesteht, tut man nichts an. Ich jedenfalls nicht. De jure hätte ich es sogar ruhigen Gewissens tun können. Kein Richter hätte mich getadelt. Sie hätten sich nur ihre eigenen Gedanken gemacht. Vielleicht hätten sie geglaubt, ich ritte auf den Paragraphen herum, um meiner Frau eines auszuwischen. De facto hätte ich auch allen Grund gehabt. Ich als empörter Hahnrei – nein. Außerdem habe ich eine Stellung, wo man mir lautes Gepolter vielleicht übelnähme.» Hastig fügt er hinzu: «Aber deswegen bin ich nicht leise gewesen. Ich war nur maßlos enttäuscht. Ich hatte geglaubt, wir wären immer ehrlich zueinander gewesen. Ich jedenfalls war es. Hatte nie eine Affäre. Hätte manche haben können. Hatte aber aus Liebe zu meiner Frau keine.»

«Meinen Sie, daß alles anders gekommen wäre, würden Sie beide mehr Zeit füreinander gehabt haben?»

Er schüttelt entschlossen den Kopf. «Nein, das meine ich nicht. Wir waren uns immer im klaren darüber, daß unsere Jobs der eigentliche Lebensinhalt sind. Wir haben ja auch eine schöne Karriere gemacht. Die Zeit war da kein Kriterium im Sinne von Zukurzkommen. Und ich hatte auch niemals den Eindruck, daß wir uns nichts mehr zu sagen hätten. Wir haben im Gegenteil ganz intensiv gelebt. Die Zeit, die wir zusammen waren, richtig genossen. Geld spielte für uns überhaupt keine Rolle. Meine Frau verdiente fast zweihunderttausend Mark per anno und ich ein bißchen mehr. Sie hatte jedes zweite Jahr ihr neues BMW-Cabrio, und ich hatte eine Harley-Davidson und einen getunten Alfa 164. Unser Geld hatten wir gut angelegt in Immobilienfonds hier und in der Schweiz und in den USA. Dafür haben wir auf eine Eigentumswohnung verzichtet. Wir sind immer umgezogen, wenn uns danach zumute war. Achtmal in zwanzig Jahren. Die letzte Wohnung war die schönste. 100-Quadratmeter-Dachterrasse, 150 Quadratmeter Wohnfläche. Drei Garagen. Kaltmiete rund viertausendfünfhundert Mark. Eine schicke Wohnung. Sie hätten sie sehen sollen.» Er macht eine Armbewegung, die das ganze Appartement umschließt. «Das hier habe ich gemietet, weil ich nichts Größeres mehr für mich brauche. Kommen Sie, ich möchte Ihnen etwas zeigen –»

Wir gehen in die Küche, ganz hypermodern ist sie in der hauseigenen Grundausstattung, sogar mit Kacheln und Fliesen von Villeroy & Boch, und Manfred Stachowiak deutet zum Fenster hinaus. «Sie können von hier den Michel sehen. Das obere Drittel leider nur. Ich finde es trotzdem schön, daß man ihn sieht. Als Hamburger bedeutet er einem etwas. Obwohl ich – vive la différence – strenggenommen Blankeneser bin. Wollen Sie einen Kaffee? Entschuldigen Sie, daß ich Ihnen noch nichts angeboten habe.» Als er den Kaffee zubereitet hatte – instant, zwei Löffel pro Tasse aus dem Billigkaufhaus –, gehen wir zurück ins Wohnzimmer und nehmen wieder auf den zwei provisorischen Ikea-Stühlen Platz. Die Tassen balancieren wir auf den Knien. Eine echte Idylle. Wäre da nicht der waidwund geschossene Mann mir gegenüber, der sich wacker bemüht, das Desaster seines Lebens wegzustecken, als sei es nur ein leichter Unfall gewesen, man hätte glauben können, hier sei einer abgebrannt und verkrieche sich vor seinen Gläubigern. Doch abgebrannt ist Manfred Stachowiak ganz und gar nicht. Jedenfalls nicht finanziell und karrieremäßig. Das Herz ist getroffen und aus dem Takt gekommen, und da hilft auch alles Geld der Welt nichts.

«Wie stellen Sie sich Ihre nahe Zukunft vor?» frage ich ins Schweigen hinein. Er pustet verlegen auf den dunkelbraunen Kaffee und überspielt seine nicht so ganz konkreten Vorstellungen. «Ich könnte beruflich zulegen», erwidert er. «Man will mir anbieten, Vorlesungen über Wirtschaftsrecht zu halten an der renommierten (...)-Akademie. Ich weiß, wer dahintersteckt und daß man mir einen Gefallen tun will. Aber wenn es soweit ist, tue ich so, als wüßte ich nichts und wäre ganz aus dem Häuschen. Mein Arbeitgeber würde mich einmal die Woche freistellen. Für ein Jahr vorerst. Die Aufgabe könnte mich schon reizen.»

«Wie sieht es mit anderen Frauen aus?»

«Ich brauche keinen Sex, wenn Sie das meinen. Jedenfalls jetzt nicht. Ich werde mir später ... wenn sich die Gelegenheit ergibt, warum nicht. Aber im Moment, nein. Ich habe beim Möbelkauf vor der Wahl gestanden, mir ein Doppelbett zuzulegen oder nur ein einfaches. Ich habe mich für das einfache entschieden. Ein englisches Schiffsbett aus massivem Mahagoni. Leder. Dunkelgrün. Kapitoniert. Messingbeschläge. Sieht edel aus. Kostenpunkt, falls Sie das interessiert, dreizehntausend Mark.»

«Was würden Sie tun, wenn Ihre Frau jetzt vor der Tür stünde und zu Ihnen zurück wollte?»

«Sie weiß nicht, wo ich wohne», weicht er aus.

«Nehmen wir an, sie stünde vor der Tür.»

«Ich . . . ich. Ich weiß nicht. Ich glaube nicht, daß ich wieder mit ihr zusammenleben könnte.»

«Und auf Probe?»

«*Drum prüfe, wer sich ewig bindet*, heißt es doch. Ich will mich mit dieser Vorstellung nicht befassen. Ihre Frage ist zu hypothetisch. Ich lasse alles auf mich zukommen. So habe ich es mit mir ausgemacht.»

―――― Manfred Stachowiak hat es – finanziell jedenfalls – noch außerordentlich gut getroffen. Die Zahl derer, die (im umgekehrten Fall) bis aufs Hemd ausgezogen werden, ist Legion. Das alles täuscht aber nicht darüber hinweg, daß die Wunde, die seine Frau ihm schlug, weiter heftig blutet und die Psyche vor Schmerz unfähig ist, solche Verletzung als unvermeidbar hinzunehmen.

Unvermeidbar? Leider ja, denn das schicksalhaft Zusammengeschweißtseinwollen ist ein fatales Symbol blinden Verliebtseins. Wer nicht wahrhaben will, daß seine Partnerin aus Fleisch und Gefühl und nicht nur aus Verstand und Kalkül besteht, muß sich immer auf den Augenblick des Scheiterns einer menschlichen Verbindung gefaßt machen. Das mag angesichts der Scheidungsrate bei Fünfzigjährigen, von denen der Volksmund meint, sie kämen in die späte Mauser, recht mitleidlos klingen, gleichwohl hilft eine Verdrängung auch nichts.

Männer, deren Frauen von einem jüngeren Konkurrenten weggenommen werden, beziehungsweise die sich von ihnen wegnehmen lassen, blecken hilflos die Zähne und kommen erst allmählich dahinter, daß der wunde Punkt eigentlich sie sind. Das Alter um fünfzig ist das Alter der Verluste, habe ich schon gesagt, und das trifft leider auch zu. Verlust, als Trennung von der Partnerin definiert, ist nicht der Normalfall, gewiß, denn es verhält sich zumeist umgekehrt.

Juvenile Männer, die ihren zweiten Frühling in den Eingeweiden rumoren fühlen, laufen wegen einer Jüngeren der Älteren weg. Zurück bleibt auch ein Opfer. Um das kümmert sich die Statistik und reklamiert für sich das Prinzip des Angebots- und Nachfragemarktes. Die Verletztheit der Seele ist dem Statistiker als Größe fremd, dem Psychologen nicht. Was er dem Mann rät, muß er der Frau ebenso raten. Tut er aber nicht, sondern erfindet zur Parallelität des Vorganges der Trennung noch das Gesetz des Jägers hinzu. Dies entschuldigt den Mann und verurteilt die Frau, was uneinsichtig ist, denn verletzen und verletzt werden sind keine rationalen, sondern emotionale Vorgänge.

Wer wen verletzt, indem er ihn verläßt, ist sekundär; im Vordergrund steht allein das Faktum als solches. Und da gibt es, meiner Auffassung nach, nur den *Vorsatz* der Trennung. Der *Wille* des einzelnen determiniert die Folgen. Ursache indes ist und war stets die Fehleinschätzung der eigenen Größe und die Unterschätzung des Faktors Zeit. Schiller sah dies und meinte: «*Es sind die kleinen, engern Gemüter, die so gern jeden verdienten Kummer mit dem Namen eines unerbittlichen Schicksals belegen*» (aus ‹Schillers Leben› v. C. v. Wolzogen, 1801).

Manfred Stachowiak erlag dem Fehlschluß, daß ein Arrangement der Interessen gleichbedeutend mit einem immerwährenden Schulterschluß sei und daß seine Partnerin keine eigene Entwicklung durchmache. Vielleicht hätten sie weniger sprachlos und weniger rücksichtsvoll zueinander sein müssen, um rechtzeitig herauszufinden, daß Karriere und die feste Zeiteinteilung für ein Beisammensein nach Jahren doch nicht mehr dem Ideal, wie zu Beginn der Ehe, entsprach. Kurz ist der Wahn und lang die Reue – vor zweihundert Jahren wohl nicht anders als heute.

Die Ehe, als Institution hinterfragt, wird von den Fünfzigjährigen nicht in Frage gestellt; das Ausbrechen aus ihr im Sinne einer endgültigen Trennung nehmen deshalb nur wenige als sie betreffend an. (Solche Aussage steht allerdings in einem gewissen Widerspruch zu der in Kapitel zwei beantworteten Frage. Nehmen wir aber an, daß das Alles-hinter-sich-Lassen als Gemeinschaftsakt gedacht war und die Ehe deswegen nicht zerbrechen würde.) ————————————————

Halten Sie an der Ehe als Institution fest?

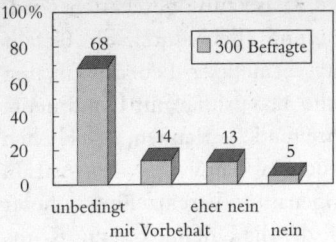

Fazit:

Die Ehe nur als Institution im Sinne einer gegenseitigen Interessenvertretung zu begreifen weist einen janusköpfigen Charakter auf. Als Hüter trauter Gemeinsamkeit eignet er sich jedenfalls nicht, denn sein Wesen ist ambivalent. Wo Liebe als Dauerzustand gilt und dem Gleichstand gemeinsamer Interessen Ewigkeitswert beigelegt wird, ist die Gefahr, daß gerade aufgrund solcher Einigkeit bei Verlust nur des winzigsten Interessenpartikels ein unheilvoller Riß durch die Gemeinschaft geht. Kinderlosigkeit als Entscheidungsgrundlage zu nehmen ist selbstredend legitim, die Konsequenz wird jedoch verdrängt: der originäre Auftrag der Ehe lautet nämlich, das Gebot der Fortpflanzung zu befolgen. Ehe als wohlbehüteter Hort der Aufzucht des Nachwuchses ist ein viel weitreichenderes Element, als man glauben mag. Dadurch daß Frauen bei gewollter Kinderlosigkeit instinktiv ihrer Bestimmung folgen (und auch als Ersatzmutter dienen möchten), indem sie sich, ungeachtet ihres Eheversprechens, vom Partner lossagen, drückt das ganze Dilemma aus, in dem sich Männer befinden, die erst mit fünfzig erfahren müssen, daß der einstige Lebensentwurf auf einer äußerst leichtfertigen Sinngebung beruhte. Der tradierte Begriff von der Unauflöslichkeit des Eheversprechens: zueinander halten in guten wie in schlechten Tagen, wird dort pervertiert, wo anstelle des Wunsches nach Kindern ein Surrogat tritt, d. h. eine Basis gegenseitigen Einvernehmens über eine ganz konkrete Zielsetzung geschaffen wird. Ziele tragen den Keim der Veränderung allein durch die Gefahr späterer Neubewertung – aufgrund vermehrter Lebenserfahrung oder anderer Zielsetzung – in sich, sind also primär nur Dokumente einer Momentaufnahme. Das fortschreitende Verlangen, sich ehelich nicht zu binden, manifestiert sich in der stark anwachsenden Anzahl von Single-Haushalten. Nicht die sogenannte Vereinzelung – dieser soziologisch negativ besetzte Begriff, der die Unfähigkeit zur Kompromißbildung suggerieren soll –, sondern die zunehmende Erkenntnis, daß der freiwillige Entscheid zum Zusammenleben eher über die Zeit trägt als der durch das Eheversprechen erzwungene, fließt ein in die Urteilsbildung über den Wertbegriff Ehe als Institution und Garanten immerwährenden Glücks.

■ Eine Garantie, daß ein in relativ jungen Jahren gegebenes Versprechen auch noch nach Jahrzehnten dieselbe Qualität aufweist, geht an aller Lebenserfahrung vorbei. Das Leben, d. h. die tagtäglich hinzugewonnene Erfahrung im Umgang mit Menschen und Dingen, wird bei einem des Denkens nicht entwöhnten Menschen einen Prozeß der Reflexion auslösen. Er kommt gar nicht darum herum, denn Erfahrungen werden gemacht werden müssen. Sie bleiben nicht aus. Ob nun Frauen daraus bestimmte Konsequenzen ziehen und dem Mann die Gefolgschaft aufkündigen oder ob Männer ihre Frauen (i. d. R. wegen einer Jüngeren) verlassen, macht nur, wie erwähnt, einen graduellen Unterschied aus. Per Saldo ist die Rechnung nie ausgeglichen, denn einer von beiden steht, tradierten Anschauungen zufolge, stets beim anderen im Soll. Diese Unausgeglichenheit wird als menschlich tragisch deklariert, ist jedoch nur die Folge eines höchst törichten Festklammerns an jemandem, mit dessen Entwicklung man entweder nicht Schritt halten konnte oder wollte.

■ Würde die Akzeptanz in einer – modernistisch – ‹Beziehung› genannten intimen Verbindung zwischen zwei Menschen dahingehend erweitert, daß die mentale und psychische Entwicklung als unausbleibliches Element der Persönlichkeitsgenese angenommen und nicht verdammt wird, resultierte daraus das jedem bekömmliche, da aus Einsicht gewonnene pragmatische Credo, welches jedwedes Zusammensein als ein Zusammensein auf Zeit bewertet. Keine Tragik lastete über dem Wunsch nach Neuorientierung, kein Nimbus (der Ehe) würde zerstört, denn der Konsens würde in eben jener Akzeptanz gefunden, die den Partner auf Zeit nicht daran hindert, sich ein anderes Umfeld zu schaffen. Im übrigen ist hier der Hinweis angebracht, daß Liebe in ihrer Definition der uneigennützig Gebenden verzichtet und nicht fordert. Zum Beispiel, indem sie ein einstmals gegebenes, von den Zeitläuften zwischenzeitlich relativiertes Versprechen einklagt. Allein der freie Entscheid, zusammenzusein mit wem man will und abzulehnen, wessen Nähe einem nicht behagt, verbürgt die Nichtbeschädigung der Seele. Psychotherapeuten und -analytiker würden auf einen Schlag brotlos. Die Mär von der Abhängigkeit wäre dann – endlich – als bloßes Herrschaftsinstrument entlarvt.

XVI. Innovation:

Mit fünfzig vor Ideen sprühen

Es ist allgemeine Wahrheit, daß man, um Erfolg zu haben,
wohl daran tut, die Ziele etwas höher zu stecken, als sie
schließlich erreichbar sind.

Max Planck

Mindestens ein Dutzend Ideen treiben Erwin Lambert gleichzeitig um. Er weiß, daß sie synchron zu realisieren nicht möglich sind, dessenungeachtet schafft er pausenlos, wie er sagt, ‹synergetische Effekte›.

«Das Verzweigen und Verästeln einer Idee – ich arbeite unter anderem gerade an der Lösung eines vorwiegend logistischen Problems – nennt man kybernetisch, ihre tausendfache Gabelung synergetisch», erläutert er und kommt dabei in volle Fahrt. «Die Gabelung soll zur hunderttausendfachen Befruchtung führen. Befruchtung bedeutet, die eine Idee auf eine andere pfropfen, diese wiederum zu pikieren und so weiter und so fort, damit sie ständig Neues hervorbringt und sich von selbst modifiziert.»

Das klingt kompliziert, so wie er es sagt, aber Erwin Lambert ist kein Mann der stromlinienförmigen Worte. Er verzweigt und gabelt und verästelt sie ebenso, wie sich in seinem Kopf Ideen vergabeln und verzweigen und verästeln. Eine gewöhnungsbedürftige Prozedur, die volle Aufmerksamkeit erfordert. Er weiß das, und er beansprucht das. Nicht daß er ein Auditorium zur Selbstdarstellung benötigt, an Selbstbewußtsein gebricht es ihm keinesfalls, aber er scheint es gewohnt zu sein, daß man ihm zuhört. Wen wundert es, Erwin Lambert leitet in einem Unternehmen, das sogenannte ‹Weiße Ware› produziert, die Entwicklungsabteilung.

«Was halten *Sie* von innovatorischem Denken?» fragt er unvermittelt und lächelt mich sanft an. In dieser Sanftheit liegt jedoch eine mächtige Herausforderung. So verfährt er vermutlich mit seinen Mitarbeitern, wenn er sie pro domo in einen Dialog zwingt. Ganz freundlich und unverbindlich natürlich. Das fiel mir sofort an ihm auf: daß er ungemein freundlich und wohlwollend wirkt.

«Ich wünschte, es würde sich auf das Bildungswesen auswirken», erwidere ich. Dies entspricht meiner tiefen Überzeugung. Wer heute Abiturwissen abfragt, wird in den meisten Fällen erschüttert sein.

Er lächelt wieder und erklärt: «Da möchte ich Ihnen zustimmen. Denken Sie nur an Wilhelm von Humboldt. Er war in Person und Anspruch der Beweis für den Segen innovatorischen Denkens. Ein Genie. Für mich der einzige, der seinen Siegeszug unter der Prämisse, daß man Innovation nützlich findet, voraussagte. Würden wir statt faselnder Kultusminister einen Mann wie ihn haben, würde mir um das Bildungswesen nicht angst sein. Da Politiker im allgemeinen den Nützlichkeitsaspekt von Bildung nur unter machtpolitischer Interessenlage betrachten, darf man sich nicht über den desolaten Bildungsstand unseres Volkes wundern. Wenn Sie ahnten, welche Probleme ich mit frischgebackenen Hochschulabsolventen habe ...»

Er berichtete, wie unsäglich deren assoziatives Denkvermögen entwickelt ist, sobald es um den praktischen Nutzen einer Entwicklung ging. Von der mangelhaften Fähigkeit, sich hinreichend zu artikulieren, ganz abgesehen. «Das führt unter anderem dazu, daß ich ihnen vorkauen muß, was sie denken sollen. Sich beispielsweise in die Rolle einer berufstätigen Frau versetzen, die es satt hat, sich durch einen Wälzer von Bedienungsanleitung für ihre Waschmaschine durchzuwühlen. Was möchte diese Frau? frage ich sie. Keine Antwort. Ich sage, sie will einen Apparat haben, der nur zwei, drei Handgriffe benötigt, um zu funktionieren, und der am besten alles selbst macht. Da das nicht möglich ist, müssen wir also den Bedienungsvorgang auf ein zeitliches und handhaberisches Minimum reduzieren. Ach so, krieg ich da zu hören, das also wollen Sie. Hätten Sie das nicht gleich sagen können?» Er faßt sich in gespielter Verzweiflung an den Kopf. «Ich habe es ihnen lang und breit erklärt, welche Vorgabe ich mache. Sie haben es nicht begriffen. Innovation, glauben Sie mir, fängt mit Sprache an und hört bei ihr auf. Mißverständnisse kosten unser Unternehmen Millionen. Herausgeschmissenes Geld. Nur weil man nicht mehr des Verstehens der Bedeutung eines Wortes fähig ist. Semantik und Semiotik müßten als Pflichtfach in jedes Studium integriert werden.»

Wo er recht hat, hat er recht. Wie er es dennoch fertigbringt, seine Mannschaft auf Kurs zu halten, erkundige ich mich. Wer innovatorisches Denken predigt, muß beispielgebend vorangehen. Ich bitte um Fallschilderungen.

«Ich gehe zur Zeit mit -zig Ideen schwanger», führt er aus. «Darüber sprachen wir ja schon. Mein Kopf raucht dennoch nicht. Ich ordne die Ideen ihrer Priorität nach. Ich versuche es zumindest, das will ich gerne konzedieren, denn es gelingt mir nicht so, wie ich es gerne möchte. Oft mache ich meine Frau verrückt. Auf meinem Nachttisch liegen nämlich Papier und Bleistift. Ich wache auf, fast jede Nacht, und notiere, was mir gerade eingefallen ist. Darunter sind dann auch solche Ideen, wonach Sie fragen. Neulich habe ich eine neue Form von Brainstorming gemacht. Ich habe meine Leute, fünfzehn Ingenieure sind es, die mir direkt unterstehen, aufgefordert, auf bestimmte Fachtermini, die ich nannte, ganz spontan eine Alltags-Assoziation niederzuschreiben. Da kam was zusammen, sage ich Ihnen! Zwei Prozent Nutzen. Achtundneunzig Prozent Geschwafel. Aber diese zwei Prozent reichen mir ja schon. Nächste Woche veranstalte ich mit ihnen einen Wochenend-Workshop auf dem Land. Mal sehen, was herauskommt, wenn sie in freier Natur sind. Ich denke, für mich wird es auch ganz gut sein. Ich bastele gerade an einem personenbezogenen Sprechmodul. Man nennt nur noch einen Code für ein bestimmtes Waschprogramm, und schon geht's los. Ich hoffe, daß ich in einem halben Jahr soweit bin. Als synergetischen Effekt denke ich an die Installation solchen Moduls in einen Mikrowellenherd. Man sagt, was man wann wie zubereitet haben will, und alles andere erfolgt automatisch gesteuert.»

«Haben Sie nicht Angst, daß Ihnen Ihre Ideen über den Kopf wachsen? Ich stelle mir das schwierig vor, so allein und ohne kongenialen Partner.»

«I wo. Ich arbeite für mein Leben gern, ohne ein Workaholic zu sein. Ich habe immer, was ich getan habe, mit ganzer Hingabe getan.

Das Leben ist ein einziges Problemlösen. Das ist nicht von mir, das ist von Popper. Es stimmt, nur reduzieren die meisten Menschen das Problemlösen auf ihre absolut banalen Problemchen, die sie mit sich selbst haben. Sehen Sie, ich habe vier Kinder. Drei Söhne, eine Tochter. Ich habe ihnen frühzeitig beigebracht, was es heißt, Mensch unter Menschen zu sein. *Man muß sich die eigene Stellung erarbeiten und darf nicht erwarten, daß es die anderen für einen tun.* Sobald man das erkannt hat, wird alles leicht. Auf meinen Beruf bezogen: Ich muß vordenken, damit das Unternehmen im Wettbewerb weiterhin vorn liegt. Ich kann nicht von meinen Mitarbeitern erwarten, daß sie für mich denken. Sie würden mir mit Recht Faulheit unterstellen. Also denke ich mir etwas aus und ziehe sie langsam mit. Allerdings geht mir langsam dieses ‹langsam› ziemlich auf die Nerven. Ich müßte mehr Geduld aufbringen. Versuche ich auch, schaffe es aber nicht gut. Damit meine Leute sehen, daß ich sie nicht zu verbraten gedenke, mache ich Seminare und Workshops, Brainstormings und all das, wozu andere gar keine Lust hätten. Ich sehe mich eben als Motor. Und ich werde es bleiben, solange mir der liebe Gott einen klaren Verstand gibt. Hat das Ihre Fragen beantwortet?»

Es hat. Aber ich habe noch einen Pfeil im Köcher. Ein bißchen giftig ist der, doch der Mann reizt ja förmlich zur Herausforderung. Da er im Vorgespräch Humboldt als seine geistige Leibspeise erwähnte, zitiere ich ihn und bin gespannt auf die Reaktion: «Humboldt hat unter ‹*Der einzelne Mensch und sein Endzweck*› geschrieben: ‹*Der wahre Zweck des Menschen – nicht der, welchen die wechselnde Neigung, sondern welchen die ewig unveränderliche Vernunft ihm vorschreibt – ist die höchste und proportionierlichste Bildung seiner Kräfte zu einem Ganzen*›. – Meinen Sie nicht, daß Ihr berufliches Engagement auf Kosten anderer Interessen geht? Lesen Sie? Spielen Sie ein Instrument? Üben Sie einen Sport aus? Und würden Sie sich als einen guten Vater und Ehemann bezeichnen?»

Kein Schatten verdüstert sein Gesicht, das Lächeln bleibt. Er hätte ja immerhin solche Frage übelnehmen können. Erwin Lambert leistet beruflich immens viel, da sollte man sich nicht nach einer etwaigen Vernachlässigung der ‹proportionierlichen Bildung seiner Kräfte zu einem Ganzen› erkundigen.

Er erwidert kein bißchen indigniert: «Das läßt sich leider nicht vermeiden. Im übrigen spricht Humboldt auch von der Eigentümlichkeit der Kraft im Menschen und daß er ewig um den Mittelpunkt ringen muß, wenn er wachsen will. Und er spricht von der Freiheit des Handelns. Die nehme ich mir. Für meine Familie hätte ich gerne mehr Zeit, aber sie versteht mich. Wir richten es zum Beispiel so ein, daß wir zusammen frühstücken und sonntags zusammen etwas unternehmen. Abends reden wir miteinander. Die Kinder studieren hier in (...), da sind sie fein raus. Und Instrumente spiele ich nicht. Kein Talent dazu. Lesen, ja, ich lese einiges. Meinen Humboldt kenne ich, weil mich sein Staatsentwurf interessierte. Ich habe eine solide humanistische Ausbildung genossen. Und meinen Max Planck kenne ich erst recht, schon aus rein beruflichen Gründen. Deshalb das Zitat. Sport treibe ich in der Firma. Da haben wir ein phantastisch eingerichtetes Fitneß-Center. Und eine Sauna und ein Schwimmbad. Acht mal vierundzwanzig Meter, sechsbahnig. Die Jungen scheuchen mich ganz schön. Ich revanchiere mich beim Brainstorming. Jeder wie er's versteht. Nun, zufrieden?»

«Mich interessiert noch, wie Sie Ihren fünfzigsten Geburtstag verlebt haben und welche Gedanken Ihnen durch den Kopf gegangen sind.»

«Meine Firma hat ein Schiff gechartert, und wir sind, um die dreihundert Leute so etwa, ein wenig den Rhein hinuntergeschippert. Es war schön. En familie natürlich, das habe ich mir ausbedungen. Unser Vorstand war komplett an Deck. Eine beachtliche Ehrung, die man mir zuteil werden ließ. Tja, das war's. Vergessen werde ich diesen Geburtstag nie. Und was – ach ja, welche Gedanken mir durch den Kopf gegangen sind? Wissen Sie, die Fünfzig ist schon irgendwie ein magisches Datum. Doch von Torschlußpanik bin ich weit entfernt. Ich habe einen tollen Job, eine tolle Familie. Habe ein schönes Haus. Verdiene ordentlich. Bin gesund. Nein, ich brauche nix. Mir geht es gut, bestimmt besser als vielen anderen in meinem Alter. Ich kenne tüchtige Leute, die von heute auf morgen entweder auf der Straße standen, weil ihre Firma pleite machte, oder die man mit einer schönen Abfindung vor die Tür setzte, weil sie zu alt waren. Mit fünfzig! Ich glaube, ich würde das große Heulen kriegen, wenn man mich schaßte. Aber –» – er klopft dreimal auf Holz – «ich sitze gottlob so fest im Sattel, daß ich so etwas nicht befürchten muß. Und (. . .) ist so stark an der Börse, daß die niemals in Konkurs gehen werden. Und die Entwicklungsabteilung schon gar nicht. Höchstens, daß mir ein junger Kerl am Stuhl herumsägt, aber da habe ich auch schon meine Vorbereitungen getroffen. Besser gesagt, ich habe einen fabelhaften Plan zur Gegenwehr fix und fertig im Kopf. Bräuchte ihn gegebenenfalls nur umzusetzen. Nein, also, ich bin rundum zufrieden.»

Es wird noch ein langer, schöner Nachmittag. Der offizielle Teil ist vorüber. Das Private steht im Vordergrund. Erwin Lambert ist ein wirklich sympathischer Mann in den besten Jahren. Ohne Komplexe, ohne Neidgefühl, einfach ein sich seines Könnens und seiner (relativen) Unentbehrlichkeit bewußter Fünfziger. Es wäre schön, trügen all die vielen anderen, denen ich begegnet bin, auch nur einen einzigen jener ansteckenden Funken in sich, der das innovatorische (Denk-) Feuer in ihnen entfacht und lodern läßt. Resignation und Verbissenheit, Lebensüberdruß und Verzweiflung, Obsessionen und unerfüllbare Träume würden davon verzehrt. Schade, daß es nur so wenige vom Format eines Erwin Lambert gibt.

———— Es gibt sie noch, die Sternstunden im Leben eines Autors, der sich eines Tages vorsetzte, ein weiteres Buch zu schreiben, und zwar unbedingt eines über jene Gruppe Menschen, der er selbst ohne Zutun zugehörig geworden ist: ein Buch über die Fünfzigjährigen, jener eigentümlich unruhigen Spezies, die da zwischen Noch-nicht-alt-Sein und Nicht-mehr-jung-Sein in einer Art Zeitkorsett stecken. Manchen ist es zu weit (die würden am liebsten schon ‹rentnern›, wie mir einer sagte), den meisten viel zu eng (weil sie alles dafür gäben, das Rad der Zeit zwanzig Jahre zurückdrehen zu können), und einige ignorieren sein Zwicken und Zwacken einfach.

Mein Interviewpartner gehörte dazu. Er vibrierte geradezu vor Unternehmungsgeist. Geist – ja, der weht, wo er will, wie es heißt. Erwin Lamberts Geist weht so heftig, daß er einen umpustet, ist man nicht darauf gefaßt. Seine Mitarbeiter leiden darunter, das ist nicht auszuschließen, besonders jene, deren Langsamkeit im Denken zum Bremsklotz

Lambertscher Rasanz wird. Schnelle Denker scharen erfahrungsgemäß gerne schnelle Auffasser um sich, denn sie hassen es, sich wiederholen zu müssen.

Vielleicht erwächst hieraus, was aber nicht zu hoffen ist, aus dieser genialischen Ungeduld, eine gefährliche Abwehrhaltung jener Mitarbeiter, die sich überfordert fühlen. Das ist für jeden leitenden Angestellten von einiger Brisanz. Andererseits gibt sich Erwin Lambert väterlich und fürsorglich. Eines steht jedenfalls fest: daß er jeden, der es mit ihm zu tun hat, auf eine unbezwingliche Weise für sich einnimmt. Seine Vehemenz des Vortrages und sein geistiger Anspruch befruchten – vorausgesetzt, man will das und stellt sich solcher Herausforderung.

Ihr zu begegnen ist leider nicht mehr in großem Umfange möglich, denn der nachwachsenden Generation mangelt es am Impetus für Außergewöhnliches. Das meinte jedenfalls Erwin Lambert. Er zielte damit auf seine Söhne, die ihrem Vater nicht im Turbogang, sondern im Schongang nacheiferten. Innovation hat für sie (gegenwärtig) nur die Bedeutung von ‹Da ließe sich etwas draus machen›, nicht aber gibt sie den Startschuß zu jenem innovatorisch geprägten Denken, das einem nach kurzer Zeit so lieb und teuer wird, daß man es um nichts mehr in der Welt missen möchte. Etwas maliziös gedacht: Gut zu wissen, daß Männer wie Erwin Lambert es nicht auf allen Gebieten zu Spitzenleistungen gebracht haben ...

Welche Bedeutung Fünfzigjährige dem Einfluß von Kreativität und Innovation auf Ökonomie, Forschung und Wissenschaft und damit auf den unmittelbaren sozialen Fortschritt beimessen, zeigt die Grafik auf. Bemerkenswert ist die prinzipielle Einsicht in dessen Notwendigkeit zum Wohle aller. Sie steht jedoch leider in Kontrast zum oftmals spärlichen eigenen Beitrag. ————————————————————————

Welche Bedeutung hat Innovation für Sie?

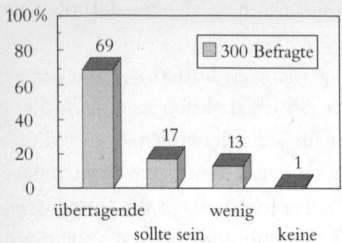

Fazit:

Die geistige Regsamkeit mit der Unruhe der Uhr zu vergleichen dürfte zutreffend sein. Sie ist der ‹Motor› des ganzen aufwendigen Werkes, das nichts anderes zum Zweck hat, als die Zeit zu messen. Sobald der Zweck obsolet wird, endet ihre Arbeit. Sie wird nicht mehr benötigt, ist also nicht *zweck*-dienlich. Auf die Impulse des Geistes im Sinne der nimmermüden Tätigkeit des Intellekts bezogen, erfolgt ebenso eine Zielsetzung: eigen- oder fremdbestimmt. Die Intensität ihrer Verfolgung bestimmt den Takt, wobei eigenbestimmte Zielvorgaben ungleich höhere Impulse erzeugen als fremdbestimmte. Das ist menschlich verständlich, denn stets erzeugt Eigennutz den stärksten Antrieb. Wer lediglich fremddefinierten Zielen entgegenzustreben hat, wird schneller ermüden, denn er verfolgt nicht sein Ziel, sondern das eines anderen. Deshalb kann unter dem Aspekt der Ausdauer nur stets für *eine* – wie auch immer geartete – Zielsetzung zur selben Zeit plädiert werden.

■ Der Mangel an Zielen, die jemand im Alter von fünfzig Jahren hat, ist nur scheinbar. Realiter bewirkt allein die Lebenserfahrung eine Vielzahl von Effekten, die, richtig reflektiert, ungeahnte Möglichkeiten ergeben. Dabei hat sich jedoch erwiesen, daß, je stärker die Anbindung an fremdbestimmte Ziele ist, um so intellektuell unselbständiger die Betroffenen sind. Das verwundert nicht, denn die Aufgabe von Eigeninitiative leitet ein teilnahmsloses Dahintreiben und Mitschwimmen im Strom der Zeit ein, das spätestens nach der staatlich betriebenen Zwangspensionierung böse Folgen zeitigt.

■ Zielsetzungen vorzunehmen beginnt daher Jahrzehnte früher, wenn das Training des Intellekts noch relativ mühelos vonstatten geht. Eines ist nämlich auch sicher: daß im Alter von fünfzig Jahren der ungeübte Geistesmuskel Strapazen nur allzugerne von sich weist. Daraus resultiert, was die Jugend respektlos – doch berechtigt – ‹Verkalkung› nennt. Dem erfolgreichen Training des Geistes muß zuerst die Einsicht zugrunde liegen, daß das Fleisch irgendwann nicht mehr in dem Maße willig sein wird, wie es einst war. Die logische Folge ist die Verschiebung der Ebenen von der physischen auf die intellektuelle. Das hat mit Sublimation nicht viel zu tun, sondern äußert sich als ein Gebot der Vernunft. Wer wie im geschilderten Fall zeitlebens zu geistigen Hochleistungen aus purer Freude am Vollbringen aufläuft, hat es natürlich gut. Für ihn ist Alltag, was für andere zum Ausbruch daraus, ja zum Abenteuer werden kann (vgl. Kap. sieben). Das Gegenteil davon, das lethargische Dahindümpeln durch die Tage, ist leider mehr Fünfzigjährigen eigen, als man meinen mag. Sie ordnen sich in die bedauernswerten Jungvergreisten ein und gehören zu den ersten, die bei einer Entlassung zur Disposition stehen. Die synergetisch negativen Weiterungen sind abzusehen: Langzeitarbeitslosigkeit, Perspektivlosigkeit, Flucht in Alkohol und Krankheit mit allen psychosomatischen Begleiterscheinungen, von denen Depressionen bis hin zum Suizid nur Teilaspekte offenbaren. Ursache war der untrainierte Intellekt, der nie ein anderes als das Gegenwartsziel anzusteuern wußte.

■ Innovatorisches Denken kann zum (Lebens-) Prinzip erhoben werden. Die Fruchtbarkeit solcher Grundeinstellung ist beachtlich und sichert dem, der sie instrumentalisiert, auf allen Betätigungsfeldern einen immensen Vorsprung. Beruflicherseits vor Mitbewerbern, im privaten Bereich durch ein ungewöhnliches Maß an Harmonie. Die erwächst aus der Erkenntnis, daß Harmonie (lat. harmonicus = ebenmäßig; stimmig) eine Quelle hat, die nur in einem selbst zu finden ist und die das Ungleichgewicht der Ansprüche Dritter zu den eigenen als eine Unabhänderlichkeit anerkennt.

Eine Deckungsgleichheit zwischen beiden wird er nie herzustellen beabsichtigen, sondern immer nur einen Maximalkonsens. Das ist der Kern und das allwaltende Prinzip innovatorischen Denkens. Es beflügelt den Geist und befruchtet (als synergetischer Effekt) die Physis. Und es ist kostenlos zu haben, wenn man die Anstrengung des Denkens als solches nicht als Preis erachtet. Fünfzigjährige, die solchem Prinzip huldigten, gehörten stets zu den Erfolgreichen, nie zu den geistig Mühseligen und Beladenen auf unterer sozialer Ebene, denn für sie ist jedes Problem im Rahmen ihrer Möglichkeiten lösbar. (Die Grundstruktur innovatorischen Denkens habe ich in meinem Buch ‹Egoismus ohne Reue. Die Kunst, sich nicht selbst im Weg zu stehen› erläutert, das ich in diesem Zusammenhang gerne an dieser Stelle erwähnen möchte.)

XVII. Krankheit:

Wehleidigkeit hilft nicht

Ich habe in guten Stunden des Lebens Glück empfunden
und Freuden ohne Zahl: So will ich denn gelassen mich
auch in Leiden fassen; welch Leben hat nicht seine Qual?

Chr. F. Gellert

Es geschah vor sechs Jahren; seitdem sitzt Norbert Hellwig, von der
Hüfte abwärts gelähmt, im Rollstuhl. Das schreibt sich so leicht: sitzt
im Rollstuhl. Sechs Jahre eines Lebens sind damit belastet, und er
wird noch alle, die ihm folgen, so verbringen: im Rollstuhl. Keine
Aussicht auf Heilung, attestierten die Spezialisten. Definitiv.

Ich trete, ich gebe es zu, befangen vor ihn hin – und erlebe keinen
gebrochenen, sondern einen gut aufgelegten Mann, der einen überhaupt nicht schicksalsgebeutelten Eindruck macht. Die Verwunde-
rung scheint ihm bekannt zu sein, weil sie ihm wohl schon oft begegnet ist. Er überspielt gekonnt diese Minuten und bittet mich, Platz zu
nehmen. Seine Frau bewirtet uns mit Kaffee und Kuchen (Frankfur-
ter Kranz, selbstgebacken, den müssen Sie doch noch von Ihrer Jugendzeit her kennen...?) und verabschiedet sich gleich darauf. Sie
habe heute ihr Plauderstündchen, sagt sie, küßt ihren Mann auf den
Mund, wünscht uns viel Vergnügen, und hinaus ist sie.

«Das ist wirklich wahr», meint Norbert Hellwig, als wir allein
sind. «Nicht daß Sie denken, sie ginge, weil wir allein sein wollen.
Da kennen Sie meine Frau schlecht. Überhaupt, wenn sie nicht wäre,
gäbe es mich wohl nicht mehr.»

Was habe ich darunter zu verstehen? Er klärt mich über die psychische Belastung, die ihn zu erdrücken drohte, auf: «Ich hatte, als ich
von den Ärzten erfuhr, wie es um mich stand, einen regelrechten
Nervenzusammenbruch. Nach einem Schlaganfall ist das so, sagte

man mir wie nebenbei. Ich wollte einfach nicht wahrhaben, daß ich nur einer unter vielen war. Schlaganfälle kommen nicht so plötzlich, wie man denkt. Ich war Kettenraucher, habe mich wenig bewegt, keinen Sport getrieben, habe auch ziemlich viel getrunken – ich war Feinmechaniker, bei uns war das eben so üblich. Irgend jemand hatte immer etwas zu feiern – und auf einmal ist es passiert. Plötzlich, ich stand an der Werkbank, kippte ich einfach um. Fiel auf die Schnauze, so richtig voll drauf. Nase gebrochen, Kiefer angeknackst. Das kam noch hinzu. Als ich zu mir gekommen bin und man mir sagte, daß ich nicht mehr gehen würde können, weil die Lähmung beide Beine befallen hat und anfangs auch den rechten Arm und die rechte Gesichtshälfte, drehte ich durch.» (Selbstironisch: «So gut ich noch konnte...») «Heulte, schrie, wie man eben heulen und schreien kann als Dreiviertelkrüppel. Das ging ein Jahr lang so. Es war grausam, anders kann ich es nicht sagen. Dazu der Streit mit der Berufsgenossenschaft, ich war fertig. Gott sei Dank hatte meine Frau Arbeit, so daß wir wenigstens finanziell halbwegs über die Runden kamen. Aber das Seelische – ich hatte keine Lust mehr zu leben. Mir war alles gleichgültig. Wir haben keine Kinder, und meine Frau wäre auch allein zurechtgekommen. Wenn Sie so vor sich hin grübeln, kommen Sie auf die abenteuerlichsten Gedanken. Ich wollte mich am Fensterkreuz hochhangeln und mich einfach durchs Glas fallen lassen. Dann dachte ich, ich mache es mit Gas. Wir haben Gasheizung, da wäre das kein Problem gewesen. Komischerweise hielt mich der Gedanke davon ab, daß andere Mieter zu Schaden kämen. Hätte ja irgendwie explodieren können, nicht wahr? Diese Zeit werde ich nie vergessen. Man ist so furchtbar allein, auch wenn sich die Menschen um einen kümmern. Innen drin, da hat es aufgehört, das Herz, zu schlagen. Man ist von Kopf bis Fuß gelähmt, nicht nur dort, wo man es tatsächlich ist. Alles ist wie fortgeblasen. Keine Erinnerung mehr, nichts. Total nichts. Nicht mal Leere, wie man meinen sollte. Ein Zustand, der gar nicht zu beschreiben ist, ist das. Jedenfalls dauerte es und dauerte es, bis ich begriff, daß der Tod auch nur eine von zwei Lösungen ist. Von da wollte ich wieder leben. Meine Frau meinte, ich sei von einer Stunde zur anderen aufgeblüht wie eine Rose. Sie hat es bis heute nicht verstanden, woran es lag. Ich habe ihr ja nichts vom

Tod erzählt. Ich werde das auch nicht tun, denn es würde sie sehr belasten. Sie würde sich Vorwürfe machen und glauben, daß sie mich damals nicht verstanden hat. Das möchte ich auf keinen Fall.»

Die Nachmittagssonne scheint herein und malt leuchtende Kringel an die Wand. Der Raum beginnt, je weiter die Strahlen wandern, überirdisch zu glühen. Ein himmlisch schönes Farbenspiel. Norbert Hellwig sieht, daß ich davon gefangen bin. «Ja», sagt er, «das ist zauberhaft, nicht wahr? Im Winterhalbjahr, wenn die Sonne tief steht, ist das hier die schönste Zeit. Im Sommer fahre ich auf den Balkon. Wir haben keine Geranien gepflanzt, die sind mir zu üblich. Wir haben Feldblumen ausgesät. Letztes Jahr hatten wir richtige Mohnblumen in den Kästen.» Er lacht. «Die Nachbarn glaubten, wir bauen heimlich Haschisch an. Dabei weiß ich gar nicht, ob man das aus Mohnblumen ziehen kann. Ja, so haben wir das Beste aus meiner Lage gemacht. Die Wohnung haben wir ein wenig umgebaut, damit ich es leichter habe. Sie ist schön eingerichtet, nicht wahr?»

Sie ist wirklich geschmackvoll möbliert. Neu-Barock. Doch nicht überladen, eher dezent und sparsam. Die gerahmten Aquarelle fallen auf. Wohltuende, pastellige Farben, die Landschaften porträtieren. Er bestätigt meine Vermutung, daß sie seinem Pinselstrich entstammen.

«Ich habe letztes Jahr zu aquarellieren begonnen. Eine sehr schwierige Technik ist das. Öl malt sich leichter. Aber ich liebe diese duftige Frische. Mit Öl kriegen Sie das nie hin. Wenn Sie mögen... da in der Schublade liegt meine Mappe.»

Wir betrachten gemeinsam die vielen, sorgsam in Folie gekleideten Blätter. Norbert Hellwig verfügt über ein beachtliches Talent. Er ist sichtlich davon angetan, daß sie auch einem Fremden gefallen. Ob er nicht daran denke, sie in eine Ausstellung zu geben, frage ich. Daran habe er schon gedacht, nur sei (...) ein Ort, in dem Behindertenkunst trotz grün-roter Postulate nicht gefördert werde. Und in Banken komme man mit Aquarellen nicht unter. Die machen nichts her. Zwei mal drei Meter große Ölschinken, so wie die sogenannten Wilden malen, haben eine Chance. Nein, er wolle auch nicht Klinken putzen, obwohl ihm sein Sportklub schon angeboten habe, in der Cafeteria auszustellen. «Aber das finde ich zu aufgesetzt», fügt er hinzu. «Da denken die Leute gleich, aha, der will sich nur profilieren. Sie wissen ja gar nicht, auf welch verrückte Ideen manche kommen. Ich mich profilieren! Vollkommener Quatsch!»

Sportklub? Ich möchte mehr darüber wissen.

«Wir haben eine Mannschaft gegründet, in der Behinderte und Unfallgeschädigte gegeneinander antreten. Natürlich brauchte das Zeit, ehe die Leute begriffen, worum es da geht. Wir wollen keine Meisterschaften veranstalten, sondern nur einfach Sport miteinander machen. Handball zum Beispiel.» Wieder diese unprätentiöse Selbstironie: «Fußball geht ja schlecht. Volleyball, Basketball. Es gibt eine Menge Sportarten, bei denen man nur die Hände benutzen kann. Ja, und da bin ich mittlerweile zum Kapitän gemacht worden. Zweimal die Woche trainieren wir. Frauen und Männer, das habe ich durchgesetzt. Da Unterschiede zu machen, fand ich pervers.»

«Erhalten Sie staatliche Zuschüsse?»

«Nein, und Sie werden staunen, die wollen wir auch gar nicht. Wir haben nämlich einen Sponsor. Einen Schwaben. Das gibt's nicht oft. Der hat uns ehemalige Werkräume zur Verfügung gestellt, solange er dort nicht neu baut. Wenn er expandiert, erhalten wir etwas anderes, das hat er uns zugesichert. Monatlich läßt er sich das Ganze ein paar Tausender kosten. Und wir leisten unseren Beitrag, indem jeder zwanzig Mark in die Kasse legt. Da kommt eine hübsche Summe zusammen. Wir waren sogar im vorletzten Jahr mit einem Charterjet auf Teneriffa. Also, auf die (...-)Industrie lasse ich nichts kommen. Die Politiker, denen wir geschrieben haben, haben uns allesamt abgehakt. Zu selbständig sind wir denen wohl. Können nicht mit uns hausieren gehen. Neulich, da war der (...) hier und laberte herum. Es waren ja Wahlen. Wir haben ihn ausgebuht, bis er draußen war. Seitdem gehören wir nicht mehr zu seinen Pflegefällen, ließ er uns wissen. Ich sag's ganz offen: Er und sie alle können uns mal. Wir sind nicht auf ihre Almosen angewiesen. Aber die Reaktion, wenn man sie rausschmeißt, ist phänomenal. Sie tun doch tatsächlich so, als gäben sie das Geld aus ihrer eigenen Tasche. Wir sollen danke sagen, wenn wir etwas davon wiederbekommen, was sie uns an Steuergeldern genommen haben. Ich kann Ihnen gar nicht sagen, wie glücklich wir sind, daß wir uns ein hohes Maß an Autonomie bewahren konnten. Unser Sponsor redet uns nicht drein. Er hängt uns nicht einmal sein Logo um, wenn die Presse kommt. Sehen Sie, so etwas gibt es auch in unserem Land. Man muß nur aufhören, auf wehleidig zu machen und aller Welt zu sagen: Schaut her, wie schlecht es mir geht. Nein, Eigeninitiative entwickeln, motzen und klotzen, was das Zeug hält, wenn man vereinnahmt werden soll, dann funktioniert das. Lernen mußte ich's schon, wie der Hase läuft. Und hätte ich nicht meine liebe Frau gehabt, die mir beigestanden ist, ich hätte es niemals geschafft. Übrigens werde ich zusammen mit einem Freund, den es genauso erwischt hat wie mich, einen Gesprächskreis für Schlaganfallgeschädigte gründen. Richtig als eingetragener Verein. Die Statuten haben wir bereits festgelegt und werden jetzt die gemeinnützige Anerkennung beantragen.»

Ich verhehle meine Bewunderung für solches Engagement nicht. Es ist schon beachtlich, wozu Menschen fähig sind, wenn der Wille sie voranbringt. Ich muß auch sagen, daß mir diese Begegnung wegen ihrer Offenheit und Ungekünsteltheit sehr gefallen hat. Von der sympathischen Selbstbehauptung Norbert Hellwigs ganz zu schweigen.

«Was würden Sie anderen in Ihrer Lage empfehlen?» frage ich.

«Wenn sie jemanden haben, der zu ihnen hält, ist es leichter, das alles zu überstehen», erwidert er nachdenklich. «Der seelische Druck ist ungeheuer schwer alleine zu ertragen. Ich hatte Glück. Ich habe meine Frau gehabt. Obwohl, als es mir so miserabel ging, habe ich nur egoistisch daran gedacht, wie ich es zu Ende bringe. Man kann als Gesunder gar nicht nachempfinden, wie es ist, innerlich total abgestorben zu sein. Was nützt einem das Wissen, was Arteriosklerose im Gehirn bewirkt, wenn es einen schon erwischt hat? Wie sagt man einem Raucher, daß es blöd ist, zu tun, was er tut? Daß man nicht jeden Tag ohne Konsequenzen sechzig, siebzig Stück rauchen darf? Und dann jeden zweiten Tag Bier und Schnaps, weil die Kollegen einen ausgaben. Kein Sport, nur Glotze. Ach, als ich's geschnallt habe, habe ich mir gesagt, welch ein Idiot bist du doch gewesen. Das ist deine Strafe. Du sitzt im Rollstuhl. Dreißig Jahre lang geraucht, getrunken, wie soll denn das anders enden als im Rollstuhl? Aber wie Sie bemerken, habe ich das alles hinter mir. Zuerst bin ich vor Selbstmitleid zerflossen. Heute geht mir die Wehleidigkeit anderer auf den Keks, wenn ich sehe, wie munter die herumhüpfen und dennoch jammern, weil sie dieses Jahr weniger im Portemonnaie haben oder weil sie ihren Job gekündigt bekamen. Dann sucht euch einen neuen, Leute, möchte ich denen sagen. Ihr sitzt nicht im Rollstuhl und habt gesunde Beine. Mit denen könnt ihr laufen bis ans Ende der Welt. Und wenn ihr Schuhe putzt, aber tut was und hört auf, euch zu bemitleiden. Kommt mal in unseren Klub und seht euch die an, die es erwischt hat. Die sind nicht nur ohne Job, sondern die haben nicht mal mehr die Chance, gesund zu werden. Und trotzdem lassen sie sich nicht unterkriegen. Also, Leute, quatscht nicht aller Welt die Ohren voll, wie schlecht es euch geht, sondern freut euch, daß ihr noch einen gesunden Körper habt. Mit dem könnt ihr eine ganze Menge anstellen. Und mit dem da oben –» – er klopft sich an den Kopf – «kann man soviel anfangen, wenn man nur will ... Verzeihen Sie, aber sie sind eben mit mir durchgegangen. Ich kann das Gejammere gesunder Leute nicht ertragen. Es wird doch alles andere so nebensächlich, wenn man alle Glieder bewegen kann, nicht wahr?»

«Ich werde Ihre Worte so niederschreiben», versichere ich. «Ich denke, diese Botschaft sollten alle hören, die meinen, mit fünfzig sei ihr Leben zu Ende. Davon gibt es ziemlich viele. Objektiv leben sie in besten Verhältnissen. Subjektiv fühlen sie sich, als gingen sie an (seelischen) Krücken.»

Wir unterhalten uns noch eine ganze Weile. Er erläutert: «Das Zitat habe ich mir ausgesucht, weil es auf mich zutrifft. Ich hatte eine schöne Zeit, die vielen Jahre über. Wir haben aus Liebe geheiratet. Meine Frau war achtzehn Jahre alt und ich dreiundzwanzig. Ich könnte mir keine bessere Frau vorstellen. Wenn ich an all die Jahre zurückdenke, käme ich mir schäbig vor, zu sagen, das war nichts. Im Gegenteil, es war ein richtig gutes Leben. Es hilft viel, sich daran zu erinnern. Nein, ich habe nicht den geringsten Grund, mit meinem Schicksal zu hadern. Aber ich gebe zu, es war ein langer Prozeß, ehe ich zu dieser Erkenntnis gekommen bin. Heute weiß ich, daß er notwendig war. Hätte es ihn nicht gegeben, würde ich das mit dem Klub und jetzt mit dem Verein sicherlich nicht gebracht haben.»

—————— Was in der Tat hilft, ist ein Netz, das einen auffängt, wenn es einem schlecht ergeht. ‹Schlecht ergeht› ist ungebührlich untertrieben angesichts des hier aufgezeigten Lebensweges. Was Norbert Hellwig durchgemacht hat, dürfte mit Durch-die-Hölle-Gehen sicherlich zutreffender beschrieben werden. ‹Durch die Nacht zum Licht› heißt es, wer aber solchen Weg zurückgelegt hat, wird darüber nur müde lächeln. Der Verlust an Bewegungsfreiheit aus Gründen unüberwindbarer physiologischer Barrieren bedeutet mehr als einen Verlust. Er ist das Handikap schlechthin und verändert die Lebensqualität auf eigentlich untragbare Weise. Die Einschränkungen, die die Betroffenen erleiden, können zwar durch therapeutische Maßnahmen emotionell gemindert werden, aufzuheben sind sie jedoch nicht.

Geborgenheit, die aus der selbstverständlichen Zuwendung eines Dritten erwächst, bedeutet zumindest eine psychische Stütze, vielleicht auch eine gewisse Form der Rekonvaleszenz, gleichwohl betrifft das eigene Schicksal in der Regel auch andere. Wie diese damit umgehen, konstruktiv oder abwehrend, ist eine andere Frage. Deren positive Beantwortung leistet allerdings *den* entscheidenden Beitrag zur seelischen Gesundung des Betroffenen. Daß Krankenhäuser in den seltensten Fällen über psychologisch geschultes Personal verfügen, welches seelischen Beistand zu leisten vermag, und daß kaum Fachleute in klinischer Psychologie einem Ratsuchenden zur Verfügung stehen, ist auf eine im Lichte der Menschenwürde betrachtet zynische Kosten-/Nutzenstruktur zurückzuführen. Im Grunde genommen ist die Annahme vorherrschend, daß der Patient gut daran täte, sich allein in der neuen Situation zurechtzufinden, und dies zugleich auch innerhalb des Familien- oder Freundeskreises erfolgt. Dabei stehen in der Regel Familie und Freunde der insgesamt auch sie tangierenden dramatisch veränderten Lebenssituation hilflos gegenüber. Richtig wäre eine rechtzeitig durchgeführte Existenzanalyse und die Führung des Betreffenden in einer introspektiv-konflikterhellenden Therapie hin zur Akzeptanz seines neuen Zustandes. Eine sogenannte kleine Psychotherapie ist verfehlt, denn die psychagogischen Verfahren eignen sich nicht dazu, Selbstwertgefühl und Selbstannahme aufzubauen, das Selbstvertrauen zu steigern und die Aufgabe von Schuldzuweisungen (an sich und andere) zu bewirken. Es handelt sich ja nicht primär um Ich-gestörte Personen, sondern um in des Wortes fataler

Bedeutung schlagartig um ihre Zukunftsperspektiven gebrachte Menschen. Es liegt also keine leichte krisenhafte Befindlichkeitsstörung vor, vielmehr der elementare Verlust von Lebensqualität.

Das überwältigende Gefühl des Verlorenseins, eines tragisch auf sich Zurückgeworfenwerdens, erfüllt alle Schlaganfallpatienten. Das Hineinfinden in eine neue, oft erheblich eingeschänkte Lebenswirklichkeit bedeutet einen vielfachen Umbruch in den Gewohnheiten, die sich über Jahrzehnte gefestigt haben. Lebenserfahrungen einzusetzen, um beispielsweise die Lähmung des Schreibarmes zu kompensieren, ist erkennbar aussichtslos. Einem Langstreckenläufer kann man auch nicht bei Funktionsverlust beider Beine raten, Gehirn-Jogging als physiologische Kompensation zu betreiben. Eine psychische Stabilisierung wird demzufolge erst dann zu verzeichnen sein, wenn eine den veränderten Bedingungen entsprechende Akzentsetzung erfolgt. Die jedoch kann vom Betroffenen kaum allein vollzogen werden, weshalb gerade in diesem Stadium der Ich-Findung Rat und Beistand durch fallversierte Psychologen dringend benötigt wird. Oder es findet sich wunderbarerweise eine Ehepartnerin, die, wie im geschilderten Fall, eine solche Phase des Aufbaus einleitet.

Selbst aller Beistand wird jedoch nicht über den Schicksalsschlag hinweghelfen, wenn es am Willen zu seiner Bewältigung mangelt. Ob sie glauben würden, eine schwere Krankheit, die sie wesentlicher Körperfunktionen beraubt, ohne Beistand bewältigen zu können, war die an den befragten Personenkreis gerichtete (hypothetische) Frage. Die Antworten sprechen für sich. ─────────────────

Ist (seelischer) Beistand bei Behinderung wichtig?

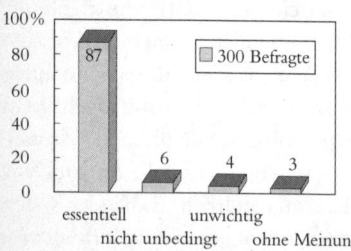

Fazit:

Einen Schicksalsschlag wie diesen zu bewältigen bedeutet, daß dessen Bewältigung, sozusagen als Suspension des gewaltsam Veränderten, überhaupt gewollt wird. Dieses Argument mutet weiter hergeholt an, ist es jedoch nicht, wie die Recherchen ergaben. Die übermächtig werdende Selbstaufgabe fordert ihre Opfer, und es muß nicht als letzte Konsequenz der Suizid sein, sondern es genügt die innere Verabschiedung von der Welt der Gesunden. Apathie als Verweigerungshaltung sich selbst gegenüber symbolisiert das Scheitern der Bemühungen der Außenwelt, sich dem Betroffenen einfühlsam genug genähert zu haben. Daran ist allerdings die Außenwelt am wenigsten schuld, denn sie weiß nicht mit dem, worin sie unfreiwillig involviert ist, umzugehen. Passivität statt Aktivität sind deshalb Ausdruck tiefer Verunsicherung und haben nicht unbedingt etwas mit Lieblosigkeit und mangelnder Anteilnahme zu tun. Das Hinaufhieven solcher Unterlassungen auf die metaphysische Ebene pseudophilosophischer Deutungsmuster – wie sie in der menschenverachtenden, unheilvollen Lehre vom Karma zutage treten – ist nicht nur unzweckmäßig, vielmehr verantwortungslos und abgrundtief zynisch. Ihr muß mit aller Entschiedenheit entgegnet werden.

■ Gerade wenn Schicksalsschläge, die man prinzipiell nur als ‹sogenannt› deklarieren sollte, niederwerfen – denn ihr Hintergrund ist niemals mono-, sondern multikausaler Natur und offenbart keinen Akt eines ungnädigen Gottes noch außerirdischer Gewalten, sondern allein die der reinen Naturgesetzlichkeit unterliegenden physischen Körper der irdischen Welt –, ist das Gebot der Vernunft, nicht Wunderheiler zu konsultieren, sondern vielmehr die knallharte Gangart rationaler Schadensbegrenzung einzulegen. Das klingt anteilnahmslos, bewirkt jedoch eine Inanspruchnahme des psychischen Kraftreservoirs der unbeschädigt gebliebenen Teilnehmer am Geschehen. In der Folge bewirkt dies richtungsweisende Schritte: hin zur Wissenschaft und weg von obskuren Gesundbetern. Die anzurufen hat Konjunktur; die abfällig als Schulmedizin qualifizierte Humanmedizin bietet jedoch das Terrain, auf dem sich neben der seelischen Arbeit bewegt werden muß, um nicht nur Schadensbegrenzung zu betreiben, sondern den Betroffenen vor weiteren schlimmeren Schäden zu bewahren.

■ Dem physischen Verlust folgt unmittelbar die psychische Instabilität. Ehe sie ihn zum Teil zu kompensieren vermag, da der Verlust an Bewegungsfreiheit zum allgegenwärtigen Moment im Leben geworden ist und weder vollständig kompensiert werden kann (durch sportliche Betätigung) noch ein tiefgehender Verdrängungsprozeß zu erwarten ist, weil Lähmungen nun einmal lähmen und nicht die Motorik ankurbeln, muß ein Prozeß der Aktivierung des Selbstbehauptungswillens einsetzen. Erfolgt er nicht, und es bleibt beim guten Zureden (es wird schon werden, warte erst einmal ab ...), ergeben sich zwei unheilvolle Konstellationen:

Zum einen wird der Betroffene in solch fragwürdiger Trostspendung nur die Bestätigung seiner geheimen Vermutung erblicken, daß nämlich auf Dauer keine Linderung zu erfahren ist (und dementsprechend zur Selbstaufgabe neigen), und

zum anderen mißtraut er allen – später – einsetzenden Bemühungen, sofern sie erst auf sein dringendes Bitten – wenn er sich intuitiv zur Wehr setzt – erfolgen. Den negativen Eindruck, zwar etwas bewirkt zu haben, was letztlich aber als reine Gefälligkeitsgeste erscheint und als unnütz interpretiert wird, durch den positiven Eindruck zu ersetzen, daß sich wirklich um ihn bemüht wird, bedeutet Kärrnerarbeit. Sie kann vermieden werden, indem die geeignete Ansprache zur rechten Zeit – und zwar sogleich, wenn die Akzeptanz noch am größten und der Selbstbehauptungswille intakt ist – vorgenommen wird. Das Vertrauen in die Liebe, Zuneigung oder wissenschaftliche Kompetenz des Ansprechpartners ist hierbei essentiell für den positiven Gesprächs- und Behandlungsverlauf. Selbstwertgefühl und Selbsterhaltungstrieb korrelieren nämlich, d. h., wenn einer von ihnen beschädigt wird, gerät der andere als Komplementär in Mitleidenschaft. Da das Selbstwertgefühl als Individualität der Seele gelten kann, entscheidet sie autonom, indem sie in einen (nicht immer bewußt erlebten) Vergleichstest mit Dritten eintritt. Der Vergleich mit anderen erzeugt Behagen und ein Gefühl des Unterlegenseins.

Kann es nicht durch konstruktive Rivalität überwunden werden und scheitern am Objekt zudem kompensatorische Rachegelüste oder als beglückend empfundene Ressentiments, wirft dies einen schweren Schatten auf das Selbstwertgefühl. Die Folge sind Depressionen und die Reduktion des Willens, sich als Instanz selbst zu erhalten. Der Selbsterhaltungstrieb schwindet und mit ihm natürlich der Wille zur Selbstbehauptung. Dritte werden als übermächtig empfunden; geraten sie zur unüberwindbaren Bedrohung, wird oft der Ausweg in der Selbsttötung gesucht. In solcher Konstellation der Gefühle, die vielleicht nicht einmal mehr richtig artikuliert werden können, bewegt sich der Kranke. Erfährt er durch Fehldeutung der Äußerungen und Handlungen der ihn Umgebenden jene unüberwindbare Barriere als faktisches Ende seiner Lebensqualität und Zukunftsschau, tritt der Mechanismus der Verweigerung in Kraft. Apatisches Zur-Kenntnis-Nehmen der Umwelt sind der Beginn des Stadiums der Selbstaufgabe, Nahrungsverweigerung der selbstgesetzte Schlußpunkt als letzter Akt des Auf-sich-aufmerksam-Machens. Die Stärkung des Selbstwertgefühls – man versuche sich nur in die Lage eines Menschen zu versetzen, dem der Gebrauch seiner Gliedmaßen verwehrt ist – hat daher allererste Priorität beim gesamten Rekonvaleszenzprozeß. Seine überragende Funktion als willensbildendes Element außer acht zu lassen zeitigt dramatische Folgen, die durch eine gezielte Einflußnahme verhindert werden können.

XVIII. Lebenskunst:

Freuden, die man sich selbst bereitet

Das Leben muß wie kostbarer Wein mit gehörigen Unterbrechungen, Schluck für Schluck genossen werden. Auch der beste Wein verliert für uns allen Reiz, wir wissen ihn nicht mehr zu schätzen, wenn wir ihn wie Wasser hinunterschütten.

Ludwig Feuerbach

Einen Menschen zu treffen, der sich so des Lebens freut, ist selten. Er demonstriert nicht, wie gut es ihm auf Erden gefällt; er zeigt nicht ostentativ seine Begeisterung für jede Entdeckung, die er im Laufe des Lebens machte; er schreibt nicht über seine guten Erfahrungen mit den Menschen, denen er begegnete, und trägt sie lautmalerisch zu Markte; er verzichtet auf alles Beiwerk, das ihn interessant macht, und gibt sich so, wie er ist: ein netter, freundlicher, aufgeschlossener Mann.

Werner Seidel ist in der Tat ‹so einer›, von dem man nicht mehr lassen möchte, einfach weil es einem in seiner Nähe gefällt. Er ist ‹gut verheiratet›, wie er bemerkt, seine Kinder, zwei Jungen und ein Mädchen, gehen noch zur Schule (er hat erst mit vierunddreißig geheiratet), seine Wohnung ist hübsch eingerichtet, doch das alles ist nebensächlich, wenn man Werner Seidel gegenübersteht. Es wird gewissermaßen zur Staffage. Der Mann nimmt für sich ein. Seine Augen sind es, die faszinieren! Sie leuchten von innen heraus, und wenn auch nur ein Funken Wahrheit daran ist, daß die Augen der Spiegel der Seele sind, ist man spontan versucht zu sagen, daß diese Augen pures Lebensglück ausstrahlen.

So ist es auch, obwohl sich das Leben Werner Seidel nicht von selbst von der besten Seite gezeigt hat. Er hat sie ihm abgewonnen. «Ich bin viel in der Welt herumgekommen in jungen Jahren», sagt er.

«Ich bin Schreiner von Beruf, und früher war es ein ungeschriebenes Gesetz, daß man als Geselle ‹auf die Walz ging›. Diese Pflicht nahm ich sehr ernst, denn ich liebe meinen Beruf. Ich habe Deutschland von Nord nach Süd, von West nach Ost – bis an die Grenze zur sogenannten DDR – durchquert. Überall habe ich mich, wie man dazu sagt, ‹verdingt›. Zu fahrenden Zimmerleuten sind alle Leute nett, jedenfalls ist das meine Erfahrung. Ich habe gutes Geld verdient, obwohl ich manchmal nur für Kost und Logis gearbeitet habe. Die Menschen haben mir halt gefallen. Das habe ich übrigens immer so gehalten: Wo ich mich wohl fühle, bleibe ich und schaue nicht auf Geld und Tag. Tja, da bin ich durch Österreich gewandert, durch die Schweiz, wo ich Probleme bekam, weil die Eidgenossen fahrendes Volk nicht dulden, auch wenn man ehrlich arbeiten will, dann Frankreich – wo ich mir Französisch beigebracht habe –, später Italien, Spanien, Portugal, England, Irland, ein paar Monate auf Island, wo ich Steinwälle reparierte, nach acht Jahren zurück nach Deutschland. Da war ich siebenundzwanzig Jahre alt. Habe Fernweh gekriegt, nach einem Vierteljahr bereits. Habe nach Amerika rübergemacht, als ich eine Arbeitsstelle gefunden habe. Green Card also kein Problem. Als ich dort war, hat mich der Chef auf Reisen geschickt. Ich bat ihn einfach darum. Wir haben mobile Häuser, das sind solche, die auf einen Trailer montiert werden können, gebaut. In allen Staaten, bis auf Hawaii und, eigenartigerweise, Maryland, war ich. Von oben in Maine links rüber ins Holzland Nummer eins, nach Oregon – phantastisch, sage ich Ihnen. Das Land phantastisch, die Leute phantastisch. Habe dort richtig Amerikanisch gelernt. Heute könnte ich jederzeit Slang sprechen, daß man denkt, ich käme aus den tiefsten Slums Georgias. Später bin ich durch Kanada getrampt, war in Alaska und habe mich im Goldschürfen am Yukon versucht. War aber nichts für mich. Wasser und Kälte, da kriegt man die Gicht. Als ich dreißig war, bin ich nach Australien gegangen. Von Perth aus quer durchs Land hoch nach Darwin, in die Stadt, wo einen die Krokos von der Parkbank wegschnappen, wenn man nicht aufpaßt. Tropenklima gefällt mir. Nach ein paar Monaten habe ich mir Urlaub bewilligt und bin durchs Great Barrier Reef geschnorchelt. War in Brisbane und habe eine Frau kennengelernt: Maude. *Love at first sight*.

Vier Wochen später haben wir geheiratet. Hier in (...). Sie wollte es so, denn ihre Mutter stammt von hier. Seitdem bin ich seßhaft geworden. Arbeite als Angestellter in einem Baugroßhandel. Schreinern tu ich, wenn mein Chef wieder einmal einen Engpaß hat. Das kommt in unserer Branche öfters vor. Die Leute heute haben keinen Ehrenkodex mehr. Keine Arbeitsmoral. Die machen blau, wie es ihnen gefällt. War früher undenkbar. Es war Ehrensache, daß man für den Meister da war, egal ob gesund oder halb tot. Ich war noch nie krank in meinem Leben. Habe aber jede Menge blaue Flecke gekriegt – ich meine auch solche auf der Seele, denn es war ja nicht immer alles so leicht, wie ich es Ihnen hier erzähle –, aber ich habe mir gesagt, solange mir der liebe Gott soviel Gutes schenkt und mich mit Menschen zusammensein läßt, die mir gefallen, kann ich nicht klagen. War zwar nie mit Reichtümern gesegnet, habe aber mein Geld stets zusammengehalten und war sparsam. Ich habe fast die ganze Welt gesehen, habe viele gute Menschen kennengelernt – was also soll ich mir noch wünschen? Meine Kinder liebe ich, wir verstehen uns, meine Frau ist das Größte, was ich im Leben bekommen habe, wir haben keine Sorgen, nämlich weil wir uns keine machen, ich arbeite gerne – was soll es da noch geben, was mir mit Fünfzig fehlen könnte?»

«Was meinen Sie, worin liegt der größte Fehler der Menschen, wenn sie dem Leben nichts abgewinnen können?»

«Sie stellen zu hohe Erwartungen. Das Leben, das ist meine Erfahrung, gibt einem von selbst nichts. Man muß es sich erarbeiten, nicht stehlen. Das bringt keinen Segen. Erarbeiten in dem Sinne, daß man nicht die riesigen Glücksfälle erwartet, sondern, sagen wir, daß man sich über einen schönen Sonnenaufgang freut. Oder darüber, daß man morgens aufsteht und feststellt, man hat ja in einem richtigen Bett geschlafen und nicht unter einer Brücke. Daß man schätzt, was man hat. Ich glaube, der Überdruß mancher Menschen kommt daher, daß sie, wenn sie sehen, aha, das Leben gibt ja doch nichts her, mit dem, was sie haben, nichts anzufangen wissen. Sie schätzen nicht mehr die Grundlage, auf der sie stehen. Sie träumen vom großen Glück. Vom Lottogewinn. Die Puppen könnte man dann tanzen lassen, brauchte nicht mehr zu arbeiten. Unter dem wollen sie es nicht tun. Daraus erwächst der Überdruß an sich selbst und dem Leben insgesamt. Die Freude am Leben ist weg. Und damit ist auch die Kunst, mit dem zu leben, was man sich ehrlich erworben hat, weg. Ich jedenfalls habe das als junger Mann schon verstanden, vielleicht weil mein Beruf so bodenständig ist und man am Abend sieht, was man tagsüber geschafft hat, daß die Kunst des glücklichen Lebens in einer erfüllten Arbeit besteht und dem Glücklichseinkönnen mit dem Augenblick. Ich bin vor zwei Monaten fünfzig geworden. Mein Chef ist jünger, so um die Vierzig. Der sah mich an und fragte, denn er wußte ja, wann ich nulle, wie ich mich denn fühle, so in dem Alter. Ob ich nicht ein paar Tage frei machen wolle. Er schenke sie mir. Wir haben ein sehr gutes Verhältnis zueinander, weil er sich immer auf mich verlassen kann – ich sage das nur, weil Sie so verwundert sind –, und da läßt er sich nicht lumpen. Nein, habe ich gesagt, ich bin doch nicht krank im Kopf, nur weil ich jetzt statt neunundvierzig fünfzig bin. Ich fühle mich überhaupt nicht in irgendeinem Alter. Ich könnte auch dreißig sein, wenn ich nicht älter aussähe. Das alles ist doch keine Angelegenheit von Jahren, habe ich ihm gesagt. Alter ist etwas, was jeder für sich empfindet. In Amerika ist das ganz anders. Da ist man *senior citizen* auf dem Papier, aber niemand käme auf die Idee zu sagen, man sei ja Rentner. Die Senioren dort sind so etwas von aktiv wie hier nicht mal die Zwanzigjährigen. Und fünfzig ist in Amerika ein respektiertes Alter, denn da steckt Erfahrung hinter, sagt man und will davon profitieren. Hierzulande feilscht man um Vorruhestand oder Wiedereingliederung ins Arbeitsleben. Wenn ich sechzig wäre, würde ich denen was husten, wenn die mich in Rente schicken wollten. *Ich würde mich einfach selbständig machen.* Dann vermiete ich meine Arbeitskraft eben auf diese Weise. Nein, wenn ich sehe, wie sich die Menschen das Leben schwermachen, nur weil sie irgendwelchen Dingen hinterherträumen, von gerechter Gesellschaft und so, von Solidarität und dem ganzen Nonsens, den sich unsere Sozialpolitiker da ausdenken und die Menschen damit nur noch schwächer und unfreier machen, da sage ich mir, wo leben die eigentlich? Sollen sie doch den Menschen freie Hand für ihre Aktivitäten geben und sie nicht einzwängen. Dann regelt sich vieles von allein. Man würde wieder lernen, Lebenskünstler zu sein. Das Leben selbst gestalten, zu einem Ereignis machen. Künstler lassen sich doch auch nichts vorschreiben. Nur weil andere es nicht sind, sollen sie sich sagen lassen, tue dies und mache das? Nein, nein, Lebenskunst drückt sich so aus, sich das Leben so zu schneidern, daß es paßt. Sich selbst eine Freude machen, und nicht darauf warten oder hoffen, daß andere das für einen tun. Man muß es nur wirklich wollen. Aber dazu gehört unbedingt die Freiheit der Entscheidung. Ich würde keinem raten, mir zu diktieren, was ich unter Lebenskunst zu verstehen habe. Und so denkt meine Frau, und unseren Kindern haben wir diese Einstellung auch vermittelt. Sie sind für ihr Alter unglaublich erwachsen und handeln in eigener Verantwortung. Die Probleme, die daraus entstehen, machen nicht sie, sondern die anderen. Die mögen nicht, daß es welche gibt, die eigene Gedanken und Ideen haben und sie auch noch vertreten können. Ich sage dann immer, Kinder, die Schule ist nicht das Leben. Sie ist eine Verwahranstalt. Macht, daß ihr da vernünftig herauskommt, und dann erlernt einen ordentlichen Beruf, und zieht in die Welt hinaus. Mama und Papa haben keine Schürzenzipfel, an die ihr euch hängen könnt. – Wetten, daß aus ihnen keine Miesepeter werden? Daß sie im Leben zurechtkommen? Ohne kriechen zu müssen? Wetten daß?»

«Was würden Sie jenen erwidern, die einwenden, daß es soviel Ungerechtigkeit im Leben gibt und man selbst dadurch am Weiterkommen gehindert wird. Irgendwer muß doch für einen gerechten Ausgleich sorgen?»

Werner Seidel lächelt lebensweise. Ihm scheinen solche Einwände bekannt vorzukommen. So erging es mir übrigens mit etlichen Gesprächspartnern. Sie alle hatten wohl ihre eigenen Erfahrungen mit den ewigen Zweiflern und Nörglern gemacht.

«Ich sage denen, die am liebsten den Staat als treusorgenden Vater von der Wiege bis zur Bahre hätten, daß sie sich über ihr Leben nicht beklagen dürfen, wenn sie es in fremde Hände geben. Wer sich damit abfindet, nur zu erhalten, was ihm zugeteilt wird, ist ja schon innerlich gestorben. Das weiß er auch, will es aber nicht wahrhaben. Also meutert er und zeigt auf die, die mehr als er haben. Er findet das ungerecht, aber nur, weil er glaubt, irgendwer verteile falsch und lasse ihn zu kurz kommen. Er kommt gar nicht auf die Idee, daß es seine eigene Schuld ist, wenn er sich abspeisen läßt. Solche Mentalität findet man bei Menschen, die niemals richtig gelebt haben. Die nie ihre Kräfte an anderen gemessen haben. Also, wer mit fünfzig so etwas sagt, ist für mich ein Jammerlappen. Es ist doch erschütternd, wenn einer in seinem Leben nur immer die Hand aufgehalten hat und danke gesagt hat für die Almosen, die man ihm hineindrückte. Finden Sie das nicht auch?»

Ich pflichte ihm bei. Viele (beruflich wenig qualifizierte) Fünfzigjährige meinen, der Staat habe es schon damals versäumt, die Weichen in Richtung umfassende Sicherung der Arbeitsplätze und soziale Wohlfahrt zu stellen. Das hat mich ehrlich erstaunt. Ich hatte eher angenommen, daß gerade die für die meisten entbehrungsvollen Nachkriegsjahre dazu beigetragen haben müßten, das Leben mit eigener Kraft zu bewältigen. Statt dessen mußte ich erfahren, daß viele ein reines Versorgungsdenken entwickelt haben. Ihnen geht die soziale Sicherung nicht weit genug. Zu verstehen ist das vielleicht, wenn jemand nach langen Arbeitsjahren seinen Job verliert und von Sozialhilfe leben muß. Aber auch da gibt es profunde Möglichkeiten, sich selbst aus dieser Lage herauszuarbeiten. Werner Seidel spricht mir also aus der Seele.

«Das freut mich zu hören. Es ist immer gut, wenn man seine Gedanken bestätigt findet. Gerade jetzt in dieser Zeit, in der kein Stein auf dem anderen zu bleiben scheint, weil sich die politischen Dinge so unerwartet entwickelt haben, ist es besonders schlimm, wenn Menschen nach dem Staat rufen. Denkt doch an eure Väter, möchte ich ihnen sagen, die haben ja die Ärmel hochgekrempelt, um euch nicht verhungern zu lassen. Die haben geschuftet, um ihre Familien durchzubringen. Und jetzt, wo alles so unvergleichlich besser geworden ist, habt ihr nicht den Mumm in den Knochen, um selbst etwas anzufangen? Arbeitslos zu sein ist kein Unfall, wo man beide Beine und Arme verliert. Denkt euch doch etwas aus! Besinnt euch doch auf eure Kräfte, auf eure Fähigkeiten! Zeigt doch der Welt, daß ihr nicht graue Mäuse seid, die nach jedem Bissen Käse schnappen, den euch ein durchtriebener Politiker vorhält. Macht euch selbständig und sagt, hier, Leute, schaut her, das kann ich alles. Da findet jeder irgendeinen Job. Mit den Händen in den Schoß legen ist überhaupt nichts erreicht. Das ist meine ganz klare Einstellung dazu.»

Eine aus Lebenserfahrung gewonnene Sicht der Dinge, die er da vorbringt. Es wäre zu wünschen, daß von diesem Elan eines Fünfzigjährigen, von seiner Philosophie der Lebenskunst die Mehrheit etwas in sich trüge. Mit Sicherheit gäbe es dann nicht mehr diese Lamenti, die einfordern, was in jedes Menschen Händen selbst liegt: die Kunst, das Leben nach eigenem Ermessen im Rahmen seiner Möglichkeiten zu gestalten und es nicht von jenen, die vorgeben, es besonders gut mit einem zu meinen, gestalten zu lassen.

——————— Das Leben wie guten Wein genießen – solche Weisheit mag angesichts der Geschehnisse, die in der Welt sind, eher als abartig erscheinen. Wer so argumentiert, vergißt, daß die Welt noch nie ‹in Ordnung› war. Es herrschten niemals in der Menschheitsgeschichte eldoradische Zustände, und es gab auch niemals jenes goldene Zeitalter, von dem mancher schwärmt. Weder floß Milch, es sei denn, man molk eine Kuh, noch floß Honig, denn der muß erst aus den Waben gewonnen werden.

Was also bezweckt der Aufruf, sich in Lebenskunst zu üben? Nichts anderes, als daß der einzelne endlich die fixe Idee, die ihm die Möglichkeit, paradiesische Zustände zu etablieren, vorgaukelt, als solche erkennt und sich an die Lebensbewältigung aus eigener Kraft macht. Werner Seidel ist leider die Ausnahme im Heer der graugesichtigen Anhänger des endlos wirkenden, *unverpflichtenden* Wohlfahrtsgedankens. Dieses Perpetuum mobile war von jeher der Wunschtraum der Bequemen und Trägen. Bedauerlicherweise ist ihre Lobby um so stärker, je mehr dem einzelnen suggeriert wird, daß auch ohne sein Zutun die Welt ihren Lauf nehme. Das glauben die meisten auch und schweigen in Erwartung, daß es irgendwer schon richten werde. Ihr eigenes Leben ist jedoch davon in allerhöchstem Maße betroffen.

Diese Erkenntnis schlummert so lange in ihnen, bis sie eines Tages durch verschiedene Umstände zur Disposition steht. Krankheit, Arbeitslosigkeit, Scheidung. Wen wundert es, daß hierbei die Fünfzigjährigen besonders betroffen sind? Sie befinden sich in einem Alter, in dem – das wurde schon wiederholt erwähnt und bleibt dennoch aktuell – Verluste drohen. Physischer und psychischer Art. Wer sein Leben bis dahin niemals eigenständig abschritt, sondern sich von diversen wohltätigen Armen stützen ließ, erlebt sein Waterloo. Dies zu konstatieren fällt nicht leicht, denn es gibt keinen plausiblen Grund zur Annahme, daß jemand, fünfzig geworden, nach einer in der Regel die Zeitspanne von vierundvierzig Jahren umfassenden Schul-, Lehr- und Berufszeit ungeeignet wäre, das Leben zu meistern.

Es mögen sich Versäumnisse unterschiedlicher Art rächen – der freie Wille, etwas zu ändern, blieb jedoch über die Jahrzehnte hinweg unangetastet, es sei denn, derjenige habe ihn jemandem sicherungsübereignet, um für sich denken und lenken zu lassen. Solche Selbstaufgabe ist wohl als verwerflich anzusehen, aber sie wird tatsächlich als Entschuldigung vorgebracht, wenn ‹das Leben› einem ‹übel mitspielte›. So etwas mag einem Jugendlichen nachgesehen werden, einem Fünfzigjährigen indes steht es schlecht an, sich solcherart zu rechtfertigen. Werner Seidel faßte diese unrühmliche Geisteshaltung treffend zusammen, als er meinte, daß, wer sich in fremde Hände begibt und seine eigenen Kräfte niemals an anderen maß, mit fünfzig ein Jammerlappen sei.

Die Freiheit der Entscheidung – ist sie denn so wenig wert, daß man für sie nicht zu kämpfen bereit ist? Ist Fremdbestimmung nicht etwas, was jeder Mensch als Eingriff in die Willensautonomie von sich weist? Hätten bei den Fünfzigjährigen etwa Ideen (weiterhin) Erfolg, die die Autonomie des einzelnen zugunsten staatsgelenkter Initiativen teilweise oder ganz aufheben?

Eine nachdenkenswerte Fragestellung, wie man mir versicherte. Das Verlangen nach Recht auf Arbeit postuliert sich immerhin. Die Mehrzahl macht den erkennbaren Unsinn solcher Forderung aus, denn sie ist nicht nur demokratisch nicht umsetzbar, sondern mündete in die Entmündigung des Arbeitsuchenden. Er müßte sich, streng logisch bei diesem Beschäftigungsmodell, in jede Beschäftigung einweisen lassen, um nicht arbeitslos zu werden. Die Frage lautete, weil es um die Freiheit der persönlichen Entscheidung im weitesten Sinne geht, ob Fünfzigjährige mehr oder weniger staatliche Direktiven wünschten, wenn darunter auch Einschnitte in den freien Willensentscheid fielen. Das Ergebnis ist ausgesprochen beruhigend. —————————————————

Würden Sie staatlichen Dirigismus begrüßen?

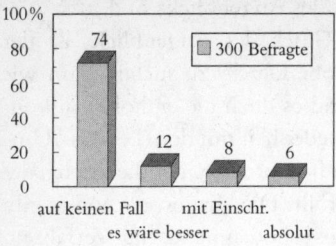

Fazit:

Ars vivendi – die Kunst zu leben – wird in vielerlei Zusammenhang verwendet. Bacchus steht Pate, die Musen, die den, der sucht, voller Hingabe küssen, sogar Aphrodite muß herhalten, wenn es um Sinnengenüsse geht. Das alles hat seine Berechtigung, nur findet sich in dieser Kunst nichts Pragmatisches. Derlei verklärte Lebenskunst schießt ihre Pfeile gleich Amor nur auf die ab, die damit den angenehmen Teil ihres Erdendaseins verbringen möchten. Dagegen ist nichts einzuwenden, gleichwohl addiert es zur Summe der Erfahrungen nur einen Teil hinzu. Der größte und wesentliche Teil bleibt jedoch der praktischen Lebensbewältigung vorbehalten. Sein Leben nach praktischen Gesichtspunkten zu gestalten hat nichts mit Opportunismus zu tun. Praktisch gestalten und pragmatisch handeln (griech. pragma = der Praxis dienend) impliziert eine Handlungsweise, die sich an der Mehrung praktisch verwendbarer (Berufs-)-Kenntnisse sowie der Vervollständigung des Wissensschatzes orientiert. Die Begleiterscheinungen solcher Handlungsweise manifestieren sich im Berufserfolg, der in grosso den Lebenserfolg sprich Lebenszufriedenheit ausmacht, und sie zeitigen über den mitunter beschwerlichen Weg des Wissenserwerbs eine Sicherheit in der Beurteilung von Menschen und Dingen, die außerordentlich hilfreich ist. Sie schafft die Basis für jene Lebenskunst, deren Aspekte die Grundlagen für innere Ausgeglichenheit, Zufriedenheit und eine gesteigerte Empfänglichkeit für das Glück des Augenblicks sind.

■ Die Empfänglichkeit für das Glück des Augenblicks ist der Schlüssel zur Lebenskunst. Das ‹große Glück› zu suchen, ihm wie einem Phantom hinterherzujagen und es doch nie einholen zu können erzeugt jene andauernde Unzufriedenheit mit den (Lebens-)Umständen, die einen Typus Neurotiker hervorrufen, der die Praxen der Psychologen und Psychoanalytiker füllt. Die Diagnose – und es gibt immerhin an die fünfhundert (!) psychodiagnostische Verfahren, von der jedes für sich so etwas wie Unfehlbarkeit reklamiert – fällt einem Menschen mit Lebenserfahrung, wie sie Werner Seidel besitzt, im Handumdrehen ein: *neurotisiert durch den selbstgeschaffenen Käfig der Illusionen*. In dem bewegen sich alle, die Lebenskunst als etwas abtun, das es nicht gibt. Sie verkennen die fundamentale Verkehrtheit ihrer Anschauungen, da sie ihre Wünsche auf etwas projizieren, was sie mit ‹Hoffen auf ein besseres Morgen› beschreiben. Untätiges Hoffen indes macht kraftlos und abhängig von den allgegenwärtigen Hoffnungsvermittlern dieser Welt. Die lieben nämlich menschliche Spielbälle und jonglieren gerne – ungestraft – damit.

■ Sich als Spielbälle finsterer Mächte zu empfinden ist vielen Menschen eigen. Man könnte meinen, sie strebten geradezu nach der Vergewaltigung ihres Willens, um dann noch besser über die furchtbaren Zustände in der Welt lamentieren zu können. Sie seien dafür verantwortlich, daß sie zeitlebens am Katzentisch sitzen mußten und nur Krümel vom großen Kuchen abbekamen, während sich andere den Bauch vollschlugen. Sie verkennen ihre Abhängigkeit von der ‹kontinuierlichen Bildung der Kräfte zu einem Ganzen›, wie es bei Humboldt (vgl. Kap. sechzehn) zu lesen stand. Wer willentlich verkümmert und nicht zu wachsen bestrebt ist, erfährt natürlich niemals, was Entfaltung bedeutet. Im Rahmen ererbter oder erworbener Eigenschaften und Fähigkeiten gibt es nicht den geringsten Grund zur Vermutung, jemand außer man selbst beschneide willkürlich das Wachstum. Schwachköpfe und Scharlatane behaupten das. Erstere, um sich der eigenen Verantwortung zu entledigen, indem sie sie auf ‹die Umstände› abwälzen, letztere, um die eigene Position zu festigen, indem sie zu wissen vorgeben, wessen der einzelne im Leben bedarf. Erkennbar falsch ist beider Darlegung, daß eine launenhafte Fortuna oder mißgünstige Pandora den einzelnen ihrer Gaben teilhaftig werden läßt. Ein Pragmatiker würde sie zum Teufel jagen, denn er ist sich selbst genug. Jene aber, die wehklagen und damit sogar ein halbes Jahrhundert zugebracht haben, strecken ihre Hände immer noch verlangend aus – oder verstecken sich ängstlich. Da muß man wohl fragen dürfen, ob es nicht endlich an der Zeit ist, sich aus dem armseligen Gehäuse, in das sie sich selbst einsperrten, zu befreien, um wenigstens für den Rest ihres Lebens ein freier, selbstbestimmter Mensch zu werden.

XIX. Nütze die Zeit:

Tempus fugit – die Zeit flieht

Fugit inreparabile tempus:
Es flieht die unwiederbringliche Zeit.
Vergil, Georgica drei, zweihundertvierundachtzig

Seinen Vergil kenne er. Seinen Tacitus auch. Und im übrigen sei er Lehrer für Deutsch und Latein an einem Gymnasium. Sein Selbstverständnis in dieser Reihenfolge zu notieren, darum bittet mich Wilhelm Fehrmann gleich eingangs unseres Gespräches.

Wie von selbst zentriert er den Zeitbegriff um das weltliche Geschehen rings um sich herum, das den meisten Menschen ein Mysterium ist. «Sie wissen nicht, wozu sie geboren sind», meint er. «Sie taumeln durchs Leben und vergeuden ihre Zeit, daß man es nicht mit ansehen kann. Dabei ist jeder Tag etwas Kostbares. Dreihundertfünfundsechzig Tage hat das Jahr. Und was tun die meisten? Sie reduzieren es auf zweiundfünfzig Wochenenden und dreißig Tage Urlaub. Die Zeit dazwischen gilt ihnen nichts. Sie arbeiten und denken, noch drei Tage bis zum Samstag, noch zwei, noch einen – hurra, geschafft! Glauben Sie mir, welche Schwierigkeiten ich habe, meinen Schülern beizubringen, daß das Leben nach der kleinsten Meßeinheit zählt und nicht nach Wochen, Monaten, Jahren? Wir haben gerade Abiturklausuren, die beste Gelegenheit, das Verständnis für die fliehende Zeit festzustellen. Zwischen den Klausuren und der mündlichen Prüfung liegt ein knappes halbes Jahr, das die Schüler am liebsten im Eilzugtempo zurücklegen würden. Der Januar sollte am liebsten mit Juni enden. ‹Dann haben wir alles hinter uns›, sagen sie, wenn ich sie frage, ob sie das Frühjahr nicht genießen wollen? Alles beginnt, sich aufs neue zu entwickeln, zu wachsen und gedeihen, aber sie schütteln nur mit dem Kopf. Dabei haben wir die *Historien* (Tacitus) durchgenommen. Geschichte und Zeit – alles vorbei und vergessen. Das Römische Reich ging übrigens auch nicht nur wegen des schwachen Fleisches seiner Bürger, sondern vorwiegend wegen geistigen Nahrungsmangels zugrunde.» Er seufzt. «Geschichte wiederholt sich allemal. Und jeder denkt, man könne Erfahrungen an die nächste Generation weitergeben. Ich muß gestehen, ich habe auch daran geglaubt. Eine von vielen Erkenntnissen, die man im Laufe seines Lebens revidiert.»

«Sind Sie denn nicht gerne Lehrer?» frage ich erstaunt, denn Wilhelm Fehrmann macht nicht den Eindruck, daß er seinen Beruf widerwillig ausübt. Daß Lehrer allerdings des öfteren zu Frustrationen neigen, ist mir hinlänglich bekannt.

«Es geht. Ich habe meinen Weg bis zum Oberstudienrat gemacht, und zwar weil ich es für meine berufliche Kompetenz so wollte. Ich wollte mein neues Wissen in die Unterrichtsgestaltung einbringen. Fachwissen didaktisch zu vermitteln ist natürlich Voraussetzung für eine gute Wissensaufnahme, aber was macht man, wenn absolut nicht das in den Kopf der Schüler hineinwill, was man gerne hineinbekommen möchte?» Er gibt sich selbst die Antwort: «Da ist gar nichts zu machen. Am Thema fliehende Zeit habe ich mir die Zähne ausgebissen. Junge Leute stellen sich taub. Sie verdrängen das Älterwerden, indem sie, wie sie es nennen, ‹abtauchen›. In ihre Welt, oder jedenfalls in eine andere, sehr artifizielle Wirklichkeit. Ich fürchte nur, daß die Konfrontation mit dem richtigen Leben, ich meine damit den Berufsalltag oder das Studium, ziemlich verheerende Folgen zeitigen wird. Das Leben von Montag bis Freitag sehen die meisten als eine Art Zwischenwelt an, in der man tun muß, was man eigentlich gar nicht will. Erst die achtundvierzig Stunden danach werden zum richtigen Leben. Das ist ein Selbstbetrug, eine reine Mutation der Realwelt.»

«Was bedeutet das Phänomen der fliehenden Zeit für Sie?»

«Zeit ist etwas, was, wie ich sagte, sehr kostbar ist. Ich sehe jede Stunde als unwiederbringlich an, in der ich nichts *bewußt* getan habe. Wenn ich mich erinnere, wie ich hier anfing, ich bin jetzt über zwanzig Jahre an derselben Anstalt, und mit welcher Emphase ich das erste

Mal in die Klasse ging, und wenn ich den Vergleich zu heute ziehe, dann muß ich sagen, daß ich erst in den letzten zehn Jahren gelernt habe, was Zeit bedeutet. Ich bin gereist: im Kopf durch Wissensaufnahme, als Körper durch die Welt. Ich war glücklich dabei, als ich feststellte, wieviel mir das gab. Dann ließ sich meine Frau von mir scheiden und erhielt unsere Tochter zugesprochen. Das war wieder ein Zeitabschnitt, den ich heute anders gestalten würde. Auch meine Ehe würde ich anders gestaltet haben. Aber ich nehme es in meinen Erfahrungsschatz auf. Daß die Zeit flieht, ist nicht aufzuhalten. Man kann sie nicht einmal dazu bewegen, einen Herzschlag länger zu verweilen. Goethe hat das in seinem Faust so wunderbar ausgedrückt. Überhaupt alle Dichter, die sich mit dem Phänomen Zeit befaßten. Oder denken Sie an Werfels ‹Abituriententag›. Da sitzt sein Held, Landesgerichtsrat Sebastian, einem gegenüber, den er als Individuum total verkennt, weil er seine Erinnerungen an die Schulzeit in die Gegenwart transportiert und auf einen vermeintlichen Klassenkameraden und jetzigen Kriminellen projiziert. Eine schizophrene Lage, in die man leicht kommen kann. Es ist wohl der Zweck von Zeit, daß wir Menschen uns in ihr verirren. Verirren oder zurechtfinden, je nachdem, wie wir mit ihr umgehen.»

Das Gespräch wird im weiteren Verlauf hoch philosophisch und bald zu einem Monolog. Wilhelm Fehrmann steigt immer tiefer in die Abgründe der Zeit hinein, und ich habe das Gefühl, daß er die Gelegenheit nutzt (nütze die Zeit ...), um seine Empfindungen, sein Lebensgefühl, sein Weltbild einem unvoreingenommenen Dritten gegenüber auszubreiten. Nach einer halben Stunde blickt er, wie aus einer Trance erwachend, auf und wundert sich, wo die Zeit geblieben ist. «Es war doch eben noch sechzehn Uhr», sagt er ungläubig. «Ich muß mich bei Ihnen für Ihre Geduld bedanken. Ja, wirklich. Ich muß mich bedanken. Es tat gut, daß mir einmal jemand zuhörte, ohne mich zu unterbrechen. Ich bin das gar nicht gewohnt.»

Ich bedankte mich meinerseits für die tiefen Einblicke in sein Verständnis vom Umgang mit der Zeit. Einem Aspekt unseres Daseins, der durch die moderne Hyperaktivität zu leicht in Vergessenheit gerät. Ich erkundige mich, welche Pläne er hat.

«Schön, daß Sie nicht fragten, welche Pläne ich *für die Zukunft* habe, wie man das gemeinhin tut. Als wenn man Pläne in die Vergangenheit verschieben könnte! Ja, welche Pläne habe ich? Eigentlich keine. Ich versuche – wohlgemerkt ich versuche – jeden Tag zu einem Gewinn zu machen. Ich bin froh, daß ich weder gesundheitliche noch finanzielle Probleme habe. Das zwischen meiner Frau und mir ist geregelt. Ich sehe meine Tochter alle vierzehn Tage. Dann unternehmen wir übers Wochenende etwas zusammen oder unterhalten uns auch nur. Meine Tochter hat sich mir nicht entfremdet. Sie will Psychologie studieren. Das könnte vielleicht eine Folge der Trennung sein, daß sie sich zuerst einmal selbst finden will, um dann andere in ihren Entscheidungen zu verstehen. Sie ist ein liebes Kind, da kann ich nichts sagen. Ich werde, wenn sie es will, sie so gut wie möglich als Vater und fachlich begleiten. Sie hat Angst vor dem Latinum. Ich sage ihr, Angst vergeht durch Wissen. Das hat geholfen, jetzt lernt sie, weil sie weiß, daß Wissen von Angst befreit. Ihr zu helfen, das sind also meine naheliegenden Pläne. In die Ausbildung seiner Kinder zu investieren ist das Größte, was der Mensch überhaupt tun kann. Die meisten vergessen, daß sie in ihren Kindern fortleben. Sie tun, als ginge sie deren weiteres Leben nichts an. Das erlebe ich auch in den Sprechstunden. Mit welch wahnwitzigen Vorstellungen da Eltern zu mir kommen! Wenn ich sage, daß sie sich aus der Verantwortung stehlen, wenn sie ihr Kind bei mir abladen, schauen sie mich dumm an und verstehen Bahnhof. Das macht mich richtig böse. Etwas Schöneres und Wertvolleres, als es Kinder sind, gibt es ja nicht. An ihnen sehen wir zum Beispiel die Zeit fliehen. Aber wir können Schritt halten. Wir müssen sie nicht entfliehen lassen. Leider ist es so, daß man das nicht mehr begreift, was da in unsere Macht gegeben ist. Verstehen Sie, jedes Elternpaar hat die Gelegenheit, ihr Kind in und durch die Zeit zu begleiten. Es heranwachsen zu sehen. Die Veränderung zu bemerken. Unterstützung geben zu können. Zu helfen. Ich meine, Zeit einmal in dieser Weise interpretiert, hat nichts Dramatisches mehr an sich. Ich jedenfalls antworte, da Sie mich nach meinen Plänen fragen: Meine Tochter wachsen sehen ist mein Bestreben; mein Wissen anzureichern ein weiteres. Die Zeit bewußt einzuteilen und in ihr zu sein, nicht von ihr fortgetragen zu werden, ist die Klammer, die alles zusammenhält.»

«Ich möchte Sie aber noch fragen, ob Ihnen das Bewußtsein von der Endlichkeit des menschlichen Lebens Probleme bereitet. Das Alter um fünfzig ist in vieler Hinsicht eine Schwelle, über die mancher mit Angst geht.»

«Endlichkeit? Alle Philosophien befassen sich damit. Sie sehen in ihr entweder die Strafe eines Gottes oder dessen Gnadengewährung, den Menschen nicht in Ewigkeit am Leben leiden zu lassen. Ich neige zur sokratischen Auffassung: Ich weiß, daß ich nichts weiß. Ich nutze die Zeit, denke aber nicht permanent an die Endlichkeit meines Daseins. Ich hatte auch keine Probleme, als ich fünfzig wurde. Das sind mir zu diktatorische Begriffe. Was bedeutet denn fünfzig zu sein? Daß man noch ein Drittel seines Lebens vor sich hat. Nicht aber, daß man sagen soll: Ich habe schon zwei Drittel davon verbraucht. Das ist wie mit dem Glas Wasser: halb voll oder halb leer. So gesehen bin ich Optimist. Pessimist bin ich nur in Hinblick auf die Vermittlung von Erfahrung und Wissen. Erfahrungen, sagte ich, muß wohl jede Generation für sich selbst machen, sonst reift sie nicht. Wissen kann man aufnehmen, da gibt es meiner Meinung nach keine Barrieren hinsichtlich der Intelligenz. Das ist eine Frage des Willens und der Vorbereitung durch das Elternhaus. Es gibt dafür empirische Studien, die so etwas belegen. Wer jedoch kein Wissen erwerben will, verweigert sich. Er bleibt unwissend und wird sich im Leben schwerer zurechtfinden als jemand, der zu lernen gewohnt ist. Das sind jene Fünfzigjährigen, die am Älterwerden verzweifeln. Die nicht wissen, was sie tun sollen, wenn sie auf der Straße stehen. Die jedem Bauernfänger hinterherlaufen, weil sie glauben, der könne besser denken als sie. Ich habe davon einen Kollegen in der Anstalt. Er ist ein richtiger Fachidiot. Unterrichtet Geschichte und Französisch. Kennt die Zeitläufte also. Weiß, wo die Hunnen standen und wo das hinführte. Reist jedes Jahr nach Frankreich. Doch fragt man ihn danach, weshalb die Geschichte unseres Nachbarn die Geschichte Europas ist, zuckt er die Achseln und erwidert, daß er weder die Hunnen noch Napoleon habe verhindern können. Verstehen Sie – da liegen Jahrhunderte über Jahrhunderte dazwischen, und er sagt nur, er habe das nicht verhindern können! Wie soll er den jungen Leuten klarmachen können, daß Generationen über Generationen vergangen sind, ehe ein Korse in der Nachfolge Attilas kam? Für sie schmilzt alles auf einen Zeitklecks zusammen. Wie kann jemand Geschichte lehren, der mit der Zeit so umgeht?»

Ich sage ihm, daß er bei jeder Antwort, vielleicht ohne es zu wollen, immer wieder auf seine beruflichen Erfahrungen zurückgreift. Wilhelm Fehrmann stutzt und bestätigt dann diesen Eindruck. «Ja, jetzt, wo Sie es sagen, fällt es mir auch auf. Daran kann man erkennen, wie sehr doch der Beruf Lebensinhalt ist. Ich hoffe nur, daß dies meine Antworten nicht beschädigt.»

Er braucht keine Angst zu haben, daß dem so wäre. Im Gegenteil, gerade sein großer Schatz an Erfahrungen war es ja, der zu diesen dichten Aussagen führte. Zu lehren bringt somit ein sehr tiefes Verständnis von der Wechselfunktion der Zeit als Zeitpunkt der Wissensaufnahme und dem Zeitpunkt ihrer Verarbeitung mit sich. Dazwischen, das ist die daraus hervorgehende Erkenntnis, kann ein Menschenalter liegen. Lauter Zeitpartikelchen, für gewöhnliche Sterbliche gemessen in Sekunden. Ein Menschenleben von durchschnittlich fünfundsiebzig Jahren, in solchen Zeittakt aufbereitet, beläuft sich auf eine eindrucksvolle, begrifflich dennoch ziemlich abstrakte Zahl: zwei Milliarden dreihundertfünfundsechzig Millionen zweihunderttausend.

Kommt es nicht wirklich darauf an, nunmehr die Zeit zu nutzen, damit sie nicht ohne Gegenleistung Sekunde um Sekunde, Minute um Minute, Stunde um Stunde, Tag um Tag, Jahr um Jahr verrinnt?

―――――― Die Betrachtung der Zeit als geschichtshistorisches Element unterliegt dem Kriterium des ‹Selbst-nicht-erlebt-Habens› oder, partiell und selektiv, des ‹In-der-Geschichte-Seins›. Solche Betrachtung kann natürlich nur im Rahmen eines selbstgesetzten Zweckes erfolgen, denn fremdgesetzte Ziele zu definieren obliegt dem Historiker und, sozialpolitisch-statistisch gewichtet, dem Stochastiker. Dazwischen tummeln sich Philosophen aller Couleur, die sich im Aufwerfen neuer Fragen zur Phänomenologie des Geistes (wie weiland Hegel) hervortun, zur Sache, was Zeit im Bewußtsein des einzelnen Menschen denn sei, indes nichts Neues zu sagen haben.

Zeit ist am besten als kommunizierende Röhre der Größe X des *eigenen* Bewußtseins zu versinnbildlichen. Füllt das Bewußtsein durch Erleben die eine Seite des gebogenen Us auf, sinkt auf der anderen das Element Zeit. Es entspräche daher einer falschen Deutung von Zeit, gelangte man zu der Ansicht, daß bei einer vorgegebenen Größe X sowohl Zeit wie Bewußtseinsinhalte (= Erlebnisse) als Komponenten unendlich variabel seien. Weder ist Bewußtsein über ein bestimmtes, aus Sinnen gespeistes, *praktisches* (nicht apriorisches) Erlebenkönnen hinaus erlangbar, noch ist das dafür in Anspruch genommene Element Zeit beliebig verfügbar. Im Sinne einer kommunizierenden Röhre: Steigt der Pegel einer von beiden Komponenten, muß der andere zwangsläufig sinken.

Man sollte meinen, daß diese Erkenntnis Allgemeingut wäre, doch ist sie es beileibe nicht. Die Vergeudung von Zeit im Vermeinen, es stünde ausreichend dafür zur Verfügung, verdrängt die vom Zeitpunkt her zwar ungewisse, gleichwohl definitive eigene Endlichkeit. So wird in den Tag hinein gelebt, Stunden und Tage als ersetzbare Quantität erachtet – bis ein halbes Jahrhundert darüber hinweggegangen ist. *Und plötzlich bist du fünfzig*, wie Klaus Winttenberg in Kapitel dreizehn so treffend meinte.

Tempus fugit Wilhelm Fehrmann, erkannte die Unwiederbringlichkeit von Zeit schon zehn Jahre früher. Er stellte sich darauf ein. Mehr noch, er versucht unermüdlich, seinen Schülern das große Einmaleins des Umgangs mit solch erschöpflicher Ressource beizubringen. Vielleicht ist die Jugend dafür nicht empfänglich, weil sie noch «die lang aufgereihten Alpen» vor sich sieht, währenddessen dieser Blick den Älteren schon aus den Augen entschwunden ist, da sie der Lebensweg weiter und weiter von ihnen entfernte. (Kant sagte dies in ‹Träume eines Geistersehers› in anderem Zusammenhang.)

Wie dem auch sei – die Erfahrung, daß Zeit vergänglich ist, macht man spätestens beim Ende der ersten großen Liebe. Von da an erfolgt eine Jagd auf alles, was die Zeit anstachelt, um zu vergehen. Solche Jagd kann mörderisch sein, frühe Herzinfarkte sprechen eine beredte Sprache. Zugrunde liegt die falsche Annahme, daß die kommunizierende Röhre allein das Lieblingskind der Chemiker sei; ihr wesensimmanentes, vielseitig verwendbares Sinnbild begreift – leider – nur der, dessen Lebensalter an Zahl zugenommen hat. Inwieweit es Einsicht erzeugt, geht aus der Graphik schön hervor. Welchem Gebrauch Zeit ab fünfzig dann allerdings unterliegt, ist eine vieldiskutierte Frage, auf die es ebensowenig eine auf individuelle Lebensverhältnisse übertragbare Antwort gibt wie auf die, ob Zeit nun ‹gottgemacht› oder eine Erfindung des Menschen, der nur Hell und Dunkel zählen wollte, sei. ————————————

Gehen Sie mit 50 sorgsam mit Ihrer Zeit um?

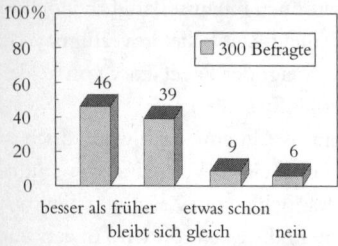

Fazit:

Von *Nutze den Tag* bis *Die Zeit flieht* ist es nur ein kleiner Schritt der Erkenntnis – für den, der wohlbedacht der vorübergeflogenen Jahre gewahr wird. Für die anderen, die unbekümmert weiterlaufen, endet es dort, wo sie sich am wenigsten wiederzufinden glauben: abseits von sich selbst. Sie erkennen, *wie wenig sie im Leben an sich gearbeitet haben*, denn sonst könnte sie z. B. die Entlassung aus dem Arbeitsprozeß nicht auf sich selbst zurückwerfen. Mit fünfzig ist mancher näher dran, als er vermutet. Auch hier gilt die Tatsache, daß man mit fünfzig in das Zeitalter der Verluste eintritt, ohne Einschränkung. Eine rationale Bewältigung dieser Aussicht fällt, zusammen mit dem Eintritt in neue, überraschende Umstände, wesentlich leichter, wenn der Faktor Zeit als etwas gewertet wird, was des Wertschätzens wert ist. ‹Wert› ist also nicht nur die Zeit als Vergänglichkeit und muß ernst genommen werden, sondern die revidierte ‹Wertstellung› des (Zeit-)Wechsels, den man anderen permanent zur Abgeltung einer Gegenleistung überreicht, ruft ebenfalls revidierte Grundeinstellungen hervor. D. h., daß man auf einmal überdeutlich erkennt, wie sehr man der Zeit erlaubt hat, Raubbau an einem zu treiben. Nicht die durchzechten Nächte sind damit gemeint, die im nachhinein als überflüssig gelten, sondern es geht um den Raubbau an Ideen. Sie wurden nicht in die Tat umgesetzt, weil man glaubte, sie ‹für später› aufheben zu können. Aus später wurde noch später. Und heute, mit fünfzig? Da wäre man froh, wenigstens einmal das, was man vorhatte, auch auszuführen. Vorsätze traten anstelle der Taten – die Zeit floh unterdessen und schaute nicht zurück auf den, der ihr nichts zutraute.

■ Die Abfolge unterlassener Taten ließe sich beliebig fortsetzen. Bis zum garantiert tödlichen Schluß. In Anbetracht der vielen Versäumnisse kann es eigentlich nur die Maßnahme energischen Gegensteuerns geben: die Zeit zu nutzen und das zu tun, was man sich seit damals – Ewigkeiten ist es her, daß man dreißig war? – vorgenommen hat. Die Reue, auch mit fünfzig die Zeit weiterhin als nebensächlich angesehen und auf einen geeigneten Zeitpunkt für dies und jenes gewartet zu haben, kommt auf Samtpfoten. Dann aber schlägt sie mit dem Knüppel zu. Benommen registriert man, daß man sich selbst k. o. geboxt hat, indem man der Zukunft den Vorzug vor der Gegenwart gab. Erstere war noch so weit – dachte man. Bis einem ein Handikap widerfuhr und sich alle Pläne relativierten. Der Trauer wegen verpaßter Chancen folgt die Reue, sich der Illusion des ewigen Mitmachenkönnens hingegeben zu haben. Von solchen Selbstvorwürfen sind viele Fünfzigjährige befallen.

■ Man sollte sich eingestehen, was man zu den (lebenslangen) Versäumnissen zählen würde, gäbe es eine Inventur der Ideen. Da wird womöglich vieles offenbar, was bislang im Dämmer der Vergangenheit lag. Es aufzuhellen und nachzuholen, was nachzuholen möglich ist, ist eine Aufgabe, der man sich stellen sollte. Dabei wird man die Entdeckung machen, daß nicht alles mehr so viel wert ist, wie man es einst als wert erachtete. In diesem Moment ist die fliehende Zeit besiegt worden, und man hat sich wieder zum Herrn über sie gemacht.

XX. Sex:

Wein, Weib und Gesang

Becherrand und Lippen
zwei Korallenklippen,
wo auch die gescheiter'n
Schiffer gerne scheitern.

Friedrich Rückert

Alfons Görres ist nach eigenen Worten nicht nur ein guter Liebhaber, sondern auch ein Poet – wie er mit der Wahl des Eingangszitates zu beweisen versucht.

«Sex hat für mich den Stellenwert eines guten Essens», meint er mit einem Flackern in den Augen, das man vielleicht als Vorfreude auf das nächste Menü deuten könnte. Er macht keinen Hehl aus seinem ‹Lebenszweck›, den er allerdings erst vor zwei Jahren, da war er achtundvierzig, entdeckte. «Ich habe eine Ehe hinter mir, das reicht», fährt er fort. «Vierzehn Jahre meines Lebens sind dabei draufgegangen. Sex hatten wir mal so eben in der ersten Zeit. Auch das andere Drumherum war ziemlich langweilig. Wir fanden einfach keinen Spaß mehr an uns, wenn man das so sagen kann. Ich bin im Außendienst eines großen Industrieunternehmens tätig, und da blieb es nicht aus, daß ich auch mal übers Wochenende nicht nach Hause konnte, weil einfach zuviel Arbeit anlag. Und ich hatte nachher auch keine große Lust mehr. Aber ich bin nie fremdgegangen. Ich bin so altmodisch treu. Meine Frau hat das gewußt und ist mir auf der Nase herumgetanzt. Die dachte, wenn der so altmodisch ist, versteht er doch, daß ich mich verwöhnen lassen will. Wollte ich aber nicht mehr. War zu ausgelaugt. Schaffe und schaffe und trage alles Geld heim und bin todmüde. Madame will aber ihren Spaß. War mir echt zuviel.»

«Und seit Ihrer Scheidung holen Sie nach, was Sie versäumt haben?»

Er nickt lebhaft und macht eine eindeutige Handbewegung und guckt mich fragend an. «Ja, seitdem bin ich mächtig gut drauf. Sie vertragen doch eine klare Sprache? Schließlich können Ihre Leser davon nur profitieren.» (Seine nachfolgenden Ausführungen habe ich dennoch ziemlich entschärft.) – «Also, ich habe sozusagen einen Dauerständer. Ich könnte zigmal am Tag. Ich habe mir eine Püppi aufgerissen, die das mitmacht. Die nehme ich mit auf Tour. Habe mir extra einen Van gekauft, einen Chevy. Statt der hinteren Sitze habe ich ein King-Size-Bett eingebaut. Mit Bar und allen Schikanen. Die Kleine ist achtzehn oder neunzehn, ich weiß es nicht genau. Genau die Richtige und schön geil. Aber keine von diesen kleinen Amateurnutten. Natürlich nicht, das würde ich nie mit mir machen lassen. Sie will etwas erleben, hat sie mir gesagt, will in der Welt herumkommen. Das kann sie bei mir haben. Meinem Chef habe ich gesagt, Chef, ich will nur noch auf Montage sein. Ist eigentlich keine Montage, sondern technischer Kundendienst, was ich mache. Mehr Niveau. Man kommt mit netten Leuten zusammen, die einen anständig behandeln. Als Monteur ist man Bodensatz. Die denken, mit so einem Hirni können sie es machen. Nein, das habe ich hinter mir. Also, meine Kleine, sagte ich, die ist richtig schön geil. Ich steige ein paarmal am Tag drüber, und wenn ich denke, ich kann nicht mehr, knabbert sie ein bißchen an mir herum, und auf geht's. Neulich hat sie das beim Fahren auf der Autobahn gemacht. Es war irre. Ich glaube, ich hätte den Wagen beinahe gegen die Leitplanke gedonnert, in solchem Schlingerkurs bin ich gefahren. Mit hundertfünfzig über die Kasseler Berge. Da, wo man nur mit achtzig durch die Kurven darf. Aber der Chevy hat's weggesteckt. Ist ja auch ein toller Wagen. ‹Big block›, zweihundervierzig PS und einen Radstand von drei Meter neunzig, da kann man im rechten Winkel um die Kurven.»

«Der Sex mit Ihrer Freundin bringt Ihnen also das, was man sexuelle Erfüllung nennen könnte?»

«Ich hatte in den letzten zwei Jahren, ich glaube, fünfzig Frauen. Ich habe gevögelt, was mein Wilhelm hergab. Meine jetzige Freundin ist von allen absolute Spitze. Sie macht alles mit, alles.» – Er schildert genüßlich ihre diversen Praktiken bis ins Detail. «Aber ob ich meine sexuelle Erfüllung gefunden habe, wie Sie sagen, das weiß ich nicht.» Er kichert. «Das einzige, was ich weiß, ist, daß ich nicht geglaubt habe, daß ich so potent bin. Dabei nehme ich gar nichts ein. Kein Aphrodisa ... so'n Zeugs oder was anderes. Ich esse gut – man sieht's ja – und lasse ansonsten den lieben Gott einen guten Mann sein.»

«Was ist, wenn Ihre jetzige Freundin nicht mehr will? Oder wenn Sie nicht mehr wollen?»

«Dann schmeiße ich die Püppi raus. Sie weiß, wie ich darüber denke. Sie will etwas erleben, also zeige ich ihr, wie es so in der Welt aussieht. Ich zahle für alles. Ich gebe ihr sogar ein Taschengeld. Wenn es vorbei ist mit uns, sagen wir uns ade, und dann hat sich's. Ist was dabei?»

«Gibt es eine ideale Frau für Sie?»

«Weiß ich nicht», erwidert er und lacht erneut. «Mir genügt völlig, was sie zwischen den Beinen haben. Das törnt mich an. Ich stehe nicht auf Busen. Wenn eine noch schön eng ist und einen knackigen Hintern hat, dann reicht mir das. Meine Püppi ist da einfach ideal, ich kann mich gar nicht beklagen.»

«Ich bezog das eher auf die geistig-seelische Ebene. Das gegenseitige Verstehen.»

«Geistig-seelisch? Damit hat sich's doch nicht. Davon kann ein Mann nicht leben. Eine Frau, die im Bett nichts bringt, kann von mir aus geistig-seelisch sein, wie sie will, sie wär nichts für mich. Meine Geschiedene hat auch so gesprochen. Von geistiger Ebene und so. Von den Seelen, die sich finden müssen, und so weiter.»

«Von Anfang an, oder kam das später?»

«Als sie in die Wechseljahre kam. Da fing sie an zu spinnen. Redete von Verwöhnen, aber nicht mit Sex, sondern mit Geschenken und davon, wie es wäre, wenn wir mal beim Kerzenschein säßen und uns nur etwas Schönes erzählten ... Verstehen Sie, ich habe geschafft wie ein Verrückter, damit wir uns alles leisten konnten, sie mußte ja nicht einmal arbeiten gehen, und dann kommt sie mir mit Kerzenschein und Seele. Ich wollte nur, daß es im Bett so wäre wie früher. Madame aber nicht. Sie wollte Kerzenschein und reden. Da flippst du doch aus! Ich kenne zig Kollegen, denen ergeht es ähnlich. Plötzlich fangen ihre Weiber an zu spinnen. Mensch, ich bin jetzt fünfzig, soll ich mir da vielleicht einen Knoten in meinen Wilhelm machen? Soll ich mir nur noch dran spielen? Nein, ich habe jetzt genau den Sex, den ich immer wollte. Mit ein paar Dutzend Frauen. Keine über fünfundzwanzig. Hatte auch ein paar nette Negerlein darunter. Träumt doch jeder Mann davon. Man hört ja Sagenhaftes von denen. Glauben Sie mir, die sind so normal zwischen den Beinen wie unsere Frauen. Nichts von Riesenklitoris und so. Alles Quatsch. Ich war ehrlich enttäuscht. – Ach so, wo waren wir stehengeblieben? Ja, plötzlich fing meine Frau also an zu spinnen. Ich habe mir das eine Weile mit angesehen, und dann, ich weiß noch genau, ich kam hundemüde nach Hause, da wollte sie mit mir über neue Vorhänge reden, und da sind sie mit mir durchgegangen. Ich bin ausgezogen, und ein halbes Jahr später waren wir geschieden. Ich zahle ihr dreitausend Mark Unterhalt im Monat. Dreitausend Märker! Das ist viel Kohle. Die Wohnung habe ich verkauft und ehrlich das Geld geteilt. Jeder hundertfünfzigtausend Mark. Alles freiwillig, ich will nicht, daß sie es schlecht hat. Ich verdiene inklusive Überstunden und Zulagen so runde fünfzehntausend Mark. Davon kriegt meine Püppi tausend Mark Taschengeld. Außerdem bezahle ich alles. Ihre Fummel, Essen, Hotels, wenn wir nicht im Wagen wohnen können, ich find's ein prima Leben. Im Dezember geht's nach Namibia, ehemalige deutsche Kolonie. Wasserpumpen von (...) warten. Ich nehme sie natürlich mit. Aber ich werde mir da unten trotzdem ein paar Negerlein suchen. Hoffentlich sind die wenigstens stramm und nicht so degeneriert wie hier in Deutschland. Vielleicht machen wir auch einen flotten Dreier. Ja, so sieht mein Leben aus. Total befriedigend.»

«Was bedeutete es für Sie, fünfzig zu sein?»

«Gar nichts. Ich bin körperlich topfit, wie Sie sehen, mir ging's noch nie besser im Leben. War noch nie krank. Habe Geld, Wein, Weib und – Gesang. Ich habe mir nämlich das Gitarrespielen beigebracht. Wollen Sie mal hören?»

Er zupft etwas auf den Saiten, was sich entfernt wie ‹Island In The Sun› anhört, geht dann über zu ‹Wir lagen vor Madagaskar und hatten die Pest an Bord› und weiter zu ‹Junge, komm bald wieder›. Verdrängte Sehnsüchte? Ich frage danach.

«Wo denken Sie hin! Ich habe einfach in eine Kiste gegriffen und hatte ein Notenheft in der Hand. ‹Gitarre spielen für Anfänger› heißt das. Habe ich also begonnen. Wenn ich das Dutzend voll habe, trete ich irgendwo in einer Kneipe auf.»

Niemals Sehnsucht nach dem weiten Meer gehabt?

Er verneint entschieden und betont, daß er Wasser in großen Mengen nicht ausstehen könne. Schiffe, die schwanken, sowieso nicht. Nein, der Van, die Autobahn, von einem Ort zum anderen, das liebe er. «Und daß ich jederzeit aufs Bett springen kann. Da liegt meine Püppi. Natürlich nackt. Habe ihr gesagt, das will ich so haben. Das macht mich an, wenn ich sie so im Rückspiegel sehe. Und da spule ich locker meine tausend Kilometer am Tag runter. Bin schon in einem Zug von Bremervörde nach Lörrach gesaust, weil meinem Chef daran lag, daß ich abends da unten aufkreuze. Er ist ein verdammt guter Chef, das kann ich Ihnen sagen. Steckt mir oft zwei Hunnis (Hundertmarkscheine) zu und sagt, laß mal die Sau raus, Alfons. Du bist mein bester Mann. Du bist der einzige, auf den ich mich verlassen kann. Du bist nicht so ein Hirni (hirnloser Geselle) wie die anderen. Du steckst sie alle in die Tasche.»

«Weiß er von Ihrem Privatleben?»

«Sicher. Er findet das in Ordnung. Hat nie den Versuch gemacht, mir eine von meinen Püppis auszuspannen. Könnte er leicht. Was sollte ich machen? Das rechne ich ihm hoch an. Sie müssen wissen, in unserem Job, wenn man da einen Vorarbeiter oder einen Chef hat, der spitz auf deine Püppi ist, da hast du es schwer. Entweder du machst mit, oder du kannst dir einen neuen Job besorgen. Das ist hier so üblich.»

«Sie würden, wenn ich Sie so höre, also nichts an Ihrem Lebensstil ändern wollen? Auch dann nicht, wenn Ihre Frau zurückkäme?»

«Auch dann nicht. Wir sind geschiedene Leute. Aber nicht so, wie die Leute denken. Ab und zu telefonieren wir miteinander. Wir sind uns nicht mehr böse. Sie hat wohl auch wieder einen Freund, glaube ich wenigstens, und ich habe meine Püppis. Wieso sollte ich da etwas ändern? Ich fühle mich wie ein junger Spund. Außerdem mag ich meinen Job. Ich habe genügend Geld in der Tasche und auf der Bank. Der Van ist bar bezahlt. Den neuen habe ich schon bestellt. Kinder, das Leben ist so wunderschön, kann ich nur den Miesepetern sagen, macht doch endlich was daraus! Lebt doch wenigstens einmal in eurem Leben. Macht es doch wie ich – Weiber, die für euch die Beine breit machen, gibt's wie Sand am Meer. An jeder Ecke gibt's mindestens eine Kneipe. Schnappt euch eine Braut, 'nen guten Tropfen, fahrt irgendwohin, wo es schön ist, klimpert ein bißchen auf der Gitarre, starrt meinetwegen in den Mond oder schaut euch einen Sonnenuntergang an – aber macht doch etwas aus euren fünfzig Jahren. Nicht hinter dem Schreibtisch hocken – hinaus müßt ihr! Dann werdet ihr sehen, was richtiges Leben ist. Ich jedenfalls würde eingehen wie eine Primel, hätte ich es nicht gepackt, das können Sie mir glauben!»

—— Das glaube ich ihm gerne. Für den einen bedeutet Sex Leben, für den anderen das Blättern in alten Büchern. Die Welt, auf der sich beide vielleicht einmal durch Zufall begegnen, ist dieselbe – dennoch trennen beide Welten in ihren Anschauungen. Ob es verurteilenswert ist, den Eros zugunsten der reinen Triebbefriedigung zu opfern, ist eine Frage der Interpretation von Sex und Eros, die keine weltliche Instanz zu beantworten sich anmaßen darf. Da aber die ‹selbstberuf'nen Strengen›, wie Friedrich Rückert in ‹Bekehrungseifer› sagt, davon nicht lassen wollen, stellen sie sich und ihre Anschauungen vorzugsweise in Talkshows zur Schau. Rückert spricht aber auch davon, daß man sich von ihnen nicht den Blick beengen lassen darf – und hat, meiner Überzeugung nach, recht damit.

Was wäre, muß man fragen, wenn es tatsächlich eine Instanz gäbe, die in Sachen Sex Recht spräche? Die ein Normmaß in der Ausübung festlegte, die (Euro-?)Maße männlicher und weiblicher Genitalien gleich dazu definierte und die, da Sex disziplinübergreifend ist und das menschliche Zusammenleben schlechthin affiziert, in einem Aufwasch Regeln für Penetration und Coitus interruptus festschriebe? Nur unter Androhung von Strafmaßnahmen und penibler Observation könnte eine Zuwiderhandlung geahndet werden. Spätestens jetzt entlarvte sich solch Vorhaben als Lachnummer, die ein selbstbestimmtes Individuum im menschlichsten aller Bereiche kontrollieren will.

«Typisch Mann, solche Einstellung», könnte es aus der feministischen Ecke lauten. Verkannt wird dabei – Sachlichkeit einmal vorausgeschickt –, daß Frauen, die ihre Selbstverfügbarkeit behalten wollen, dies jedoch nur dann können, wenn ihr physischer Antipode ebenso frei ist. Freiheit läßt sich nicht beliebig definieren, es sei denn, frau wünscht Entmündigung des Mannes in Sachen freibestimmten Sexes. Alfons Görres hat seine Freundinnen weder hypnotisiert noch gefesselt noch ihnen physischen Schaden zugefügt, um sie für sich zu gewinnen. Beide Parteien trafen ein freiwilliges Übereinkommen dahingehend, daß es so sein solle, wie es komme. Damit ist allerdings nur das Prinzip gegenseitiger, freiwilliger Verfügbarkeit angesprochen, nicht aber die Grundlage einer auf Zuneigung, Liebe, Füreinandereinstehen beruhenden Partnerschaft geschaffen.

Daß Ehen aus unterschiedlichen Gründen geschieden werden, ist kein Novum der Neuzeit, vielmehr ein abendländischer Ritus, der vom oxidentalen abweicht. Scheidung ist ein Rechts- und Kulturgut, kein Gnadenerweis. Dies sollte bedenken, wer über Alfons Görres den Stab bricht und ihn einen fünfzigjährigen Sexisten nennt. Mag ja sein, daß er es per definitionem ist, gleichwohl lebt er genau das Leben, das er für sich als maßgeschneidert ansieht. Er hat seine Frau finanziell versorgt – was in dieser ausgeprägten Weise gewiß nicht üblich ist –, und er entführt weder ihre Nachfolgerinnen, mit denen er zusammensein will, noch macht er sie durch Schläge seinen Wünschen gefügig. Er sagt offen, was er liebt, ist außerdem immens tüchtig im Beruf, schädigt niemanden körperlich – ich meine, er gibt in diesem Sinne überhaupt keinen Anlaß zur Kritik. Ob und inwieweit er seinen Freundinnen unwissentlich seelischen Schaden zufügt, sei dahingestellt. Zur etwaigen Verteidigung darf man jedoch anführen, daß sie immerhin etwas auf sich nehmen, dessen Grundlage sie kennen und dessen Risiken sie abschätzen können müssen. Wie sonst sollte Sex als reiner Lustgewinn funktionieren?

Wie dem auch sei – ob das Liebesleben Fünfzigjähriger ihren Vorstellungen entspricht oder zumindest nahekommt, wollte ich gerne wissen. Ehrlichkeit bei der Beantwortung unterstellt, ist das Resultat nicht überwältigend zu nennen. ────────────────────────────

Haben Sie ein erfülltes Liebesleben?

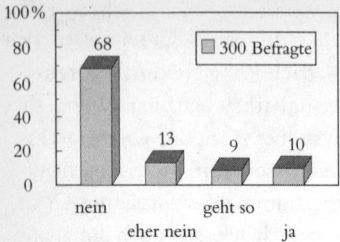

Fazit:

Sex auf den reinen Kopulationsakt zu reduzieren ist sicherlich fragwürdig. Sex als ein aufregendes Spiel zwischen den Geschlechtern anzusehen birgt andererseits gesundheitliche Risiken in sich. Die Polarität ist somit unverkennbar. Ihre Überwindung und der Aufenthalt mit Seele und Körper im Spannungsfeld zwischen beiden Polen geschieht kaum durch Inanspruchnahme eines Sexualtherapeuten, eher durch das, was von einer verblassenden Aura umgeben ist, weil es sich die wenigsten noch ungehemmt auszusprechen getrauen: Liebe. *Liebe* ist sprachlich zur ‹Beziehung› zwischen zwei Menschen verstümmelt worden, und zwar als mittelbare Folge eines grassierenden Sprachtotschlags. Wo das Artikulieren auf der Strecke bleibt, verkümmern nachhaltig und zwangsläufig Eros, Libido und Sex. Sie unterliegen dem Diktat jener, von denen Friedrich Rückert schon vor langer Zeit sprach, nämlich von den ‹selbsternannten Strengen, die verdammen, selig sprechen, Tugend stempeln und Verbrechen›. Ihr Verständnis kennt nur einen Horizont: den der patriarchalischen Herrschaftsstrukturen und die kühle Definition des Geschlechtsaktes. Sie werten Sexualität biologisch als ‹Eigenschaftskomplex, der zwischen den beiden Arten oder Teilen der Organismen differenziert, die sich durch die Fusion der Gameten vermehren und von daher auch die Verbindung genetischen Materials aus zwei verschiedenen Quellen herstellt›. Das mag schon sein, sage ich dazu, aber der Schlüssel zum Verständnis unbereuten Sex-Erlebens ist er nicht. Diesen Schlüssel gibt freiwillig nur der Partner heraus. Der Wunsch nach Befruchtung ist hierbei jedenfalls nicht die primäre Triebkraft, sondern es ist das Verlangen nach intimer Nähe zum Zwecke des Lustgewinns. ‹Lust› als negativ, den Befruchtungsakt hingegen als ‹positiv› zu deklarieren ist rein ideologisch-dogmatischer Herkunft. Der pragmatische Lösungsansatz lautet aber: Geht miteinander ins Bett, wenn ihr das (durch Konventionen ungesteuerte) Verlangen danach habt. Alles andere sind tradierte Fesseln. Deren negative Folgen werden jedoch sozialisiert. Dem Vokabular ‹der Gesellschaft› wird damit eine weitere, unsägliche Wortschöpfung: ‹Sexist› zugefügt. Eine Wortneuschöpfung, die das Sexualverhalten des einzelnen, so er sensibel auf solches Stigma reagiert, entscheidend zu beeinflussen vermag.

■ Determinierter Sex, beeinflußt durch Zeitströmungen, verunsichert nicht nur, sondern entreißt dem einzelnen den Halt, den er in seinen im allgemeinen gewaltlosen Wunschträumen von Sex mit Frauen seiner Wahl hat. Der Kinsey-Report fächerte dies auf, Shere Hite läßt eine *Frau* über das neue Selbstverständnis der *Frau* in der Partnerbeziehung sagen: «Es gefällt mir, mit vielen Männern zu schlafen, um festzustellen, wie gut sie als Liebhaber sind, was sie machen, wenn sie einen Orgasmus haben. Und ob sie es einmal, zweimal oder eine ganze Nacht lang können.» Übertitelt ist das Kapitel mit ‹Spaß am Sex›. Nun, ist dieser Aspekt jetzt weniger verwerflich, nur weil eine Frau ihn in die Diskussion einbringt? Männer haben auch ihren Spaß daran. Sollen sie deswegen leiden? Natürlich nicht. Eher ergeht es ihnen umgekehrt: Sie bekommen eine Sexualneurose und werden impotent, weil sie nicht mehr der Hengst sind, den sie machen *sollen*. Da ist der Weg zum Sexualpädagogen, der die Stelle des Beichtvaters vor dem -therapeuten einnimmt, nicht mehr weit. Dem Hilfesuchenden wird wahrscheinlich etwas vom sexuellen Sozialisierungsprozeß erzählt, der das Hineinwachsen des Individuums in die Gesellschaft durch Verinnerlichung ihrer Werte und das Erlernen der ihr angemessenen Verhaltensweisen beinhaltet. ‹Werte› einer Gesellschaft, die Sex heuchlerisch als Schweinkram bezeichnet und als willkommenes Ventil für ihre Empörung heimlich nur so nach Nachrichten aus dem Intimleben der Stars giert?

■ Sex unbeschwert genießen zu können ist nicht das Privileg einer besonderen Kaste, es ist überhaupt kein Privileg. Wenn Männer um die Fünfzig sich davon ausschließen lassen, dann hat das überwiegend moralische Motive. Sie sind ehrenwert, und es gaben achtundachtzig Prozent der Befragten an, in sexueller ‹Not› lieber zu masturbieren als fremdzugehen. Das spricht für sie. Anders verhält es sich, gäbe es eine moralisch integre Form des Seitensprungs, etwa als Surrogat das virtuelle Erlebnis. Da es gegenwärtig noch an der Vollkommenheit der Übertragung sexueller Stimuli mangelt, wird sich die Fingerfertigkeit bei der Konkretisierung solcher Absichten erst erweisen müssen. Wenn das ethische Moment dominiert, denken Fünfziger eher pragmatisch: Sie träumen von sexuellen Abenteuern und setzen das Limit dort, wo unheilbare Brüche drohen. Das ist ihrer Meinung nach rücksichtsvoller und bekömmlicher für beide Seiten.

XXI. Zukunft:

In den Sternen steht sie nicht

Viele leben zu sehr in der Gegenwart; die Leichtsinnigen;
andere zu sehr in der Zukunft: die Ängstlichen und Besorglichen.
Selten wird einer genau das rechte Maß halten. Die, welche,
mittelst Streben und Hoffen, nur in der Zukunft leben, immer
vorwärts sehn und mit Ungeduld den kommenden Dingen
entgegeneilen, als welche allererst das wahre Glück bringen
sollen, inzwischen aber die Gegenwart unbeachtet und un-
genossen vorbeiziehen lassen, sind trotz ihrer altklugen Mienen
jenen Eseln in Italien zu vergleichen, deren Schritt dadurch
beschleunigt wird, daß an einem, ihrem Kopf angehefteten
Stock ein Bündel Heu hängt, welches sie daher stets dicht vor
sich sehn und zu erreichen hoffen. Denn sie betrügen sich selbst
um ihr ganzes Dasein, indem sie stets nur ad interim leben, – bis
sie tot sind. – Statt also mit den Plänen und Sorgen für die Zukunft
ausschließlich und immerdar beschäftigt zu sein, oder aber uns der
Sehnsucht nach der Vergangenheit hinzugeben, sollten wir nie
vergessen, daß die Gegenwart allein real und allein gewiß ist;
hingegen die Zukunft fast immer anders ausfällt, als wir sie denken;
ja, auch die Vergangenheit anders war; und zwar so, daß es mit
beiden im ganzen weniger auf sich hat, als es uns scheint.

Arthur Schopenhauer ‹Aphorismen zur Lebensweisheit›

«Um zu solcher Erkenntnis zu kommen, war es ein langer Weg von
Niederlagen», sagt Ferdinand Oppelt. «Ich habe erfahren müssen,
daß Zukunft etwas ist, was mit den Händen nicht zu greifen ist. Also
etwas, was man sich eigentlich nur einbildet, formen zu können, und
zwar so, wie man sie für sich persönlich haben will. Lachen Sie nicht,
aber ich habe ein Leben lang benötigt, um das einzusehen. Jetzt, letzte

Woche bin ich fünfzig geworden, habe ich es intus. Zum Philosophen wird man erst, wenn man genügend lange am Boden gelegen hat und darüber nachzudenken beginnt, was im Leben wirklich von Wert ist.»

«Was ist Ihnen der wirkliche Wert des Lebens?»

«Das weiß ich nicht. Ich sagte, was im Leben wirklich Wert hat, und damit meine ich, daß allein die persönliche Auffassung von den Dingen des Lebens Gültigkeit hat. Nicht das von anderen Aufgepfropfte, sondern nur das, was einem selbst etwas wert ist. Mir zum Beispiel ist meine Freizeit heute etwas wert. Früher habe ich nur gearbeitet. Viel gearbeitet habe ich. Niederlagen kamen, Erfolge natürlich auch. In den Zeiten, wo es mir nicht so gut erging, habe ich immer gedacht, jetzt änderst du etwas, so kann es ja nicht weitergehen. Ich habe, das sollten Sie wissen, immer sehr viel riskiert im Beruf. Ich bin Finanzmakler seit zwanzig Jahren. War einer der ersten, der mit Derivaten handelte. Da wußten die anderen nicht einmal, wie man so etwas schreibt. Oder mit Blue Chips und Terminwaren. Das alles war unglaublich risikoreich. An manchen Vormittagen machte ich zehn Millionen Plus, am nächsten Tag war alles futsch, oder ich war sogar ganz tief im Keller. Das meine ich mit Niederlagen. Dann habe ich angefangen zu saufen, nicht zu trinken, ich soff regelrecht, um das alles zu kompensieren. Ging voll daneben. Ich rutschte immer tiefer in die Miesen. In solchen Stunden habe ich mir fest vorgenommen, mein Leben zu ändern. Ich wollte mir keine Ziele mehr setzen. Immer habe ich gesagt: Wenn du fünfzig bist, machst du High life. Gehst auf die Bahamas. Läßt dir die Sonne auf den Bauch scheinen. Meine Frau war auch begeistert davon. Sie hat bei mir ein gutes Leben, da gibt es nichts. Wir vertrauen uns. Das ist auch der Grund, weshalb wir noch immer zusammen sind. Nach zwanzig Jahren Ehe. Wir haben zwei Töchter. Beide sind Bankerinnen. Ich versuche, sie zu beeinflussen. Ich sage, Kinder, laßt euch nicht auf Spekulationsgeschäfte ein. Laßt euch nicht von eurem Chef dazu verführen. Laßt euch mein Leben eine Warnung sein. Bleibt mit beiden Beinen auf dem Teppich. Es wird nichts daraus, wenn man nur für die Zukunft optiert. So nicht oder so nicht.»

«Wie meinen Sie das?»

«*So nicht*, weil man nicht mit Futures handeln soll. Die Welt ist total verrückt. Computerprogramme diktieren den Markt. Ist ein Limit unterschritten, klingelt es laut, und es wird auf Teufel komm aus verkauft; klettert der Index in New York oder Tokio über ein bestimmtes Limit, heißt es nur noch: Ordern! Ordern! Ordern! Also ordern sie alle wie die Verrückten. Was passiert? Die Kurse schießen in die Höhe. Wer dann zuerst abstößt, ist der Sieger. Die letzten beißen die Hunde. Ich war oft einer von den Hunden, die man gebissen hat. Und *so nicht*, weil man nicht in die Zukunft schauen kann. Politiker machen einem einfach einen Strich durch. Oder sind Sie der Meinung, Ihre Lebensversicherung würde nicht eines schönen Tages weggesteuert? Oder Ihre Spargroschen: Spätestens beim ECU haben Sie einen so miserablen Umtauschkurs, daß Sie ein Fünftel mindestens an Wert verlieren. Rechnen Sie es sich ruhig aus. Oder die Besteuerung von Eigentum. Oder die Anhebung der Vermögenssteuer auf fünf Prozent, wie die grünen Kommunisten das wollen. Überlegen Sie mal, was das für jedermanns Eigentumswohnung bedeutet, wenn gleichzeitig die Freigrenzen gesenkt werden. Da werden die Leute animiert, sich einzukaufen und Eigentum zu bilden, und was passiert? Die Politkriminellen steuern Ihnen Ihr Eigentum weg. Soviel können Sie gar nicht verdienen, um Hypotheken, Wohngeld und Vermögenssteuer zu zahlen. Also – was soll das Gerede von der Zukunft noch? Weder Europa noch sonstwer hat eine Zukunft, die er an irgendwas festmachen kann. Alle Daten haben keine Gültigkeit mehr. Und wenn Sie nicht das Geld nehmen, sondern unser Alter: fünfzig ist nicht dreißig. Wer bis jetzt durchs Leben gehechelt ist, weil er davon träumte, alles zusammenzuhalten, um später richtig zu leben – der hat sein Leben vergeudet. Nein, ich bleibe noch ein Weilchen bei (...), dann höre ich auf. Ich genieße schon jetzt jeden Tag ganz intensiv. Meine Frau und ich gehen spazieren, sooft wir können. Früher war das undenkbar. Oder wir machen Kurzreisen. Waren neulich zur Oldtimer-Ausstellung in Essen. Lauter Traumwagen. Ich werde mir einen achtundfünfziger Alfa Romeo Spider leisten. Soll ich etwa warten, bis ich auf Rente bin? Nein, das Ding wird gerade restauriert und ist in vier Monaten fertig. Ich hole es mir selbst ab. Ich habe meiner Frau gesagt, weißt du, Schatz, das hätten

wir schon vor zehn Jahren so machen sollen. Hat nichts mit Torschlußpanik zu tun. Wirklich nicht. Uns geht es nur darum, nicht
mehr zu warten, bis dann und dann unsere Zukunft kommt. Nach
dem Motto: Also, das muß ich unbedingt noch geschafft haben, und
dann ... Hat man es geschafft, ist die Zukunft gar nicht so da, wie
man sie sich vorgestellt hat. Was tut man? Man fängt wieder an und
sagt sich: Also, wenn ich dies und jenes erreicht habe, dann werde ich
endlich aufhören zu ackern. Dann leiste ich mir was. Schopenhauer
gefällt mir gut, als er das Beispiel mit dem Esel nennt. Ich war so ein
Esel. Die Zukunft hing mir wie das Heu vor der Schnauze. Ich immer
hinterhergetrabt. Ich empfinde es selbst als Schande, daß ich fünfzig
werden mußte, um einzusehen, daß Zukunft etwas ganz und gar Un-
sinniges ist, wenn man sich an ihr festmachen will.»

«Sie sprachen von Niederlagen. Meinen Sie, daß Sie auch ohne
Niederlagen zu diesem Punkt der Erkenntnis vorgestoßen wären?»

«Ich glaube nein. Ich weiß es nicht genau. Man sagt ja, daß kluge
Menschen an ihren Niederlagen reifen und daß man sie als Chance
begreifen soll. Ich habe mich gefragt, weshalb ich so viele Niederlagen einstecken mußte und ob es nicht ungerecht ist, nur davon und
nicht von den Erfolgen zu sprechen, wenn man entdeckt, daß nur für
die Zukunft zu leben reiner Quatsch ist. Heute meine ich, beides
mußte so kommen: Erfolge und Niederlagen. Per saldo habe ich ja
gut verdient. Nur kommen einem die Mißerfolge immer so in die
Erinnerung zurück. Mir geht es jedenfalls so. Ich habe mir vorgenommen, mich davon zu lösen. Was war, war. Ich habe daraus gelernt. Mit fünfzig sollte man nicht mehr auf die Erinnerung hereinfallen. Sie war einmal. Die Jahre, die einem noch bleiben, muß man
nutzen, um im Kopf klar zu werden. Man sollte sich Gedanken darüber machen, was wichtig ist und was nicht. Wichtig erscheint mir,
daß unsere Ehe weiterhin so gut funktioniert. Wir sind beide durch
meinen Beruf in so vielen Tälern gewesen und auf so vielen Höhen,
das schmiedet zusammen, wenn man sich liebt. Ja, wenn ich ein Fazit
ziehen sollte, würde ich sagen, mir ist meine Ehe am wichtigsten. Ich
möchte mit meiner Frau und meinen Kindern zusammensein, gemeinsam etwas unternehmen und so. Was ich hasse, ist Unfrieden.
Ich möchte Harmonie. Die brauche ich auch für mich persönlich.

Mein Beruf ist enorm aufreibend. Manchmal wünschte ich mir, ich hätte zehn Ohren und zwanzig Hände.»

«Was halten Sie von der sich abzeichnenden Zukunft, von der allenthalben als von der Informationsgesellschaft geredet wird?»

«Ich muß gestehen, ich finde die Entwicklung faszinierend. Ich habe seit langem einen PC und arbeite auch privat damit. Ich möchte ihn nicht mehr missen. Ich war neulich auf einen Sprung auf der Ce-Bit in Hannover und habe mich einmal umgesehen. Bald kommt ein Rechner heraus, habe ich erfahren, der einen Prozessor hat, mit dem kann man eine Billion Rechenoperationen pro Sekunde durchführen. Sozusagen ein Giga-Giga-Chip. (...) soll ihn bereits produktionsreif entwickelt haben. Wenn ich daran denke, daß, ich glaube Zuse hieß er, vor dreißig Jahren angefangen hat, einen Computer zu entwikkeln, der weniger konnte als ein billiger Taschenrechner, muß ich sagen, daß ich das ungeheuer toll finde, daß die Technik solchen Fortschritt macht. Oder nehmen Sie die Mikromechanik. Endoskope, gerade mal im Durchmesser einen Millimeter stark. Da kann man sogar noch eine Zange oder ein Messer herausfahren und ohne große Probleme im Körper operieren. Das meinte ich auch nicht, als ich von der Zukunft sprach. Hier geht es um eine Entwicklung, die dem Menschen nutzt. Ich jedenfalls bin alles andere als fortschrittsfeindlich, wenn es um die Zukunft in Wissenschaft und Forschung geht. Ich weiß nicht, wie andere meines Alters das empfinden, ich meine, Fortschritt muß sein. Wenn er vernünftig geplant wird, brauchen auch die Menschen keine Angst davor zu haben. Was anderes ist es, worüber wir sprachen, wenn es um die persönliche Zukunftsangst geht. Ich kann mir vorstellen, daß das zu einem echten Problem wird, wenn die Menschen mit der technischen Entwicklung nicht mithalten können. Wenn sie sich überfordert fühlen. Dann sehe ich Probleme psychischer Art. Aber so, wenn man sich positiv der Entwicklung stellt, nein, da bin ich sogar überzeugt davon, daß mehr Vorteile als Nachteile dabei herauskommen. Unsere Zukunft steht jedenfalls nicht in den Sternen. Die machen wir uns mit allen Konsequenzen selbst. Und wir sollten das auch so sehen und nicht auf die hören, die im Kaffeesatz lesen oder Astrologen befragen. Das alles ist eine grandiose Verdummung der Menschen, und ich finde es unglaublich, daß in unserer aufgeklärten Zeit immer mehr von ihnen darauf hereinfallen.»

—————— Zukunftsangst als solche peinigt etliche Männer um fünfzig, sofern sie nicht zu den fest Etablierten und beruflich Erfolgreichen gehören. Was die meisten von ihnen, ähnlich wie bei Ferdinand Oppelt, bewegt, trägt andere Züge. Es geht ihnen eher um die Aufarbeitung der oft jäh bewußt gewordenen Versäumnisse oder einer bislang als richtig empfundenen, jetzt jedoch als falsch erachteten Lebensweise. Die hat in den wenigsten Fällen jedoch etwas mit einer falschen Ernährung zu tun, sehr viel aber mit der mentalen Ausrichtung auf ein ehemals fixes Ziel.

Ziele anzustreben liegt in der Natur des Mannes. Rudimentäre Reste des Verlangens, Jäger zu sein, sind allenthalben zu verzeichnen. Sie brechen sich Bahn, wenn es um die Bewältigung von Problemen geht oder wenn ein Konkurrenzkampf ausbricht und alle Kräfte fordert. Dann steigen sie zur Höchstform auf – bis Niederlagen sie lehren, daß es im Leben auch noch etwas anderes als Kampf um Vorrechte oder das Abstecken eigenen Terrains geht. Diese Phase der Besinnung tritt häufig in den Vierzigern auf, die man auch als Phase der *Midlife-crisis* zu bezeichnen pflegt. Fünfzigjährige haben sie zumeist überwunden, wenn sie dennoch als verborgenes Klimakterium auftritt, wundern sie sich höchstens, daß sie noch gesund sind.

Die Physis erfährt hier eine hohe Bewertung – man will jugendlich bleiben und Jugendlichkeit konservieren durch sportliche Aktivitäten –, die Psyche erhält oft jedoch nicht die gleiche Zuwendung, wie es notwendig wäre, um falsche Schritte zu korrigieren. Dazu kommt es erst, wenn mehrere Niederlagen aufeinander folgen. Sie symbolisieren das Schwinden der Kraft des Jägers, was kluge Männer zur Besinnung bringt. Die Entdeckung, doch nicht mehr der Tausendsassa zu sein, der man war, läßt sie Zukunft plötzlich anders definieren als bisher. Sie wird von ihnen zumeist in langwierigen Phasen der Reflexion als etwas erkannt, das sich unter Einsatz aller Kräfte weiterhin anzustreben nicht lohnt. Nicht mehr lohnt, oder aber insgesamt, weil das Lebensziel nicht mehr erreichbar ist, per saldo nicht gelohnt hat.

Aus diesem Grunde sind Fünfzigjährige eine Altersgruppe, vor der sich Politiker aller Parteien und Ressorts vorsehen müssen. Es kann sein, daß sie von ihr hinweggefegt werden, weil die Lebenserfahrung Zukunftsmärchen ausmacht, wo andere, Jüngere, Verheißungen erblicken. Zwecklügen aus Politiker- oder Gewerkschaftermund werden transparent, was aufgrund der bei den Fünfzigjährigen überdurchschnittlich vorherrschenden monetären Mobilität zur Folge haben könnte, daß Wanderungsprozesse ungeahnten Ausmaßes und differenziertester Art einsetzen. Das Nichtvotieren für bisher gewählte Parteien und die Zuwendung zu speziellen Interessenvertretungen ist bereits jetzt ein unübersehbares Warnsignal, daß Lügen bei den Fünfzigjährigen wenig Chance haben. Im Dienstleistungsbereich erfolgt zugleich eine Zuwendung an jene, die ein vernünftiges Preis- / Leistungs-Verhältnis bieten. Hier setzt die Zukunft ganz neue, für viele sehr bittere Akzente. Da werden Scharlatane, die Wasser für Wein verkaufen, auf der Strecke bleiben.

Die seelische Balance inmitten der Zeiten von Neuorientierung zu bewahren stellt für die meisten Fünfzigjährigen eine positive Herausforderung dar. Das Vergangene ist unwiederbringlich dahin – die Zukunft wird hingegen unter neuen Prämissen als durchaus gestaltbar angesehen. Die sich daraus ergebende Prioritätensetzung geschieht höchst individuell, jedenfalls nicht mehr in dem Maße, wie sich in der Vergangenheit Zeitströmungen angepaßt wurde. Wer nicht mehr kämpfen will, kündigt innerlich, oder er suspendiert die bisherige Gefolgschaft. Oder er nimmt eine Offensivhaltung ein, deren Auswirkungen sich noch zeigen werden.

Das Pendel wird daher kräftig ausschlagen, und es wird sich erweisen müssen, in welcher Form Fünfzigjährige eine konstruktive Zukunftsgestaltung anstreben. Eines ist jedenfalls sicher: daß die professionellen Zukunftsapostel es schwer haben werden, sich damit auseinanderzusetzen. Graues Mittelmaß hat definitiv keine Chancen mehr, sich Gehör zu verschaffen.

Die allen Befragten gestellte, von solcher Entwicklung unabhängige Frage war, wie sie als Fünfzigjährige ihre persönliche Zukunft sehen, gerade unter dem Aspekt der rasanten technologischen Entwicklung. Bewerten Sie sie eher positiv oder eher negativ, oder machen Sie sich gar keine Gedanken darüber? ————————————————————

Wie sehen Sie Ihre Zukunft?

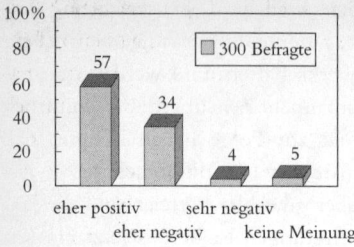

Fazit:

Alles hat seine Zeit, heißt es – die Vergangenheit hat sie gehabt. Dort herrschte Gegenwart während des Aufenthaltes, und das Jetzt erschien als Zukunft. Die ehrlich zu beantwortende Frage ist, trat diese Zukunft so ein, wie sie sich heute darstellt? Fast immer verhielt es sich nicht so damit, so daß daraus der Schluß abzuleiten ist, daß Zukunft ein närrisches Antizipationsprodukt ohne Aussicht auf *definitiven* Erfolg ist. Zukunft ist daher definitiv nicht planbar, denn es ist stets die subjektive Sicht darauf gerichtet – leider unter Vernachlässigung einer bestimmten Größe, und die ist jene Unbekannte in anderer Gestalt als die, die wir in den Mathematikstunden verfluchten. Diese Unbekannte trägt alle Züge der Paranoia, denn sie weiß ja selbst nicht, wem sie gehorchen soll. Alle möglichen Kräfte zerren sie in die eine oder andere Richtung. Inmitten dieser Bemühungen, Zukunft für etwas zu gewinnen, steht der lobbylose Mensch und ahnt etwas. Er ahnt, daß viel zu viele Kräfte im Spiel sind, die sich überdies erdreisten, ihn für sich einzunehmen. Was aber im kleinsten, im persönlichen Bereich zu planen nicht möglich ist, kann im großen keine Chance haben.

■ Zukunft ist demnach unabwägbar. Unwägbarkeiten im großen sind Krieg und Naturkatastrophen; im kleinen stellen sie sich als Niederlagen aufgrund von Fehleinschätzungen der Situation dar. Da für den einzelnen die ihn betreffenden, im Hintergrund wirkenden Kräfte in den meisten Fällen unerforschlich sind, macht es erkennbar keinen Sinn, Ereignisse in Monaten oder Jahren vorwegzunehmen und in ihnen gedanklich so zu leben, als seien sie schon Gegenwart. Solches Vorgehen ist Männern eigen, die, beruflich von mäßigem Erfolg, einen brennenden Ehrgeiz entwickeln, vorwärtszukommen. Ihre Sehnsucht gilt dem Kommenden, in dessen Gegenwart sie sich dann wohlig räkeln wollen. Doch diese ersehnte Gegenwart manifestiert sich garantiert nicht in der vollendeten Ausprägung, die antizipiert wird. Sie wandelt sich unter den parallel zu ihr verlaufenden gesellschafts- und sozialpolitischen Ereignissen, die wiederum vom Gestaltungswillen derer geformt werden, die eine ihren Zielen untergeordnete Zukunft für andere entworfen haben, mag es mit oder ohne Mandat sein. Das Unwägbare daran (für die eigene Zukunftsgestaltung) ist, daß es eben an jenen Hintergrundinformationen mangelt, die es gestatteten, die eigenen Pläne zu korrigieren, anzupassen oder zu stornieren, weil das Ziel unerreichbar, unattraktiv oder inopportun geworden ist. Der Traum von einem 8-Liter-Cadillac, den sich manche Fünfzigjährige als hinübergeretteten Jugendtraum erfüllen wollen, steht für solche Inopportunität. Er paßt, wie man sagt, nicht mehr in die Zeit. Extreme Unterhaltskosten lassen die Realisation scheitern, und wenn die Zeit nicht an der Karosse nagt, ist es der Neid, der sie zerfrißt, indem sie von jenen, die gerne als Randgruppen oder Unterprivilegierte bezeichnet werden, wegen ihrer defätistischen Erscheinung demoliert wird. Das ist nur eine Variante von möglichen Zukünften. Es gibt, je nach Temperament, unzählige andere, die dem Traum von einer bestimmten Zukunft den Garaus machen.

■ Also Opportunismus, um dem Zeitgeist zu entkommen? Für Fünfzigjährige ist das ein Begriff, den sie kennen. Ihre Väter brachten ihn mit. Seine frühe Metamorphose trat als properes Erscheinungsbild der Fünfzehnjährigen zutage, die ihren Eltern in der Öffentlichkeit der Nachkriegsjahre Ehre machen sollten. Das Verhältnis zur Opportunität hat sich freilich in vielen Köpfen hinübergerettet. Leider. In diesem Buch fand es bewußt keine Erwähnung. Eher trat der aufmüpfige James Dean in verschiedenen Masken auf. Dennoch hat opportunistisches Handeln einen direkten Bezug auf die Zukunft. Sie will nämlich von vielen unter dem Aspekt der persönlichen Sicherung des Bewährten und Geschätzten erreicht werden. Abstriche werden ungerne gemacht. Wen wundert's? Die Anpassung der eigenen Wünsche ans Mögliche ist aber kein Verrat an den eigenen Erwartungen, sondern Ausdruck von Reife und ein denkbar pragmatisches Credo. Sollte da etwa ein gewisser Fatalismus einherkommen? Keinesfalls. Fragen wir den großen Menschenkenner Schopenhauer. Er läßt uns wissen: «*In Allem, was unser Wohl und Wehe betrifft, sollen wir die Phantasie im Zügel halten: also zuvörderst keine Luftschlösser bauen; weil diese zu kostspielig sind, indem wir, gleich darauf, sie, unter Seufzern, wieder einzureißen haben (...).*» Das ist wohl wahr und trifft den Kern jedweder Zukunftsschau. Und dem kann der, der hundertdreißig Jahre nach ihm lebt, nichts hinzufügen. Wie sich doch alle Zukünfte gleichen!

Intelligenter, einfallsreicher, kreativer werden, der Vergeßlichkeit in zunehmendem Alter vorbeugen und entgegenwirken: praktische Ratgeber für ein gezieltes Training des Gedächtnisses.

Kathleen Gose / Gloria Levi
Wo sind meine Schlüssel?
Gedächtnistraining in der zweiten Lebenshälfte
(rororo sachbuch 8756)
Die Autorinnen dieses praktischen Ratgebers haben ein Programm entwickelt, das ein gezieltes Training des Gedächtnisses ermöglicht. Nebenbei werden auf anschauliche Weise Funktionen und Leistungen des Gedächtnisses erklärt.

Raymond Hull
Alles ist erreichbar *Erfolg kann man lernen*
(rororo sachbuch 6806)

Walter F. Kugemann /Bernd Gasch
Lerntechniken für Erwachsene
(rororo sachbuch 7123)

Ellen J. Langer
Fit im Kopf *Aktives Denken oder Wie wir geistig auf der Höhe bleiben*
(rororo sachbuch 9509)
Ein psychologisches Sachbuch – spannend, manchmal witzig, wissenschaftlich fundiert und trotzdem handfest praxisbezogen –, das mehr Licht in unser Leben bringt und mehr Leben in unseren Alltag.

Hans-Jürgen Eysenck
Intelligenz-Test
(rororo sachbuch 6878)

Ernst Ott
Das Konzentrationsprogramm
Konzentrationsschwäche überwinden – Denkvermögen steigern
(rororo sachbuch 7099)
Optimales Denken
Trainingsprogramm
(rororo sachbuch 6836)
Optimales Lesen *Schneller lesen – mehr behalten. Ein 25-Tage-Programm*
(rororo sachbuch 6783)

Wolfgang Zielke
Konzentrieren – keine Kunst
Ratschläge und Übungen für den Alltag
(rororo sachbuch 9556)
Der Autor zeigt, wie man seine Konzentrationsfähigkeit durch Veränderungen des eigenen Verhaltens und Arbeitens erhöhen kann. Er bietet eine vergnügliche und leicht zu lesende Sammlung von hilfreichen Ratschlägen und Tips.

rororo sachbuch

Laurie Ashner / Mitch Meyerson
Wenn Eltern zu sehr lieben
(rororo sachbuch 9359)

Karola Berger
Co-Counseln: Die Therapie ohne Therapeut *Anleitungen und Übungen*
(rororo sachbuch 9954)
Co-Counseln bedeutet: sich gegenseitig beraten. In dieser neuen Form der «Laien-Therapie» finden sich zwei Menschen zum therapeutischen Gespräch zusammen. Das Buch vermittelt mit leicht verständlichen Anleitungen und einfachen Übungen die Grundlagen und Techniken dieser neuen Methode.

Klaus Birker / Barbara Schott
Den Job will ich haben! *Die erfolgreiche Bewerbung NLP – das Psycho-Power-Programm*
(rororo sachbuch 9986)
Mit Hilfe der Techniken des Neuro-Linguistischen Programmierens, kurz NLP, kann man in kürzester Zeit lernen, sich optimal auf Bewerbungssituationen vorzubereiten. Die in diesem Buch vorgestellten Übungen sind leicht anwendbar, effektivitätsorientiert und im Management erprobt.

Robert M. Bramson
Schwierige Leute – und wie man am besten mit ihnen umgeht
(rororo sachbuch 8727)

Diane Fassel
Ich war noch ein Kind, als meine Eltern sich trennten ... *Spätfolgen der elterlichen Scheidung überwinden*
(rororo sachbuch 9984)

Karin Mager
Fair und selbstbewußt miteinander reden
Wie Sie Konflikte meistern

Daniel Hell
Welchen Sinn macht Depression?
Ein integrativer Ansatz
(rororo sachbuch 9649)

Karin Mager
Fair und selbstbewußt miteinander reden *Wie Sie Konflikte meistern*
(rororo sachbuch 60106)
Dies ist kein Programm für Harmoniesüchtige, die sich gegenseitig kein Härchen krümmen können, sondern eines für jedermann und jedefrau, die schwierige Gespräche selbstbewußt führen und Konflikte fair lösen wollen.

Tim Rohrmann
Junge, Junge – Mann, o Mann
Die Entwicklung zur Männlichkeit
(rororo sachbuch 9671)

Ian Stuart-Hamilton
Die Psychologie des Alterns
(rororo sachbuch 9516)